원가관리회계의 이론과 연습

원가관리회계의 이론과 연습

김주은 · 남종수

경북대학교출판부

김주은
경북대학교 자연과학대학 수학과 졸업(이학사)
경북대학교 경상대학 회계학과 졸업(경영학사)
동 대학원 회계학과 졸업(경영학석사)
동 대학원 회계학과 졸업(경영학박사)
동양대학교 경영관광학부 겸임교수
대구가톨릭대, 대구보건대, 대구한의대, 경북대 외래교수
2008년~현재 경북대학교 경영학부 초빙교수

[주요 논문]
「기업전략과 균형성과표의 전략적 연계강화가 가중치 설계 및 기업성과에 미치는 영향」
「ABC 도입기간 및 도입수준에 따른 활동관리실무수준과 생산성과 차이분석」
「원가관리회계 학습자들의 학습유형분석과 학습성과에 관한 연구」 외 다수

남종수
경북대학교 경상대학 경제학과 졸업(경제학사)
경일종합금융
(주)기신 관리부
세중건설 재무이사
현 세영회계법인 감사팀 근무

원가관리회계의 이론과 연습

찍은 날 2012년 8월 27일 | **펴낸 날** 2012년 8월 31일
지은이 김주은·남종수 | **펴낸이** 함인석 | **펴낸 곳** 경북대학교출판부
출판등록 1973년 10월 10일 ㉑97호 | **주소** 대구광역시 북구 대학로 80번지
전화 053-950-6741~3 | **팩스** 053-953-4692 | **E-mail** press@knu.ac.kr

ISBN 978-89-7180-356-1 93320

값은 표지 뒷면에 있습니다.
파본은 바꾸어 드립니다.

머리말

본 서는 경영학부 학생들의 원가관리회계 과목에 대한 총체적인 정리와 적용 그리고 공인회계사 및 세무사 1차 시험에 대비하기 위해 집필된 수험서이다. 시중에 이미 출간되어 있는 다수의 기출문제집은 고난이도의 일회성 문제와 반복적 출제경향의 문제 그리고 기술수준의 문제 등이 난이도 구분 없이 혼재되어 있어 수험생들의 단계적인 학습을 어렵게 하고 있다.

이에 본 서는 지난 1990년대 후반부터 2012년까지의 공인회계사와 세무사 1차 시험문제 그리고 감정평가사 기출문제를 분석하여, 반복적인 기출문제들의 중복적 기술을 배제하고, 난이도에 따라 기본문제와 중급문제로 분류하여 풀이과정을 제시하였다. 이는 개인의 수준별 학습을 가능하게 하며, 출제경향 파악과 아울러 수험생들이 수험생활 및 원가관리회계 학습의 총체적인 정리를 하는 데 있어 시간 안배를 적절히 할 수 있도록 도움을 줄 수 있을 것이다. 필자들은 집필 시 별도의 미디어 및 매체학습 없이 대학 강좌만으로도 수험생 개인의 목표를 성취할 수 있도록 그 구성에 최선을 다하였다.

본 교재는 총 15개 장으로 구성되며, 각 장마다 핵심내용을 요약·정리함으로써 원가관리회계에 대한 이론과 실제를 총체적으로 정리할 수 있으며, 가장 최근의 2012년 기출문제와 최신이론까지 수록하여 실전대비에 만전을 기하도록 하였다. 또한 경영학부 개설의 '원가회계'와 '고급관리회계' 및 '원가관리회계연습' 교과목의 주교재 및 부교재로 활용할 수 있어 강의 수준에 따른 단계적인 활용이 가능할 것으로 기대한다.

본 서를 통해 학생 개개인의 목표를 성취하는데 작은 도움이 되길 바라며, 본 서를 집필하기까지 회계학에 입문하여 원가관리회계를 십수 년간 가르쳐 주신 강호영 교수님, 배병한 교수님, 최종민 교수님께 감사 드리고, 기획과 편집에 많은 수고를 해 주신 경북대학교출판부에도 감사를 드린다.

2012년 8월

김주은 · 남종수

목 차

Chapter 1

원가의 개념과 제품원가

1. 원가의 개념

원가란 재화나 서비스를 획득하기 위하여 희생되는 일체의 경제적 가치로서, 화폐가치로 측정 가능한 것이어야 한다.

2. 제조기업의 경영활동

원재료 구매 (원재료계정)	⇒	제품제조 (재공품, 제품계정)	⇒	판매 (매출원가계정)

3. 제조원가와 비제조원가

① **제조원가** - 제품의 제조 및 생산을 위하여 발생한 원가로서, 제조공정에서 발생한 재료비, 노무비, 경비로 구성된다. 제조원가는 제품의 원가를 구성하여 재고로 남아 있다가 판매될 때 비용화되어 '매출원가'로 인식된다.

② **비제조원가** - 제조원가 이외의 원가로, 판매 및 관리활동과 관련된 원가이다. 제품의 제조와는 관련이 없으나 수익창출과 관련이 있으므로 기간비용 처리된다.

제조원가와 판매비와 관리비의 구분			
제조 원가	생산직 사원의 노무비 기계장치의 감가상각비 공장건물의 보험료, 수도광열비 생산부서의 복리후생비 공장의 종합토지세, 재산세	**판매비와 관리비**	본사직원의 급여 본사건물의 감가상각비 본사건물의 보험료, 수도광열비 본사직원의 복리후생비 본사의 종합토지세, 재산세

4. 제조원가의 3요소

① **직접재료비** - 제품을 생산하기 위하여 투입된 재료원가로서 특정 제품에 직접적으로 추적이 가능한 원가를 말한다.

② **직접노무비** - 생산직 종업원에게 노동의 대가로 지급되는 금액으로서 특정 제품에 직접적으로 추적이 가능한 원가를 말한다.

③ **제조간접비** - 직접재료비와 직접노무비를 제외한 기타의 제조원가로서 간접재료비, 간접노무비, 기타 경비를 포함한다.

5. 제조원가의 흐름

직접재료비			
기초원재료 재고	xxx	재공품	xxx
당기원재료 매입액	xxx	기말원재료 재고	xxx
	xxx		xxx

직접노무비			
당기발생액	xxx	재공품	xxx
	xxx		xxx

⇨

재공품			
기초재공품	xxx	당기제품 제조원가	xxx
직접재료비	xxx		
직접노무비	xxx		
제조간접비	xxx	기말재공품	xxx
	xxx		xxx

⇨

제품			
기초제품	xxx	매출원가	xxx
당기제품 제조원가	xxx	기말제품	xxx
	xxx		xxx

제조간접비			
간접재료비	xxx	재공품	xxx
간접노무비	xxx		
감가상각비	xxx		
수도광열비	xxx		
	xxx		xxx

6. 제품가격의 구성

			판매이익	판매가격
		판매비와 관리비	총원가	
	제조간접비	제조원가		
직접재료비	직접원가			
직접노무비	(기초원가)			

기본문제

1. 다음 중 우리나라 기업의 제조원가명세서에 포함되지 않는 항목은? **(CTA, 1996)**

   ① 당기제조경비 ② 매출원가 ③ 당기재료원가

   ④ 당기제품제조원가 ⑤ 당기총제조원가

2. 다음은 대한상사의 2007년 3월 중 원가자료이다.

	2007년 3월 1일	2007년 3월 31일
원재료	₩20,000	₩25,000
재공품	₩35,000	₩30,000
제 품	₩100,000	₩110,000

   대한상사의 2007년 3월 중의 원재료 매입액은 ₩125,000이고, 제조간접원가는 직접노무원가의 50%이었으며, 매출원가는 ₩340,000이었다. 대한상사의 2007년 3월의 기본원가(prime costs)는 얼마인가? **(CTA, 2007)**

   ① ₩255,000 ② ₩260,000 ③ ₩265,000

   ④ ₩270,000 ⑤ ₩275,000

3. (주)남송의 1월 중 발생한 비용과 월초 및 월말 재고자산 자료는 다음과 같다.

1월 중 발생비용		재고자산	1월초	1월말
직접노무원가	₩300	재공품재고	₩ 1,000	₩800
감가상각비-공장	50	직접재료재고	300	100
감가상각비-영업점포	50			
감가상각비-본부사옥	100			
공장감독자급여	100			
그 밖의 제조간접원가	200			

   1월 중 직접재료의 매입은 발생하지 않았다. (주)남송의 1월달 당기제품제조원가는? **(CPA, 2001)**

   ① ₩850 ② ₩900 ③ ₩1,050 ④ ₩1,100 ⑤ ₩1,200

4. (주)원가는 기계장치를 생산, 판매하는 기업으로 사업 첫 해에 다음과 같은 원가가 발생했다. 이 자료를 바탕으로 원가계산을 했을 경우 (가)부터 (마)까지의 설명 중 타당하지 않은 것을 모두 고르면? **(CPA, 2010)**

(단, 기초재공품재고액은 없고, 기말재공품재고액이 ₩10 존재한다.)

직접재료원가	₩110	간접재료원가	₩30	판매직급여	₩30
직접노무원가	120	간접노무원가	60	관리직급여	70
간접경비	200	광고선전비	20	이자비용	10

> (가) 당기제품제조원가는 ₩510이다.
> (나) 기본원가(기초원가, prime costs)는 ₩230이다.
> (다) 제조간접원가에는 어떤 재료원가도 포함되지 않으므로 간접노무원가와 간접경비를 합한 ₩260이다.
> (라) 당기총제조원가는 ₩520으로, 기본원가에 가공원가를 합한 금액이다.
> (마) 기간원가는 ₩130으로, 재고가능원가라고 부르기도 한다.

① (가), (나)　② (다), (라)　③ (라), (마)
④ (나), (다), (마)　⑤ (다), (라), (마)

5. 다음은 가나회사의 2001년 12월 31일로 종료되는 회계연도의 회계자료의 일부분이다.

직접재료액의 증가	₩15,000
제품재고액의 감소	₩35,000
직접재료 구입액	₩430,000
직접노무비	₩200,000
제조간접비	₩300,000
판매비	₩45,000

연초 및 연말의 재공품은 없었다. 가나회사의 2001년도의 매출원가는 얼마인가? **(감평, 2000)**

① ₩950,000　② ₩965,000　③ ₩975,000　④ ₩985,000　⑤ ₩995,000

6. 준식회사의 최근 2년간 생산량과 총 제조원가는 아래와 같다. 2년간 고정원가와 단위당변동원가는 변화가 없었다.

	생산량	총제조원가
1994년	1,000개	₩50,000,000
1995년	2,000개	70,000,000

1996년도에 고정원가가 20% 증가하고 단위당 변동원가가 40% 감소하면 생산량이 3,000개일 때 총제조원가는 얼마인가? **(CTA, 1996)**

① ₩36,012,000 ② ₩60,000,000 ③ ₩66,000,000

④ ₩72,000,000 ⑤ ₩80,000,000

7. 우진회사는 개별원가계산제도를 채택하고 있다. 제품A의 제조와 관련한 다음의 자료를 토대로 당기에 발생한 제품A의 직접재료원가를 구하면 얼마인가? **(CTA, 2005)**

- 당기총제조원가: ₩6,000,000
- 당기제품제조원가: ₩4,900,000
- 제조간접원가는 직접노무원가의 60%가 배부되었는데 이는 당기총제조원가의 25%에 해당한다.

① ₩4,125,000 ② ₩2,000,000 ③ ₩4,500,000 ④ ₩3,600,000 ⑤ ₩900,000

8. 본사와 생산공장이 동일한 건물에 소재하는 (주)대한의 3월 중 발생한 비용과 재고자산 자료는 다음과 같다. 3월 중 직접재료 매입액은 ₩1,200,000원, 매출액은 ₩7,400,000이다.

3월 중 발생비용	
직접노무원가	₩3,000,000
공장감독자급여	100,000
기타 제조간접원가	200,000
전기료(본사 40%, 공장 60% 배부)	200,000
감가상각비(본사 20%, 공장 80% 배부)	500,000
본사의 기타 판매비와 관리비	400,000
합계	₩4,400,000

재고자산

	3월초	3월말
재공품재고	₩1,000,000	₩800,000
직접재료재고	300,000	100,000
제품재고	700,000	400,000

위의 자료를 토대로 (주)대한의 3월 1일부터 3월 31일까지의 영업이익을 구하면 얼마인가? **(CTA, 2009)**

① ₩1,000,000 ② ₩1,100,000 ③ ₩1,280,000

④ ₩1,600,000 ⑤ ₩1,680,000

중급문제

9. 다음 자료는 6월 중 발생한 제조경비의 내용이다.

전력비	당월지급액	₩4,588,960
	전월미지급액	₩1,270,800
	당월미지급액	₩1,530,000
세금과공과	당월지급액	₩920,690
임차료	당월지급액	₩6,720,000
	전월미지급액	₩2,400,000
	당월 미지급액	₩1,950,000
보험료	당월 지급액	₩8,720,060
	7월분 선급액	₩3,621,800

K회사의 6월 중 제조경비의 발생액은 얼마인가? **(감평, 2000)**

① ₩20,949,710 ② ₩24,429,710 ③ ₩21,140,510

④ ₩17,488,710 ⑤ ₩17,107,110

10. 다음 자료를 이용하여 다음물음에 답하여라.

	기초	기말
원재료	3,100	3,500
재공품	2,100	2,500
제품	2,800	3,000

한편, 당기 말 결산마감 후 제조원가와 관련된 각 계정 잔액은 다음과 같다.

원재료매입	₩41,750
직접노무비	₩44,800
제조간접비	₩64,200

당기매출원가는 얼마인가?

① ₩149,750 ② ₩150,350 ③ ₩150,550
④ ₩150,750 ⑤ ₩150,950

11. (주)국세의 20*1년도 매출총이익은 ₩120,000, 매출총이익률은 30%이다. 기말제품재고는 기초제품재고에 비해 ₩50,000 감소하였다. (주)국세의 20*1년도 당기제품제조원가는? **(CTA, 2012)**

① ₩130,000 ② ₩180,000 ③ ₩230,000 ④ ₩280,000 ⑤ ₩330,000

12. 자료는 지난 몇 달 동안 (주)동양의 제조간접원가 발생액을 조업도 수준에 따라 정리한 것이다.

	기계시간	총제조원가
7월	5,000	₩50,620
8월	8,000	90,040
9월	6,000	54,080
10월	9,000	63,100

(주)동양은 제조간접원가를 변동원가와 고정원가로 나누기 위하여 원가분석을 한 결과, 제조간접원가가 전력요금, 감독자 임금, 수선유지비로 구성되어 있다는 것을 알았다. 그러나 이들을 완전히 고정원가와 변동원가로 구분하지는 못했다. 7월의 실제 제조간접원가는 다음과 같다.

전력요금(변동원가)	₩10,500
감독자임금(고정원가)	₩24,000
수선유지비(혼합원가)	₩16,120
합계	₩50,620

10월의 제조간접원가 중에 포함되어 있는 수선유지비를 추정하면? **(CTA, 1999)**

① ₩18,900　② ₩20,200　③ ₩24,000

④ ₩44,200　⑤ ₩63,100

정답 및 해설

1. ② 매출원가는 손익계산서에 나타남.

2. ④

3. ③

   제조간접비: ₩50 + ₩100 + ₩200 = ₩350

   당기제품제조원가 = ₩1,000 + (₩200 + ₩300 + ₩350) - ₩800 = ₩1,050

4. ⑤

5. ①

   당기총제조비용: ₩915,000

   당기제품제조원가: ₩915,000

6. ④

   단위당 변동원가=$\frac{70,000,000-50,000,000}{2,000-1,000}$=₩20,000

   고정원가=50,000,000-1,000×20,000=₩30,000,000

   총제조원가=3,000×20,000×(1-0.4)+30,000,000×1.2=₩72,000,000

7. ②

   제조간접비=₩6,000,000×0.25=₩1,500,000

   제조간접비=직접노무비×0.6

   →직접노무비=₩1,500,000/0.6=₩2,500,000

   ∴ 직접재료비=₩6,000,000-₩2,500,000-₩1,500,000=₩2,000,000

8. ②

재공품			
기초	1,000,000	제품	5,420,000
직접재료비	55,000	기말	800,000
직접노무비	3,000,000		
제조간접비	820,000		

제품			
기초	700,000	매출원가	5,720,000
당기제품	5,420,000	기말	400,000

매출액	₩7,400,000
(매출원가)	(5,720,000)
(판관비)	(80,000)
	(100,000)
	(400,000)
영업이익	1,100,000

9. ⑤

미지급비용

당월지급액 당월미지급액	전월미지급액 실제소비액(발생액)

10. ①

기초제품재고 + 당기제품제조원가 - 기말제품재고 = 당기매출원가

(2,800 + 149,950 - 3,000 = 149,750)

11. ⑤

재공품			
기초	x	제품	15,000
직접재료비	3,500	기말	3,000
직접노무비	4,000		
제조간접비	5,500		

제품			
기초	3,000	매출원가	14,000
당기제품	15,000	기말	4,000

12. ②

(1) 고저점법에 의하여 시간당 변동제조간접원가와 고정제조간접원가 계산

① 시간당 변동제조간접원가= $\frac{63,100-50,620}{9,000-5,000}$ =3.12

② 고정제조간접원가=50,620－5,000×3.12=₩35,020

(2) 수선유지비에 해당하는 시간당 변동제조간접원가와 고정제조간접원가 계산

① 시간당 변동제조간접원가=3.12－ $\frac{10,500}{5,000}$ =1.02

② 고정제조간접원가=35,020－24,000=₩11,020

(3) 수선유지비 추정액

① 변동제조원가 9,000×1.02=9,180

② 고정제조원가 11,020

₩20,200

Chapter 2

원가배분과 활동기준원가계산

1. 원가배분의 목적

• **재무회계** - 제품원가계산을 통한 기말재고액 계산과 매출원가의 파악

• **관리회계** - 제품과 관련된 경제적 의사결정에 활용

2. 원가배분기준

① **인과관계기준** ② **수혜기준** ③ **부담능력기준** ④ **증분기준**

3. 제조간접비의 배분(전통적 기법)

(1) 부문공통비의 배부: 공장전체제조간접비의 배부

공장전체에서 발생한 제조간접비를 효익을 받는 모든 부분에 배부하는 단계

예) 공장임차료 및 공장보험료 - 건물면적

공장복리후생비 - 부문별 종업원 수

공장 전력비 - 전력사용량

(2) 보조부문비의 제조부문으로의 배부

① **직접배분법** - 보조부문 상호간의 용역수수관계를 무시하고, 보조부문의 제조간접비를

각 제조부문에만 배부하는 방법

② **단계배분법** - 보조부문 상호간의 용역의 수수관계를 일부 고려하여 보조부문의 배분순서를 정해서 그 순서에 따라 보조부문비를 타 보조부문과 제조부문에 배부하는 방법으로, 일단 다른 보조부문에 배분되고 나면 역배부하지 않는다.

• 배부순서 - ① 타 보조부문에 대한 용역의 제공비율이 큰 부문부터 배분
② 타 보조부문에 용역을 제공하는 수가 많은 부문부터 배분
③ 보조부문비가 큰 부문부터 배분

③ **상호배분법** - 보조부문간의 용역수수관계를 완전히 고려하여 보조부문비를 제조부문으로 배분하는 방법

배분될 총원가 = 자체 보조부문비 + 타 보조부문으로부터 배부받은 원가

(3) 제조부문비의 제품으로의 배부

제조간접비 배부율 = 제조간접비 합계 / 배부기준의 총합

제품별 제조간접비 배부율 = 제품별 배부기준 사용량 × 제조간접비 배부율

• 단일배부율법과 이중배부율법

	이중배부율법	단일배부율법
변동원가	서비스 실제사용량	변동비와 고정비를 구분하지 않고 서비스 실제사용량을 기준량으로 배분
고정원가	서비스 최대사용가능량	

4. 활동기준원가계산(Activity Based Costing)

(1) 활동기준원가계산

원가관리의 초점이 원가 자체에 있는 것이 아니라, 활동(activity)에 있음을 인식하고, 원가를 발생시키는 활동별로 그 원인, 즉 원가동인(cost driver)을 확인·측정하여 원가동인 수를 기준으로 원가를 배부하는 기법

ABC의 시각	**자원(원가) ⇒ 활 동 ⇒ 제품과 고객**

(2) 활동기준원가계산의 도입배경

① 제조간접비 비중의 증가

② 다품종 소량생산체재로의 전환

③ 원가왜곡현상의 심화(원가전이현상)

④ 원가개념의 확대

⑤ 정보수집기술의 발달

(3) 활동과 원가동인

① **활동: 기업이나 단체에서 그 조직의 운영에 필요한 세부적인 업무 프로세스**

② **원가동인: 원가를 발생시키거나 그 발생정도에 영향을 미치는 요소**

(4) 활동의 유형

① **단위수준의 활동: 조업도 수준에 비례적으로 수행되는 활동**

예) 품질검사활동(전수조사), 재료원가, 노무원가, 동력비 등

② **배치(묶음)수준의 활동: 생산된 배치의 숫자에 의해 발생되는 활동**

예) 기계준비시간, 품질검사(배치당), 주문활동, 재료처리, 재료수령활동 등

③ **제품수준(유지)의 활동: 제품의 수(종류)가 추가될 때마다 수행되는 활동**

예) 제품광고활동, 엔지니어링, 제품설계변경 등

④ **공장설비수준의 활동: 생산을 가능케 하는 공장 및 관련관리 인프라스트럭처의 유지를 보조하는 데 소요되는 활동**

예) 공장유지활동, 임대/감가상각, 공장장 및 인력담당자 등에 의해 수행되는 활동 등

(5) 활동기준원가계산의 절차

① **활동분석**

② **활동중심점 설정 및 활동별 원가집계**

③ **활동원가동인의 선택**

④ **활동별 제조간접비 배부율 계산**

⑤ **원가의 배부**

기본문제

1. (주)영민은 제조부문 A, B와 보조부문 X, Y가 있다. 각 보조부문의 서비스 용역수수관계는 다음과 같다.

용역제공부문	용역사용부문				
	X	Y	A	B	합 계
X	-	40단위	20단위	40단위	100단위
Y	45단위	-	60단위	45단위	150단위

X, Y부문의 변동원가는 각각 ₩160,000, ₩200,000이며, 고정원가는 고려하지 않는다. 상호배분법에 의해 보조부문원가를 배분하는 경우, A제조부문에 배분되는 총보조부문원가는 얼마인가? **(CTA, 1999)**

① ₩112,000　② ₩152,000　③ ₩167,273
④ ₩170,000　⑤ ₩230,000

2. 아래에서 올바른 활동기준원가계산(ABC)의 절차를 나타낸 것은? **(CTA, 2001)**

ⓐ 활동중심점의 설정　ⓑ 원가동인의 선택　ⓒ 활동분석
ⓓ 제조간접비의 배부　ⓔ 활동별 제조간접비 배부율의 계산

① ⓒ → ⓐ → ⓔ → ⓑ → ⓓ　② ⓒ → ⓐ → ⓓ → ⓑ → ⓔ
③ ⓒ → ⓐ → ⓑ → ⓔ → ⓓ　④ ⓒ → ⓑ → ⓐ → ⓓ → ⓔ
⑤ ⓒ → ⓑ → ⓐ → ⓔ → ⓓ

3. 원가배부와 관련된 다음의 설명 중에서 올바른 것은? **(CTA, 2001)**

① 원가배부기준은 인과관계기준에 의해서만 설정해야 한다.
② 제조간접원가가 전체 제조원가에서 차지하는 비중이 증가할수록 단순한 원가배분기준을 설정해야 보다 정확한 원가계산을 할 수 있다.
③ 활동기준원가계산제도에서는 제품의 생산수량과 직접 관련이 없는 비단위기준원가동인(ununit-based cost drivers)을 사용하지 않는다.

④ 제조간접원가의 배부가 정확하게 이루어질 수 없기 때문에 원가배부는 어떠한 경우에도 경제적 의사결정을 위한 정보를 제공하지 않는다.

⑤ 활동기준원가계산제도에서 원가배부기준으로 선택된 원가동인이 원가발생의 인과관계를 잘 반영하지 못하는 경우 제품원가계산이 왜곡될 가능성이 있다.

4. 활동기준 원가계산(Activity Based Costing)시스템은 조업도기준 원가계산(Volume Based Costing)시스템에 비하여 보다 정확한 제품원가를 제공할 수 있다. 다음 중에서 활동기준 원가계산시스템을 도입함에 따라서 그 효과를 크게 볼 수 있는 기업의 일반적 특성에 해당되지 않는 것은? **(CPA, 2002)**

① 생산과정에 거액의 간접원가가 발생하는 경우

② 제품, 고객 및 생산공정이 매우 복잡하고 다양한 경우

③ 회사가 치열한 가격경쟁에 직면한 경우

④ 제품의 제조와 마케팅 원가에 대해서 생산작업자와 회계담당자 사이에 심각한 견해차이가 있는 경우

⑤ 생산과 판매에 자신있는 제품의 이익은 높고 생산과 판매에 자신없는 제품의 이익이 낮은 경우

5. 활동기준원가계산에 관한 다음 설명 중에서 타당하지 <u>않은</u> 것은? **(CPA, 2004)**

① 활동이 자원을 소비하고 제품이 활동을 소비한다.

② 제조간접비에는 생산량 이외의 다른 원가동인에 의하여 발생하는 원가가 많이 포함되어 있다.

③ 배부기준의 수가 전통적인 원가계산에 비해 많다.

④ 제품별 또는 부문별 성과평가의 신뢰성이 높아진다.

⑤ 표준원가계산과 같이 일종의 사전원가계산 제도이다.

6. 대한회사는 제조부문(성형, 조립)과 보조부문(수선, 동력)을 이용하여 제품을 생산하고 있으며, 제조부문과 보조부문에 관련된 자료는 다음과 같다.

제공부문	제조부문		보조부문		합계
	성형	조립	수선	동력	
수선	400시간	200시간	100시간	400시간	1,100시간
동력	4,000kw	4,000kw	8,000kw	2,000kw	18,000kw

수선부문과 동력부문에 집계된 부문원가는 각각 ₩160,000, ₩80,000이다. 대한회사는 상호배분법을 사용하여 보조부문원가를 제조부문에 배분한다. 조립부문에 배분될 보조부문원가는 얼마인가? **(CTA, 2008)**

① ₩80,000　② ₩95,000　③ ₩110,000
④ ₩125,000　⑤ ₩145,000

7. 활동기준원가계산 시스템에 대한 설명 중 옳은 것을 모두 묶은 것은? **(CTA, 2009)**

> ㉠ 제품과 고객이 매우 다양하고 생산공정이 복잡한 경우, 일반적으로 활동기준원가계산이 전통적인 원가계산보다 정확한 제품원가 정보를 제공한다.
> ㉡ ㉠의 주된 이유는 활동기준원가계산은 원가발생형태보다 원가를 소모하는 활동에 초점을 맞추어 원가를 집계하여 배부하기 때문이다.
> ㉢ 생산과정에서 거액의 간접원가가 발생하는 경우 활동기준원가계산이 전통적 원가계산보다 원가관리에 효과적이다.

① ㉠　② ㉠, ㉡　③ ㉠, ㉢　④ ㉡, ㉢　⑤ ㉠, ㉡, ㉢

8. (주)서울은 가전제품을 생산하여 판매하는 기업이다. (주)서울의 경영자는 현재 생산하고 있는 양문냉장고의 설계를 변경하는 경우 원가를 얼마나 절감할 수 있는지 알아보려 한다. 20*2년의 양문냉장고 예상판매량 100대를 현재 설계된 대로 생산하는 경우 직접재료비가 ₩100,000, 직접노무비가 ₩50,000, 그리고 제조간접비가 ₩350,000이 발생할 것으로 추정된다. (주)서울은 활동기준원가계산을 적용하고 있는데 제조간접비를 발생원인에 따라 항목별로 구분한 결과는 다음과 같다.

제조간접비 항목	금액	원가동인	사용시간
기계가동원가	100,000	기계가동시간	100시간
작업준비원가	50,000	작업준비시간	10시간
검사원가	100,000	검사시간	10시간
재작업원가	100,000	재작업시간	20시간

설계를 변경하는 경우 기계가동시간과 재작업시간은 20% 감소되며, 작업준비시간은 25% 감소될 것으로 예상된다. 그러나 검사시간은 현재보다 20% 늘어날 것으로 예상된다. (주)서울이 설계를 변경하는 경우 단위당 제조간접원가를 얼마나 절감할 수 있는가?(단, 상기 자료 외의 원가는 고려하지 않는다.) **(CTA, 2010)**

① ₩275 ② ₩325 ③ ₩375 ④ ₩425 ⑤ ₩475

9. 다음은 원가계산 및 원가배분과 관련된 문장들이다.

a. 종합원가계산의 경우, 기초재공품이 없을 때 선입선출법에 의한 제품제조원가나 평균법에 의한 제품제조원가는 동일하다.
b. 종합원가계산의 경우, 기초재공품과 기말재공품의 완성도(진척도)가 다 같이 50%일 때 선입선출법에 의한 제품제조원가나 평균법에 의한 제품제조원가는 동일하다.
c. 기말재공품 원가가 기초재공품원가에 비해 증가하였다면 당기발생제조원가가 당기제품제조원가보다 더 크다.
d. 보조부문 원가를 계제식 방법(step-down method)으로 배분할 경우, 어떤 부문을 먼저 배분하는가에 상관없이 배분결과는 동일하다.

위의 문장들 중 올바르거나 타당한 문장들만을 모은 것은? **(CPA, 2003)**

① a, b ② a, c ③ a, b, c ④ a, c, d ⑤ b, d

중급문제

10. (주)대한은 두 개의 보조부문 A와 B, 그리고 두 개의 생산부문 C와 D를 가지고 있다. 20x1년 3월의 각 부문에 대한 자료는 다음과 같다.

	보조부문		생산부문	
	A	B	C	D
기계시간	-	500시간	400시간	100시간
직접노무시간	400시간	-	200시간	400시간
각 부문의 제조간접원가	₩30,000	₩50,000	₩10,000	₩20,000
생산단위			50단위	100단위

C부문에서 생산하는 갑제품에 대한 단위당 기초원가(prime cost)는 ₩500이다. (주)대한은 갑제품의 제품제조원가에 20%를 가산해서 판매가격을 결정한다. 보조부문의 원가는 상호배분법을 사용하여 생산부문에 배분하며 A부문의 원가는 기계시간에 의하여 B부문의 원가는 직접노무시간에 의하여 배분한다. 갑제품에 대한 월초 및 월말재공품 잔액은 모두 ₩0이다. 갑제품의 단위당 판매가격은 얼마인가? **(CPA, 2000)**

① ₩1,830 ② ₩1,525 ③ ₩1,025 ④ ₩825 ⑤ ₩1,325

11. (주)남산은 두 개의 보조부문 A와 B, 그리고 제품제조부문 X와 Y를 갖고 있다. 다음 표는 보조부문 A와 B, 그리고 제조부문 X와 Y와의 관계를 나타낸 것이다.

	보조부문		제조부문		총단위
	A	B	X	Y	
A	0	20	50	30	100
B	40	0	10	50	100

또한 보조부문 A 자체에서는 모두 변동비로서 20,000원이 쓰여지고, 보조부문 B에서도 모두 변동비로서 10,000원이 지출된다. 외부에서 보조부문 B를 폐쇄하는 조건으로 단위당 130원에 공급하겠다는 제의가 왔을 때 (주)남산이 이 제의를 받아들여야 하는지 또는 거절하여야 하는지를 다음 중에서 고르시오. **(CTA, 1997)**

① 단위당 130원이 B에서 공급하는 100원보다 크기 때문에 거절한다.

② 보조부문 B를 폐쇄함으로써 생기는 절약분은 14,000원인데 단위당 130원에 사오면 11,960원의 지출이 발생하므로 보조부문 B를 폐쇄한다.

③ 보조부문 B를 폐쇄함으로써 생기는 절약분은 11,960원인데 외부에서 공급하면 14,000원의 지출이 발생하므로 보조부문 B를 유지한다.

④ 보조부문 B를 폐쇄함으로써 생기는 절약분은 12,320원인데 외부에서 공급하면 10,000원의 지출이 발생하므로 보조부문 B를 폐쇄한다.

⑤ 보조부문 B를 폐쇄함으로써 생기는 절약분은 10,000원인데 외부에서 공급하면 12,320원의 지출이 발생하므로 보조부문 B를 유지한다.

※ 다음은 문제 12번과 문제 13번에 관련된 자료이다. **(CTA, 1997)**

청송필름(주) 콘트롤러가 수립한 활동별 원가집계와 원가동인들은 다음과 같다.

활 동	제조간접비예산	원가동인	예정원가동인수	활동별 배부율
기계준비작업활동	₩200,000	준비횟수	100회	₩2,000/준비횟수
재료처리활동	100,000	원재료무게	20,000파운드	₩2/파운드
위험폐기물통제활동	50,000	위험폐기물무게	10,000파운드	₩5/파운드
품질관리활동	75,000	검사횟수	1,000회	₩75/검사
기타제조활동	200,000	기계시간	20,000시간	₩10/기계시간
	₩625,000			

필름 1,000상자 주문에 대하여 다음과 같은 활동으로 생산하였다.

기계준비횟수	4회
원재료	10,000파운드
위험폐기물	2,000파운드
검사횟수	10회
기계시간	500시간
직접재료비	₩120,000
직접노무비	₩40,000

12. 활동별 제조간접비 배부율을 적용하여 필름 1상자당 제조간접비는 얼마인가?

① ₩31.25 ② ₩43.75 ③ ₩20.375

④ ₩15.625 ⑤ 정답 없음

13. 기계시간에 근거한 단일의 예정제조간접비율을 사용하여 주문될 필름생산에 배부되어야 할 제조간접비는 얼마인가?

① ₩43,750 ② ₩31,250 ③ ₩20,375

④ ₩15,625 ⑤ 정답 없음

14. (주)한강은 두 개의 제조부문(P1, P2)과 두 개의 보조부문(S1, S2)으로 운영된다. 회사는 상호배부법을 이용하여 보조부문비를 제조부문에 배부하고 있으며, 각 보조부

문의 용역제공비율은 다음과 같았다.

보조부문	제조부문		보조부문	
	P1	P2	S1	S2
S1	50%	30%	-	20%
S2	40%	40%	20%	-
부문비	?	?	X	?

두 개의 보조부문(S1, S2)으로부터 P1에 배부된 금액은 ₩50,000이고, P2에 배부된 금액은 ₩40,000이었다. 부문비 배부 전 S1에 집계된 원가(X)는 얼마인가? **(CPA, 2008)**

① ₩37,500 ② ₩38,200 ③ ₩47,200 ④ ₩52,500 ⑤ ₩57,200

15. 우편 및 전화주문 판매를 하는 (주)통판은 활동기준원가(Activity-Based Costing: ABC)시스템을 통해 주요 고객의 수익성을 파악하고자 한다. 주요 고객의 연간 자료는 다음과 같다.

	고객 '갑'	고객 '을'	고객 '병'
총매출	₩8,000	₩10,000	₩20,000
반품-수량	4개	0개	2개
반품-액수(판매가)	₩2,000	₩0	₩5,000
연간 총전화주문건수	0건	4건	8건
연간 총우편주문건수	4건	0건	2건
총 전화주문처리 시간	0시간	0.25시간	0.20시간

배송비용은 고객이 부담하며, 반품에 따른 배송비만 고객이 부담하면 반품은 항상 허용된다. 매출원가는 판매가의 75%이다. 활동 및 활동원가의 동인율(activity cost driver rate)이 다음과 같을 경우, ABC를 통해 계산한 고객 '갑'으로부터의 연간 이익은? **(CPA, 2001)**

활동	활동원가동인율
우편주문처리	₩50/주문건수
전화주문처리	₩800/시간
반품처리	₩100/반품수량
고객유지	₩500/년

① ₩400　　② ₩900　　③ ₩1,500　　④ ₩4,900　　⑤ ₩8,000

16. (주)대한은 휴대전화기를 생산한다. 현재 회사는 제조간접원가를 단일 배부율을 사용하여 공장 전체에 배부하고 있다. 회사의 경영진은 제조간접원가를 좀 더 정교하게 배부할 필요가 있다고 판단하고, 회계담당부서로 하여금 주요 생산활동과 그 활동에 대한 원가동인을 파악하라고 지시하였다. 다음은 활동, 원가동인 그리고 배부율에 대한 자료이다.

활동	원가동인	배부율
재료취급	부품의 수	부품당 ₩1,000
조립	직접노무시간	시간당 ₩40,000
검사	검사부문에서의 검사시간	분당 ₩10,000

현재의 전통적인 원가계산방법은 직접노무시간에 기초하여 1시간당 ₩150,000의 배부율을 사용한다.

휴대전화 제작을 위하여 한 번의 작업(batch)으로 50대의 휴대전화가 제조되었다. 전통적인 원가계산방법과 활동기준원가계산방법을 사용할 경우 휴대전화 한 대당 배부될 제조간접원가는 각각 얼마인가? 한 번의 작업(batch)에는 1,000개의 부품, 직접노무시간 8시간, 그리고 검사시간 15분이 필요하다. **(CPA, 2007)**

① 전통적 방법: ₩24,000　　활동기준방법: ₩29,400

② 전통적 방법: ₩640　　활동기준방법: ₩29,400

③ 전통적 방법: ₩24,000　　활동기준방법: ₩24,000

④ 전통적 방법: ₩24,000　　활동기준방법: ₩24,900

⑤ 전통적 방법: ₩24,000　　활동기준방법: ₩47,000

17. (주)한호기계는 활동기준원가계산(activity-based costing)을 적용하고 있다. 회사는 제품생산을 위해 세 가지 활동을 수행하고 있다. 당기에 발생된 활동별 실제원가는 기계가동활동 ₩84,000, 엔지니어링활동 ₩60,000, 품질검사활동 ₩41,000이었다. 당기에 두 종류의 제품 A와 B를 생산하였으며, 생산관련 실제자료는 다음과 같았다.

항 목	제품 A	제품 B
생산량	500단위	1,200단위
기계가동(기계시간)	2,000시간	3,000시간
엔지니어링(작업시간)	500시간	700시간
품질검사(품질검사 횟수)	10회	15회

* 괄호 안은 각 활동의 원가동인을 의미함.

활동기준원가계산 및 위의 자료와 관련된 (주)한호기계의 원가계산결과에 대한 설명이다. 다음 중 타당하지 않은 것은? **(CPA, 2008)**

① 생산과정에서 직접원가보다는 간접원가의 비중이 높을수록 활동기준원가계산의 도입효과가 큰 것으로 알려져 있다.

② 품질검사를 전수조사에 의할 경우 품질검사활동은 단위수준활동으로 분류된다.

③ 제품 A에 배부되는 총활동원가는 ₩72,000이다.

④ 기계가동활동의 원가배부율은 기계시간당 ₩16.8이다.

⑤ 제품 B에 배부되는 엔지니어링 활동원가는 ₩35,000이다.

18. 한 연구결과에 의하면, 기계위주의 제조환경에서 외부구입부품이나 재료비가 큰 비중을 차지하고 있는 전자업계에서는 품목별 제조간접원가의 배부율이 직접노무비의 500%에까지 이른다는 사실을 보여주고 있다. 이는 제조활동에 기계관련자원의 소비가 큰 비중을 차지하는 대신 직접노무비가 상대적으로 작게 발생하기 때문이다. 이와 같이 기계위주의 제조환경에서 직접노무비나 직접노동시간을 배부기준으로 사용할 경우 공장의 관리자에게 초래될 수 있는 상황으로 적절하지 않은 것은? **(CTA, 2003)**

① 직접노무비가 많이 소요되는 작업이나 부품의 생산을 회피하고 외부의 공급업자들에게 지나치게 의존하려는 경향을 발견할 수 있다.

② 제조원가에서 큰 비중을 차지하는 재료비나 경비에 대해 적절한 관리활동을 하는 것보다는 오히려 직접노동시간을 통제하는 데 더 많은 관심을 가지게 된다.

③ 제조현장의 작업을 가급적이면 간접노무로 분류하지 않고 직접노무로 분류함으로써 과도한 제조간접비부담을 줄이려고 할 것이다.

④ 종업원의 증가를 억제한다는 기업의 목표가 설정된 경우에는 제품설계단계에서부터 직접노동시간의 감소를 유도하여 궁극적으로는 감량경영과 자동화를 증진시키

는 데 기여할 수 있다.

⑤ 직접노무비를 파악하고 집계하는 데 소요되는 관리비용이 과도하게 소요된다면 직접노무비를 제품에 직접 추적시키는 것보다는 제조간접비계정에 포함시켜 제품별로 배부하는 것이 원가효익의 관점에서 적절하다.

19. (주)서로는 자동차를 생산하고 있다. 회사는 승용차를 생산하는 부문과 승합차를 생산하는 부문을 이익중심점으로 운영하고, 그 밖에 이들 생산 부문을 지원하는 자재부와 시설관리부를 두고 있다. 자재부는 시설관리부를 위해 자재를 구입하여 주고, 시설관리부는 자재부의 시설을 관리한다. 갑과 을은 각각 승용차와 승합차 생산부문을 책임지고 있는데, 부문별 성과평가를 앞두고 신경이 매우 곤두서 있는 상태다. 아래의 원가자료를 부문간 배부기준으로 사용하여 직접배부법 또는 상호배부법에 의해 부문별 원가계산을 하려 한다. 아래의 원가자료를 제외하고 승용차와 승합차 생산부문간에 다른 모든 사항이 동일하다면 다음 중 타당한 것은?(단, 지원부문인 자재부와 시설관리부의 배부대상원가는 각각 ₩100이다.) **(CPA, 2010)**

부문간 배부기준 자료

사용부서 / 공급부서	자재부문	시설관리부문	승용차부문	승합차부문	합계
자재부문	–	₩5	₩45	₩50	₩100
시설관리부문	₩10	–	₩30	₩60	₩100

① 갑에게는 직접배부법, 을에게는 상호배부법이 유리하다.

② 갑에게는 상호배부법, 을에게는 직접배부법이 유리하다.

③ 갑, 을 모두 직접배부법이 유리하다.

④ 갑, 을 모두 상호배부법이 유리하다.

⑤ 갑, 을 모두 어떤 방법을 사용하든 유리하거나 불리하지 않다.

20. (주)수지는 제품 A와 제품 B를 생산하고 있는데 두 제품은 모두 제조부문 X와 제조부문 Y를 거쳐야 한다. 제조부문 X에서 발생한 제조간접원가는 각 제품이 소비한 기계시간을 기준으로 배부하고, 제조부문 Y에서 발생한 제조간접원가는 각 제품이 소비한

노무시간을 기준으로 배부한다. 또한 각 제조부문의 제조간접원가는 월별로 실제 배부한다. 다음은 5월 중 제품 A와 제품 B를 생산하는 데 각각 소비한 기계시간과 노무시간 그리고 각 제품에 최종적으로 배부된 제조간접원가 자료이다.

구분	제품 A	제품 B	합계
기계시간	10시간	30시간	40시간
노무시간	90시간	60시간	150시간
제조간접원가배부액	₩870,000	₩930,000	₩1,800,000

제조부문 X에서 5월 중 발생한 제조간접원가는 얼마인가? **(CPA, 2011)**

① ₩600,000　② ₩720,000　③ ₩800,000

④ ₩960,000　⑤ ₩1,080,000

※ 다음 자료에 의하여 문제 21번과 22번에 답하시오.

(주)동운은 두 개의 제조부문(P1, P2)과 세 개의 보조부문(S1, S2, S3)을 가지고 있으며, 부문 간의 용역수수관계와 보조부문의 원가자료는 다음과 같다.

사용부문 / 공급부문	제조부문		보조부문			합계
	P1	P2	S1	S2	S3	
S1	4,000단위	3,000단위	0단위	1,500단위	1,500단위	10,000단위
S2	5,000단위	4,000단위	1,000단위	0단위	0단위	10,000단위
S3	4,000단위	5,000단위	1,000단위	0단위	0단위	10,000단위
변동원가	?	?	₩300,000	₩200,000	₩100,000	?
고정원가	?	?	₩500,000	₩100,000	₩200,000	?

(주)동운은 동일한 생산수준을 유지하면서 보조부문 S1의 용역을 모두 외부로부터 구입하고자 하며, 이 경우에 보조부문 S1의 고정원가 10%, 보조부문 S2의 고정원가 5%, 보조부문 S3의 고정원가 5%가 각각 감소할 것으로 예상된다.

21. 보조부문 S1의 용역을 모두 외부로부터 구입하는 경우, (주)동운이 필요로 하는 보조부문 S1의 용역은 몇 단위인가? **(CPA, 2011)**

① 9,600단위　② 9,700단위　③ 9,800단위

④ 9,900단위　⑤ 10,000단위

22. 보조부문 S1의 용역을 모두 외부로부터 구입하는 경우, (주)동운이 외부구입으로 인한 손실을 발생시키지 않고 지불할 수 있는 보조용역 S1의 최대 구입금액은 얼마인가? **(CPA, 2011)**

① ₩365,000 ② ₩375,000 ③ ₩385,000

④ ₩395,000 ⑤ ₩405,000

23. (주)갑은 현재 보조부문의 원가를 생산부문의 부문직접원가를 기준으로 배부하고 있다. 생산부문과 보조부문의 관련자료는 아래와 같다.

	생산부문		보조부문	
	A	B	C	D
부문직접원가	500만원	400만원	300만원	600만원
	서비스 제공비율			
보조부문 C	40%	50%	-	10%
보조부문 D	30%	60%	10%	-

(주)갑은 보조부문 C의 원가를 우선 배부하는 단계배부법으로 보조부문의 원가배부방법을 변경하고자 한다. 이 변경이 생산부문 A에 배부되는 보조부문원가에 미치는 영향은? **(CPA, 2011)**

① 90만원 감소

② 120만원 증가

③ 150만원 증가

④ 170만원 감소

⑤ 190만원 증가

정답 및 해설

1. ④

(1) 연립방정식도출 및 해 계산

X=160,000 + 0.3Y　　Y=200,000 + 0.4X　　X=250,000　　Y=300,000

(2) A에 배분될 보조부문원가

X=250,000×0.2	50,000
Y=300,000×60/150	120,000
	170,000

2. ③

3. ⑤

4. ⑤

5. ⑤

6. ②

수선부 총원가(X) = 160,000 + 0.5Y

동력부 총원가(Y) = 80,000 + 0.4X

X=250,000, Y=180,000

조립부문이 배부 받을 원가 = 0.2X+0.25Y = 95,000

7. ⑤

8. ②

설계변경 전 단위당 제조간접비: ₩3,500

설계변경후　단위당 제조간접비: ₩3,175

9. ②

10. ①

A=30,000+0.4B,　　　B=50,000+0.5A

A=62,500,　　B=81,250

C부문의 총제조간접비 = 보조부문으로부터 받은 원가+부문개별비

= (25,000+16,250)+10,000 = 51,250

C부문 단위당 제조간접비 = 51,250/50단위 = ₩1,025

C부문의 제품 단위당 원가 = ₩1,025+₩500 = ₩1,525

갑제품의 판매가격 = 1,525×1.2 = ₩1,830

11. ②

(1) B폐쇄 시 외부구입수량:　100−(100×0.4×0.2)=92단위

(2) B 외부구입비:　130×92=11,960

(3) B폐쇄 시 원가절감액:　10,000 + (20,000×20%)=14,000

12. ②

(1) 주문된 필름생산에 배부된 제조간접비 총액

	활동별 배부율	원가동인수	제조간접비 배부액
기계준비작업활동	₩2,000/준비횟수	4회	₩8,000
재료처리활동	₩2/파운드	10,000파운드	20,000
위험폐기물통제활동	₩5/파운드	2,000파운드	10,000
품질관리활동	₩75/검사	10회	750
기타제조활동	₩10/기계시간	500시간	5,000
총액			₩43,750

(2) 필름 1상자당 제조간접비 배부액:　43,750÷1,000=₩43.75/상자

(3) 기계시간당 제조간접비 배부율 ₩625,000÷20,000=₩31.25/기계시간

(4) 기계시간에 근거한 제조간접비 배부

① 제조간접비 배부 총액=₩31.25×500=₩15,625

② 1상자당 제조간접비 배부액=₩15,625÷1,000=₩15.625/상자

13. ④

14. ①

0.5S1 + 0.4S2= 50,000

0.3S1 + 0.4S2= 40,000

S1= 50,000 S2=62,500

따라서, S1 = X+0.2S2 = X+12,500이므로 X=₩37,500

15. ①

순매출액	6,000
매출원가	(4,500)
매출총이익	1,500
판관비	(1,100)
영업이익	₩400

16. ①

공장전체 단일배부율 = 150,000×8시간÷50대 = ₩24,000/대

활동기준원가계산(50대 생산)

재료취급원가:	₩1,000 × 1,000개	=	1,000,000
조립원가:	₩40,000 × 8시간	=	320,000
검사원가:	₩10,000 × 15분	=	150,000
			₩1,470,000 ……₩29,400/대

17. ③

18. ③

제조현장의 작업을 가급적이면 간접노무로 분류하면 제조간접비의 부담은 증가하게 된다.

19. ①

각 배부법에 의한 원가배부액

	승용	승합
직접배부법	83.3	119.3
상호배부법	110.55	105.5

직접배부법: 갑 유리

상호배부법: 을 유리

20. ①

X부문배부율: X

Y부문배부율: Y

(10시간×X) + (90시간×Y) = 870,000

(30시간×X) + (60시간×Y) = 930,000

X부문배부율 = 15,000/시간, Y부문배부율 = 8,000/시간

X부문 제조간접비 = 15,000/시간×40시간 = ₩600,000

21. ②

22. ④

〈S1폐쇄로 인한 원가절감액〉

• S1 변동원가: ₩300,000

• S1 폐쇄로 인한 회피가능고정원가: 50,000 + 5,000 + 10,000 = ₩65,000

• 타 보조부문에서 S1으로 제공되는 원가배부액

S2 → S1 : 0.1×200,000 =20,000
S3 → S1 : 0.1×100,000 =10,000

= ₩395,000

23. ④

Chapter 3

개별원가계산

1. 개별원가계산의 개념

개별작업별(제품별)로 원가를 집계하는 계산방법

(1) 개별작업의 원가요소별 원가의 집계: 작업지시서별로 작업원가를 집계

① **직접재료비** - 재료출고청구서에 의하여 개별작업의 직접재료비 추적

② **직접노무비** - 작업시간표에 의하여 개별작업의 직접노무비 추적

③ **제조간접비** - 제조간접비 배분표에 의해 개별작업으로 배부

(2) 개별원가계산의 종류

① **실제개별원가계산** - 직접재료비, 직접노무비, 제조간접비 모두 실제발생액 집계

② **정상개별원가계산** - 직접재료비, 직접노무비는 실제발생액으로, 제조간접비는 예정배부액으로 집계

(3) 제조간접비의 배부

① **실제개별원가계산: 실제배부율 이용**

- 실제배부율 = 제조간접비 실제발생액 / 실제조업도
- 개별작업별 제조간접비 배부액 = 작업별 실제조업도 × 제조간접비 실제배부율

② **정상개별원가계산: 예정배부율 이용**

• 예정배부율 = 제조간접비 예정발생액 / 예정조업도

• 개별작업별 제조간접비 배부액 = 작업별 실제조업도 × 제조간접비 예정배부율

(4) 제조간접비 집계방법에 따른 배부

① **공장전체 배부율법: 공장전체의 제조간접비를 대상으로 하나의 배부기준과 배부율 적용**

• 공장전체 배부율 = 제조간접비(공장전체) / 전체작업의 조업도 합계

• 개별작업별 제조간접비 배부액 = 개별작업의 조업도 × 제조간접비 배부율

② **부문별 배부율법: 부문별 제조간접비를 대상으로 부문별 배부기준과 배부율 적용**

• 부문별 배부율 = 제조간접비(부문별) / 부문별 조업도 합계

• 개별작업별 제조간접비 배부액 = 개별작업의 부문별 조업도 × 제조간접비 배부율(부문별)

(5) 제조간접비 배부차이의 조정

정상개별원가는 제조간접비의 예정발생액을 기준으로 개별작업(제품)의 원가를 산정하므로 외부보고목적의 재무제표 작성을 위하여 이를 실제원가로 조정해 주어야 함

① **매출원가조정법**: 배부차이를 매출원가에서 전액 조정

② **총원가 기준법**: 제조간접비가 영향을 미치는 모든 계정, 즉 기말재공품, 기말제품 그리고 매출원가의 금액을 기준으로 배부차이 금액을 각 계정에 배부

③ **원가요소기준법**: 제조간접비가 영향을 미치는 모든 계정, 즉 기말재공품, 기말제품 그리고 매출원가에 포함된 제조간접비 금액을 기준으로 배부차이 금액을 각 계정에 배부

배부차이 = 제조간접비 배부액 − 제조간접비 실제발생액
> : 과대배부(차감조정 필요)
< : 과소배부(가산조정 필요)

기본문제

1. 당월 중 실제로 발생한 총원가 및 제조지시서 No.138의 제조에 실제로 발생한 원가는 다음과 같다.

	총원가	제조지시서 No.138
직접재료비	8,000,000	200,000
직접노무비	10,000,000	260,000
제조간접비	1,600,000	?

당월 중 실제직접노동시간은 10,000시간이었으며, 이 중 제조지시서 No.138의 제조에 투입된 시간은 520시간이었다. 회사가 제조간접비를 직접노동시간에 기준으로 실제배부하는 경우, 제조지시서 No.138에 배부되는 제조간접비는 얼마인가? **(감평, 1997)**

① ₩100,000　② ₩41,600　③ ₩83,200
④ ₩80,000　⑤ ₩40,000

2. 회사의 재공품 기초금액은 24,000이며, 당기 중 직접재료비 ₩80,000, 직접노무비 ₩60,000, 제조간접비 ₩54,000이 발생하였으며, 제조간접비는 직접노무비의 90%로 배부하고 있다. 당기 중 완성품 계정으로 대체된 금액은 ₩200,000이다. #601은 6월 중 유일한 미완성품으로 제조간접비가 ₩4,500일 때, #601의 직접재료비는 얼마인가? **(감평, 1999)**

① ₩7,000　② ₩7,500　③ ₩8,000　④ ₩8,500　⑤ ₩9,000

3. JP회사는 정상원가 시스템하에서 개별원가계산을 사용한다. 2001년 4월 동안 이 회사의 재공품 계정의 내역은 다음과 같다.

기초잔액: ₩4,000	직접재료비: ₩24,000	직접노무비: ₩16,000
제조간접비: ₩12,800	제품계정으로의 대체액: ₩48,000	

JP회사는 제조간접비를 제품에 배부할 때 예정 제조간접비율을 사용하며 당기의 제조간접비 예정배부율은 직접노무비의 80%이다. 당기에 새로 시작한 작업 #5가 4월 말 현재 유일하게 완성되지 않은 작업이며 작업 #5를 완성하는 데 예정된 직접노무비

는 ₩3,000이지만 당기에 투입된 실제 직접노무비는 ₩2,000이다. 작업 #5에 지금까지 투입된 직접재료비는 얼마인가? **(CTA, 2002)**

① ₩3,300　② ₩5,200　③ ₩8,000　④ ₩8,800　⑤ ₩16,000

4. 서울(주)는 5월 중 ₩43,000의 직접재료를 구입하였다. 5월 중 제조간접비의 합은 ₩27,000이었고 총제조원가는 ₩106,000이었다. 직접재료의 5월초 재고가 ₩8,000이었고 5월말 재고가 ₩6,000이었다면 5월 중 직접노무비는 얼마인가? **(CTA, 2005)**

① ₩34,000　② ₩38,000　③ ₩36,000　④ ₩45,000　⑤ ₩35,000

5. (주)정상은 제조간접비를 직접노무비를 기준으로 배부하고 있다. 추정제조간접비 총액은 ₩255,000이고, 추정노동시간은 100,000시간이다. 지난 기말의 실제제조간접비 발생액은 ₩270,000이고, 실제사용 직접노동시간은 105,000시간이었다. 이 기간 동안 제조간접비 과소(대)배부는?

① ₩2,250 과대배부　② ₩2,250 과소배부　③ ₩15,000과대배부

④ ₩15,000 과소배부　⑤ ₩13,500 과소배부

중급문제

6. 대한회사는 개별원가계산시스템을 채택하고 있다. 제조간접원가의 예정배부율은 직접노무원가의 150%이다. 제조간접원가의 배부차이는 매월말 매출원가계정에서 조정한다. 추가정보는 다음과 같다.

(1) 작업 #701만이 2007년 2월말에 작업이 진행중이며 원가는 다음과 같다.

직접재료원가	₩8,000
직접노무원가	4,000
제조간접원가배부액	6,000
	₩18,000

(2) 작업 #702, #703, #704, #705는 2007년 3월중에 작업이 시작된 것이다.

(3) 2007년 3월중에 작업에 투입된 직접재료원가는 ₩52,000이다.
(4) 2007년 3월중에 발생한 직접노무원가는 ₩40,000이다.
(5) 2007년 3월중 제조간접원가의 실제 발생액은 ₩64,000이다.
(6) 2007년 3월말 현재 진행중인 작업은 #705뿐이며 이 작업과 관련된 직접재료원가는 ₩5,600, 직접노무원가는 ₩3,600이다.

대한회사가 2007년 3월중에 생산한 제품의 당기제품제조원가는 얼마인가? **(CTA, 2008)**

① ₩155,400 ② ₩156,000 ③ ₩155,200
④ ₩159,400 ⑤ ₩170,000

7. 서울공업사는 세 가지 형태의 제품 A·B·C를 생산하고 있다. 이들 제품은 두 가지의 가공작업 甲·乙을 거쳐 최종제품으로 완성되는데, C제품은 반제품형태로 판매되기 때문에 乙작업이 불필요하다. 가공작업 甲·乙의 원가는 각 제품의 수량에 비례하여 균등하게 발생한다.

(1) 당월 중의 생산량 및 재료원가:

구 분 생산량	직접재료원가
제품 A: 9,000개	₩2,070,000
제품 B: 4,000	1,320,000
제품 C: 6,000	1,740,000

(2) 당월 중의 가공원가 발생액:

	작업 甲	작업 乙
직접노무원가	₩500,000	₩1,000,000
제조간접원가	70,000	300,000

기초 및 기말의 재공품은 없다고 가정할 때, 당월 중 B제품의 단위당 제조원가는 얼마로 계산되는가?(원 미만은 반올림할 것) **(CTA, 2001)**

① ₩400 ② ₩414 ③ ₩428 ④ ₩460 ⑤ ₩474

8. 한일세무법인은 계약건별로 추적이 가능한 원가는 직접비로 파악하고, 간접비에 대해서는 복수의 간접비집합으로 분류한 다음 각각의 간접비 배부율을 적용하여 원가계산을 한다. 다음 자료를 토대로 한일해운의 세무조정계약건에 대한 원가를 산출하시오. **(CTA, 2002)**

(1) 직접노무비: 한일해운의 계약건과 관련하여 책임세무사 200시간, 담당세무사 400시간이 투입되었으며, 관련자료는 다음과 같다.

구 분	인원수	연간총투입시간(조업도)	연간급여
책임세무사	10명	1,600시간×10명=16,000시간	₩800,000,000
담당세무사	40명	1,600시간×40명=64,000시간	₩1,600,000,000
계		80,000시간	₩2,400,000,000

(2) 한일해운의 세무조정 계약건에서 발생된 직접노무비 이외의 직접비: ₩2,600,000

(3) 간접비는 연간 총 ₩496,000,000이며, 관련 자료는 다음과 같다.

가. 일반관리비(세무사 총투입시간에 비례하여 배분):	₩240,000,000
나. 보험료(세무사 직접노무비에 비례하여 배분):	96,000,000
다. 비서실운영비(책임세무사 투입시간에 비례하여 배분):	160,000,000
계	₩496,000,000

① ₩22,600,000 ② ₩27,750,000 ③ ₩26,300,000
④ ₩35,300,000 ⑤ ₩27,200,000

9. (주)한라는 2007년 초에 설립되었으며 정상원가계산(normal costing)을 적용하고 있다. 제조간접비는 직접노무시간을 기준으로 예정 배부한다. 회사는 제조간접비 배부차이를 기말재고자산 및 매출원가에 포함된 제조간접비 예정배부액에 비례하여 안분한다. 당기에 기말재공품, 기말제품 및 매출원가에는 1 : 3 : 4의 비율로 제조간접비가 각각 예정배부 되었고, 기말재공품에 차감하여 조정된 배부차이는 ₩2,500이었다. 당기의 실제 제조간접비는 ₩180,000이고, 실제 직접노무시간은 총 1,250시간이었다면, 제조간접비 예정배부율은 직접노무시간당 얼마인가? **(CTA, 2008)**

① ₩144 ② ₩160 ③ ₩168 ④ ₩170 ⑤ ₩178

10. 부문별 개별원가계산을 채택하고 있는 대한조선의 다음 원가계산자료를 이용하여

화물선에 배부될 제조간접비를 구하시오. **(CTA, 2003)**

(1) 제조간접비에 대한 부문비내역

	제 조 부 문		보 조 부 문		
구 분	제1공장	제2공장	수선부	동력부	생산관리부
금 액	₩3,800,000	₩3,200,000	₩1,100,000	₩900,000	₩2,000,000

(2) 보조부문비의 배부는 단계(계단식)배부법을 사용하며, 보조부문 상호간의 배부순서는 생산관리, 동력, 수선부문의 순으로 하여 다음의 배부기준에 의한다.

구 분	제1공장	제2공장	수선부	동력부
생산관리부	40%	40%	15%	5%
동력부	50%	40%	10%	-
수선부	60%	40%	-	-

(3) 제품별 제조간접비 배부를 위한 공장별 작업시간집계표

구 분	화물선	유조선	군 함	합 계
제1공장	800시간	500시간	700시간	2,000시간
제2공장	400시간	300시간	300시간	1,000시간

① ₩4,686,000 ② ₩4,595,000 ③₩4,400,000

④ ₩4,690,000 ⑤ ₩4,658,000

11. 대한공업은 제조원가 항목을 직접원가항목인 직접재료비, 직접노무비, 직접경비(외주가공비 및 설계비)와 간접원가항목인 제조간접비로 분류한 후 예정배부기준에 의해 원가계산을 한다. 다음 자료를 이용하여 제조간접비 예정배부액과 실제발생액간의 배부차이를 구하시오. **(CTA, 2003)**

(1) 기초와 기말의 제조원가 관련 계정잔액

구 분	원재료	선급외주가공비	미지급설계비	재공품	제 품
기초잔액	₩500,000	₩100,000	₩150,000	₩700,000	₩750,000
기말잔액	600,000	80,000	80,000	400,000	550,000

(2) 당기중 원재료 구입액은 ₩1,890,000이다.

(3) 당기중 직접경비로서 외주가공비 관련 현금 지출은 ₩180,000이며, 설계비 관련

현금 지출은 ₩460,000이다.
(4) 제조간접비는 직접노무비의 50%를 예정배부한다.
(5) 제조간접비 실제발생액은 ₩300,000이다.
(6) 당기의 매출원가는 ₩3,660,000이다.
(7) 제조간접비 배부차이는 비정상적인 것으로 간주하여 영업외비용으로 처리한다.

① ₩40,000 과소배부 ② ₩40,000 과대배부 ③ ₩46,000 과소배부
④ ₩46,000 과대배부 ⑤ ₩35,000 과소배부

12. 대한자동차는 배치(batch) 제조공정에 의하여 옵션품목이 장착되지 않은 기본형과 기본형에 옵션품목이 장착된 고급형 및 고객의 특별주문에 의해 고급형에 특수컬러를 도색한 주문형의 3가지 유형의 승용차를 생산하고 있으며, 작업별 원가계산을 하고 있다. 다음 원가계산자료를 활용하여 주문형의 1대당 제조원가를 계산하면 얼마인가? **(CTA, 2006)**

(1) 재료비

<table>
<tr><th rowspan="2">유형</th><th rowspan="2">생산된 단위</th><th colspan="3">재료비 총액</th></tr>
<tr><th>기본형</th><th>옵션품목장착</th><th>특수컬러도장</th></tr>
<tr><td>기본형</td><td>100대</td><td rowspan="3">₩408,000,000</td><td>–</td><td>–</td></tr>
<tr><td>고급형</td><td>80</td><td rowspan="2">₩96,000,000</td><td>–</td></tr>
<tr><td>주문형</td><td>20</td><td>₩8,000,000</td></tr>
</table>

(2) 가공비

<table>
<tr><th rowspan="2">유형</th><th rowspan="2">생산된 단위</th><th colspan="3">가공비 총액</th></tr>
<tr><th>기본형</th><th>옵션품목장착</th><th>특수컬러도장</th></tr>
<tr><td>기본형</td><td>100대</td><td rowspan="3">₩840,000,000</td><td>–</td><td>–</td></tr>
<tr><td>고급형</td><td>80</td><td rowspan="2">₩72,000,000</td><td>–</td></tr>
<tr><td>주문형</td><td>20</td><td>₩4,000,000</td></tr>
</table>

① ₩8,640,000 ② ₩8,940,000 ③ ₩8,620,000
④ ₩8,540,000 ⑤ ₩8,520,000

13. 다음은 정상원가계산을 사용하는 (주)대한의 2009년 1년 동안의 제조간접비 계정으로서 배부차이를 조정하기 직전 기록이다.

제조간접비	
90,000	70,000

다음 물음에 대한 답을 올바르게 나열한 것은? **(CTA, 2009)**

(A) 2009년의 제조간접비 실제발생액은 얼마인가?

(B) 2009년의 제조간접비 배부액은 얼마인가?

(C) 회사는 제조간접비 배부차이를 매출원가에서 조정하고 있다. 배부차이를 조정하기 위해 필요한 분개는?

	(A)	(B)	(C)
①	70,000	90,000	(차)매출원가 20,000 (대)제조간접비 20,000
②	70,000	90,000	(차)제조간접비 20,000 (대)제조간접비 20,000
③	90,000	70,000	(차)제조간접비 20,000 (대)제조간접비 20,000
④	90,000	70,000	(차)매출원가 20,000 (대)재공품
⑤	90,000	70,000	(차)매출원가 20,000 (대)제조간접비 20,000

14. (주)수원은 제조간접원가 배부기준으로 기계작업시간을 사용하여 정상개별원가계산을 적용하고 있다. (주)수원의 20*1년 연간 고정제조간접원가 예산은 ₩690,000이고, 실제 발생한 제조간접원가는 ₩1,618,000이다. 20*1년 연간 예정조업도는 27,600기계작업시간이고, 실제 기계작업시간은 총 28,800시간이다. 20*1년의 제조간접원가 배부차이가 ₩110,000(과대배부)일 때, 변동제조간접원가 예정배부율은 얼마인가? **(CTA, 2010)**

① ₩27.4　② ₩29.6　③ ₩35.0　④ ₩36.4　⑤ ₩37.6

15. (주)국세는 개별정상원가계산제도를 채택하고 있다. (주)국세는 제조간접원가를 예정배부하며, 예정배부율은 직접노무원가의 60%이다. 제조간접원가의 배부차이는 매기말 매출원가에서 전액조정한다. 당기에 실제 발생한 직접재료원가는 24,000이며, 직접노무원가는 16,000이다. 기초재공품은 5,600이며, 기말재공품에는 직접재료원가 1,200, 제조간접비 배부액 1,500이 포함되어 있다. 또한 기초제품은 5,000이며, 기말제품은 8,000이다. 제조간접비 배부차이를 조정한 매출원가가 49,400이라면, 당기에

발생한 실제 제조간접비는 얼마인가? **(CTA, 2011)**

① ₩7,200　② ₩9,600　③ ₩10,400　④ ₩12,000　⑤ ₩13,200

16. (주)국세는 개별정상원가계산제도를 채택하고 있다. 기계시간은 2,500시간, 직접노무시간은 3,000시간으로 예상하고 있으며, 회귀분석법을 통해 연간 제조간접비 예산을 수립하는 데 필요한 원가함수를 다음과 같이 추정하였다.

총제조간접원가 = 500,000 + 300 × 기계시간 (설명력 R^2 =0.9)

(주)국세의 기초재고자산은 없으며, 당기에 세 가지 작업(#1, #2, #3)을 시작하여 작업 #1, #2가 완성되었다. 이 세 가지 작업에 대한 당기 원가자료는 다음과 같다.

	#1	#2	#3	합계
직접재료원가	150,000	150,000	200,000	500,000
직접노무원가	250,000	150,000	100,000	500,000
기계시간	1,000시간	600시간	400시간	2,000시간
직접노무시간	1,300시간	800시간	400시간	2,500시간

기말에 확인한 결과 당기에 발생한 실제제조간접비는 ₩1,100,000이며, 당기에 작업 #2만 판매되었다. (주)국세가 제조간접비 배부차이를 매출원가에서 전액 조정할 경우 재무제표에 인식될 매출원가는 얼마인가? **(CTA, 2012)**

① ₩650,000　② ₩700,000　③ ₩800,000　④ ₩900,000　⑤ ₩1,080,000

정답 및 해설

1. ③

제조간접비 배부율: 1,600,000/10,000시간=160

no.138 작업의 제조간접비 배부액: 160×520시간=83,200

2. ④

3. ②

4. ①

직 재			
기초	8,000	재공품	?
매입	43,000	기말	6,000

재공품(5월)			
직재	45,000	제품	?
직노	?		
제조간접비	27,000	기말	?

5. ②

제조간접비 예정배부율: 255,000/100,000시간= 2.55/직노시

제조간접비 예정배부액: 2.55/직접노무시간 × 105,000시간 = ₩267,750

제조간접비 실제발생액: 270,000

6. ①

재공품(3월)			
기초재공품	18,000	제품	?
직재	52,000		
직노	40,000	기말	14,600
제조간접비	60,000		

7. ④

구분	직접재료원가	가공비(갑)	가공비(을)	총원가	생산량	단위원가
제품 A	2,070,000	270,000	900,000	3,240,000	9,000	360
제품 B	1,320,000	120,000 *	400,000 **	1,840,000	4,000	460
제품 C	1,740,000	180,000	–	1,920,000	6,000	320
	5,130,000	570,000	1,300,000	7,000,000	19,000	

$$* \ 570{,}000 \times \frac{4{,}000}{9{,}000 + 4{,}000 + 6{,}000}$$

$$** \ 1{,}300{,}000 \times \frac{4{,}000}{9{,}000 + 4{,}000}$$

8. ⑤

9. ②

총배부차이 × (1/8) = ₩2,500이므로 총배부차이 = ₩20,000 과대배부

∴ 제조간접비 예정배부액 = ₩200,000

제조간접비 예정배부율 = ₩200,000/1,250시간 = ₩160/시간

10. ③

11. ①

재공품			
기초재공품	700,000	제품	3,460,000
직재	1,790,000		
직노	520,000		
제조간접비	260,000	기말	400,000
외주가공비	200,000		
설계비	390,000		
	3,860,000		

12. ⑤

기본형 (408,000,000+840,000,000)/200 = 6,240,000

옵션품목장착 (96,000,000+72,000,000)/100 = 1,680,000

특수칼라도장 (8,000,000+4,000,000)/20 = 600,000

₩8,520,000

13. ⑤

과소배부 20,000 ⇨ 매출원가계정에서 가산조정

14. ③

15. ④

재공품			
기초재공품	5,600	제품	50,000
직재	24,000		
직노	16,000	기말	5,200
제조간접비	9,600		

제품			
기초	5,000	매출원가	47,000
당기	50,000	기말	8,000

조정 후 매출원가가 ₩49,400이므로 장부상 제조간접비는 과소계상되어 있음.

따라서 실제 제조간접비는 9,600 + 2,400 = ₩12,000

16. ②

Chapter 4

결합원가계산

1. 결합원가계산

1차의 공통가공과정에서 발생한 결합원가를 최종제품에 배부하는 원가계산기법

(1) 결합원가의 배분방법

① **물량기준법** - 분리점에서 개별제품의 중량이나 부피, 면적 등 공통된 물리적 단위의 상대적인 비율에 따라 결합원가를 배부하는 방법

② **상대적 판매가치법** - 분리점에서 개별제품의 상대적 판매가치를 기준으로 결합원가를 배부하는 방법(분리점에서의 판매가치법)

③ **순실현가치법** - 정상적인 경영활동에서 예측된 최종판매가치에서 분리점 이후의 추가가공원가와 판매비를 차감한 순실현가치를 기준으로 결합원가를 배부하는 방법

④ **균등이익률법** - 개별제품의 최종판매가치를 동일한 매출총이익률을 갖도록 결합원가를 배부하는 방법

2. 복수분리점의 결합원가 배부

결합제품을 생산하는 과정에서 분리점이 두 개 이상인 경우 각 분리점에서의 순실현가치를 기준으로 결합원가를 배부하는 방법

① **물량흐름도의 작성**

② **순실현가치의 계산**: 최종분리점에서 1차분리점의 순서로 분리점에서의 순실현가치 계산

③ **결합원가의 배부**: 1차분리점에서 최종분리점의 순서로 결합원가를 배부

3. 부산물의 회계처리

결합공정에서 만들어지는 산출물에는 주산물(상대적으로 판매가치가 높은 제품) 이외에 부산물(상대적으로 판매가치가 낮은 제품)과 작업폐물(원재료에서 나온 찌꺼기나 조각으로 판매가치가 없거나 판매비용이 더 클 수 있음)이 존재

① **생산기준법**: 부산물의 가치를 생산시점에 순실현가치만큼 인식함으로써 결합원가 가운데 일부를 부산물의 제조원가로 인식하는 입장으로, 부산물을 재고자산으로 인정하는 방법이다. 부산물의 순실현가치만큼을 결합원가에서 차감하고 차감 후 잔액은 주산물에 배부한다.

생산시: 부산물 ***/ 재공품 *** 판매시: 현금(매출원가) ***/ 부산물 ***

② **판매기준법** : 생산시점에는 부산물의 가치를 인식하지 않고 판매시점에 그에 따른 수익을 인식하는 방법으로, 판매가 이루어질 경우 매출원가에서 차감하거나 혹은 잡수익으로 인식하는 방법

생산시: 회계처리 없음 판매시: 현금(매출원가) ***/ 잡수익 ***　 또는　현금(매출원가) ***/ 매출원가 ***

4. 결합제품과 의사결정

어떤 제품을 분리점에서 판매할 것인지 아니면 분리점에서 이후 추가가공해서 판매할 것인지에 대한 경영의사결정으로, 분리점에서의 추가가공의사결정은 추가가공에 따른 증분수익과 증분원가를 비교하여 증분이익을 발생시키면 추가가공을 하는 것으로 의사결정을 내린다.

기본문제

1. (주)한강은 kg당 판매가격이 각각 ₩50과 ₩60인 연산품 A와 B를 제조하고 있다. 부문Ⅰ에서는 1,000kg의 원재료가 총원가 ₩20,000을 발생시키면서 가공되었다. 부문Ⅰ에서 가공된 물량의 60%는 부문Ⅱ로 대체되었고 여기에서 추가 가공원가 ₩6,000을 투입하여 A제품 600kg이 생산되었다. 부문Ⅰ에서 가공된 물량의 나머지 40%는 부문Ⅲ으로 대체되어 추가 가공원가 ₩8,000을 투입하여 가공한 후 B제품 400kg이 완성되었다. 순실현가치법을 사용하여 각 연산품의 단위당 가공원가를 계산하면 얼마가 되는가?(정확한 답이 없는 경우 근사치를 선택할 것) **(CTA, 1997)**

	제품 A	제품 B
①	₩24	₩48
②	₩25	₩47
③	₩28	₩42
④	₩30	₩40
⑤	₩32	₩38

2. (주)송진은 결합제조공정에서 A와 B제품을 생산하고 있다. (주)송진은 A제품 5,000개와 B제품 4,000개를 생산하였으며, 분리시점에서 단위당 판매가치는 A제품은 ₩1,600, B제품은 ₩1,000이다. 순실현가치법에 따라 A제품에 배분되는 결합원가가 ₩2,400,000이었다면 총 결합원가는 얼마인가? **(CTA, 1998)**

① ₩3,600,000 ② ₩6,000,000 ③ ₩4,000,000 ④ ₩3,200,000 ⑤ ₩4,200,000

3. 영광회사는 A, B, C의 세 가지 결합제품을 생산하고 있으며, 결합원가는 분리점에서의 상대적 판매가치에 의해 배분된다. 관련 자료는 다음과 같다.

	A	B	C	합계
결합원가	?	₩10,000	?	₩50,000
분리점에서의 판매가치	₩80,000	?	?	₩200,000
추가가공원가	₩3,000	₩2,000	₩5,000	
추가가공 후 판매가격	₩85,000	₩42,000	₩90,000	

만약, A, B, C 중 하나만을 추가가공한다면 어느 제품을 추가가공하는 것이 가장 유리하며, 이때 추가가공으로 인한 이익은 얼마인가? **(CTA, 1999)**

① A, ₩2,000　② B, ₩1,000　③ C, ₩3,000
④ B, ₩7,000　⑤ C, ₩5,000

4. 태양회사는 결합제품 A, B, C를 생산하며 순실현가치법에 의하여 결합원가를 배분한다. 기초 및 기말에서의 재고자산은 없으며, 당기의 제조 및 판매에 관한 자료가 다음과 같을 경우 제품 C의 매출총이익은 얼마인가? **(CTA, 2005)**

	A	B	C	합계
생산량	7,000개	5,000개	3,000개	15,000개
결합원가	?	?	?	400,000
추가가공원가	50,000	20,000	40,000	110,000
판매가격	380,000	200,000	130,000	710,000

① ₩30,000　② ₩70,000　③ ₩90,000　④ ₩40,000　⑤ ₩50,000

5. (주)백두산화학은 동일한 원재료를 가공하여 두 개의 결합제품 A와 B를 생산한다. 7월 중 A와 B의 생산과정에서 발생한 직접재료원가는 ₩140,000, 가공원가는 ₩180,000이었다. 분리점에서 A의 판매가치는 ₩280,000인 반면, B는 추가가공을 거쳐 C라는 제품으로 전환되어 ₩500,000에 판매된다. 추가공정에서는 ₩80,000의 가공원가가 발생한다. 최종판매시점에서 A제품과 B제품의 매출총이익률은 각각 얼마인가? **(CPA, 2005)**

① 25.71%와 38.40%　② 25.71%와 61.60%　③ 45.71%와 61.60%
④ 45.71%와 38.40%　⑤ 54.29%와 45.60%

6. 결합원가와 관련된 설명으로 옳지 않은 것은 무엇인가? **(CTA, 2008)**

① 분리점이란 연산품과 부산품 등 결합제품을 개별적인 제품으로 식별할 수 있게 되는 제조과정 중의 한 점을 말한다.

② 균등이익률법에서는 조건이 같다면 추가가공비가 높은 제품에 더 많은 결합원가가

배부된다.

③ 분리점판매가치법에서 분리점의 판매가치를 계산할 때에는 판매량이 아닌 생산량을 이용한다.

④ 물량기준법은 제품의 판매가격을 알 수 없을 때 유용하게 사용될 수 있다.

⑤ 기업이익을 극대화하기 위한 추가가공 의사결정을 할 때에는 기 배분된 결합원가를 고려하지 않는다.

7. (주)국세는 동일공정에서 세 가지 결합제품 A, B, C를 생산하고 있으며, 균등이익률법을 사용하여 결합원가를 배부한다. A와 B는 추가가공을 거치지 않고 판매되며, C는 추가가공원가 ₩200,000을 투입하여 가공한 후 판매된다. 결합제품의 생산량 및 단위당 최종 판매가격에 대한 자료는 다음과 같다.

구 분	생산량	단위당 최종 판매가격
A	2,000kg	₩200
B	2,000kg	₩100
C	2,500kg	₩160

C제품에 배부된 결합원가가 ₩120,000인 경우, 총결합원가는 얼마인가?(단, 공손 및 감손은 발생하지 않았고, 기초 및 기말재공품은 없는 것으로 가정한다.) **(CTA, 2011)**

① ₩600,000 ② ₩620,000 ③ ₩640,000 ④ ₩660,000 ⑤ ₩680,000

8. (주)국세는 동일한 원재료를 투입해서 하나의 공정을 거쳐 제품 A, 제품 B, 제품 C를 생산하며, 분리점까지 총 ₩40,000의 원가가 발생한다. (주)국세는 분리점까지 발생한 원가를 분리점에서의 상대적 판매가치를 기준으로 결합제품에 배분한다. 결합제품의 생산량, 분리점에서의 단위당 판매가격, 추가가공원가 및 추가가공 후 단위당 판매가격은 다음과 같다.

제품	생산량(단위)	분리점에서의 단위당 판매가격	추가가공원가	추가가공 후 판매가격
A	1,500	16	₩6,300	₩20
B	2,000	8	8,000	13
C	400	25	3,600	32

(주)국세가 위 결합제품을 전부 판매할 경우에 예상되는 최대 매출총이익은 얼마인가?(단, 결합공정 및 추가가공과정에서 재공품 및 공손은 없는 것으로 가정한다.) **(CTA, 2012)**

① ₩10,900　② ₩12,000　③ ₩20,000　④ ₩50,900　⑤ ₩60,000

중급문제

9. (주)쌈지는 부문 1에서 원재료 A를 가공하여 2개의 결합제품 B와 C를 생산하는데, 5월중에 원재료 A 50,000개에 대하여 ₩200,000을 투입하여 B제품 20,000개와 C제품 30,000개를 생산하였다. B제품을 완성하는 데는 추가로 ₩40,000의 분리원가가 발생하였으며 B제품의 단위당 판매가격은 ₩3이었다. 회사는 5월중에 C제품을 그대로 판매할 수도 있으며, 부문 2에서 C제품 30,000개에 추가로 ₩27,000을 투입하여 D제품 15,000개, E제품 5,000개, F제품 10,000개를 생산할 수도 있다. 한편, 제품 D, E, F를 완성하는 데 추가로 소요되는 분리원가와 각 제품의 단위당 판매가격은 다음과 같다.

제품	분리원가	단위당판매가격
D	₩5,000	₩8
E	1,000	2
F	2,000	6
C	-	4

이 경우 회사가 제품 C를 그대로 판매하는 것과 제품 D, E, F의 형태로 판매하는 것 중에서 올바른 의사결정은? **(CTA, 2002)**

① 제품 D, E, F의 형태로 판매가 ₩35,000 유리하다.

② 제품 D, E, F의 형태로 판매가 ₩35,000 불리하다.

③ 제품 D, E, F의 형태로 판매가 ₩62,000 유리하다.

④ 제품 D, E, F의 형태로 판매가 ₩62,000 불리하다.

⑤ 제품 D, E, F의 형태로 판매가 ₩25,000 불리하다.

10. 두 연산품 P와 Q는 결합생산된 후 각각 추가가공 되고 나서 판매된다. 결합원가는 분리점에서의 판매가치에 의해 배분된다. 다른 모든 수치가 일정할 때 연산품 P의 분리점에서의 판매가치가 증가하면 P와 Q의 매출총이익은 어떻게 변하는가? **(CTA, 2005)**

	P	Q
①	증 가	감 소
②	증 가	증 가
③	감 소	감 소
④	감 소	증 가
⑤	감 소	불 변

11. 대한정유는 수입한 원유를 정제하여 제품 X, Y, Z를 생산하고 있다. 다음은 2007년 1월 한 달간 정제공정에 투입된 총 공통원가와 X, Y, Z의 생산량에 관한 자료이다. 공통원가는 각 제품이 공정에서 분리되는 시점에서의 상대적 판매가치에 비례하여 배분한다. Y에 배분된 공통원가는 얼마인가?(단, 2007년 1월 1일 현재 기초재공품은 없다.) **(CTA, 2008)**

1월 한 달 동안 정제공정에 투입된 재료비(원유) ₩150,000,000
1월 한 달 동안 정제공정에 투입된 노무비와 제조경비 ₩130,000,000

제품 X, Y, Z의 생산량과 단위당 판매가격은 다음과 같다.

제품	생산량	단위당 판매가격
X	20,000 ℓ	₩15,000
Y	16,000 ℓ	₩12,000
Z	12,000 ℓ	₩9,000

① ₩150,000,000 ② ₩100,000,000 ③ ₩108,000,000
④ ₩89,600,000 ⑤ ₩85,714,280

12. (주)한강은 동일 공정에서 3가지 제품 A, B, C를 생산하고 있다. 결합원가는 분리점에

서의 상대적 판매가치를 기준으로 배분하고 있다. 이와 관련된 자료는 다음과 같다.

	A	B	C	합 계
생산량	?	?	400	2,000개
결합원가	180,000	?	?	₩360,000
분리점의 판매가치	?	280,000	?	₩800,000

분리점 이후에 C제품 400개에 대하여 총 ₩14,000을 추가로 투입하여 최종제품으로 완성한 다음 단위당 ₩500에 판매하는 경우 C제품의 매출총이익은? **(CPA, 2002)**

① ₩118,000 ② ₩132,000 ③ ₩146,000

④ ₩160,000 ⑤ ₩174,000

13. 다음 중 부산물에 관한 회계처리에서 옳은 것은?

① 결합원가는 부산물계정에 배부되어야 한다.

② 부산물 판매수입은 매출원가에 가산된다.

③ 생산기준법에서 부산물의 순실현가치는 주생산물 원가에서 차감한다.

④ 아무런 회계처리를 하지 않는다.

⑤ 부산물은 정상적인 생산활동의 결과가 아니므로 이의 판매수입은 특별이익으로 처리한다.

14. 영광회사는 A, B, C의 세 가지 결합제품을 생산하고 있으며, 결합원가는 분리점에서의 상대적 판매가치에 의해 배분된다. 관련자료는 다음과 같다.

	A	B	C	합계
결합원가	?	₩10,000	?	₩50,000
분리점에서의 판매가치	₩80,000	?	?	₩200,000
추가가공원가	₩3,000	₩2,000	₩5,000	
최종판매가치	₩85,000	₩42,000	₩90,000	

만약, A, B, C 중 하나만을 추가가공한다면 어느 제품을 추가가공하는 것이 가장 유리하며, 이때 추가가공으로 인한 이익은 얼마인가?

① A, ₩2,000 ② B, ₩1,000 ③ A, ₩3,000 ④ C, ₩7,000 ⑤ C, ₩5,000

15. (주)대구는 결합공정을 통해 중간재 X를 생산하고, 이를 추가가공하여 결합제품 A와 B를 생산한다. 20*1년 결합공정에서 기초재공품은 없었고, 완성품은 8,000kg, 기말재공품은 1,000kg(완성도 40%)을 생산하였으며, 공손 및 감손은 없었다. 결합제품과 관련된 자료는 다음과 같다.

제품	기초제품수량	생산량	기말제품수량	분리점 이후 추가가공원가	단위당 판매가치
A	100개	4,000개	700개	₩20,000	₩50
B	500	2,000	125	40,000	80

당기 중 결합공정에 투입된 직접재료원가는 72,000이었고, 가공원가는 33,600이었다. 결합공정에서 재료는 공정초에 모두 투입되고, 가공원가는 공정전반에 걸쳐 균등하게 발생한다. 순실현가치법으로 결합원가를 배부할 때 결합제품 A에 얼마가 배부되는가? (단, 원가흐름은 평균법을 가정하며, 추가공정에서 재공품은 없었다.) **(CTA, 2010)**

① ₩44,000 ② ₩46,200 ③ ₩48,000 ④ ₩55,400 ⑤ ₩57,600

16. (주)영남은 동일한 원료를 결합공정에 투입하여 주산품 X, Y와 부산품 B를 생산한다. 결합원가는 순실현가치(net realizable value)를 기준으로 제품에 배부한다. 당기에 결합공정에 투입된 총원가는 ₩150,000이고, 주산품 X, Y 및 부산품 B의 분리점에서 순실현가치의 상대적 비율은 6 : 3 : 1이었다. 주산품 X에 배부된 결합원가가 ₩80,000이었다면, 부산품 B의 순실현가치는 얼마인가? 단, 부산품은 생산된 시점에서 순실현가치로 평가하여 재고자산으로 계상한다. **(CPA, 2009)**

① ₩15,000 ② ₩30,000 ③ ₩35,000 ④ ₩43,333 ⑤ ₩45,000

17. (주)갑은 종합원가계산과 결합원가계산을 혼합하여 사용한다. 결합공정을 완료하면 연산품 A와 연산품 B가 분리된다. 결합공정에서 발생한 직접재료원가는 ₩8,000이고 가공원가는 ₩2,220이다. 직접재료원가는 결합공정의 초기에 투입된다. 결합공정에서 기초재공품은 없고, 기말재공품은 100톤이며 가공원가 완성도는 40%이다. 공손과 감손은 없다.

연산품 A와 연산품 B의 관련자료는 아래와 같다.

	연산품 A	연산품 B
결합공정 완성량	300톤	400톤
톤당 예상판매가격	₩100	₩50
톤당 추가가공원가	₩60	₩0

순실현가치법 결합원가배분에 의한 연산품 A의 예상 톤당 영업이익은 얼마인가? **(CPA, 2012)**

① ₩23.755 ② ₩25.325 ③ ₩28.625 ④ ₩31.495 ⑤ ₩34.235

정답 및 해설

1. ④

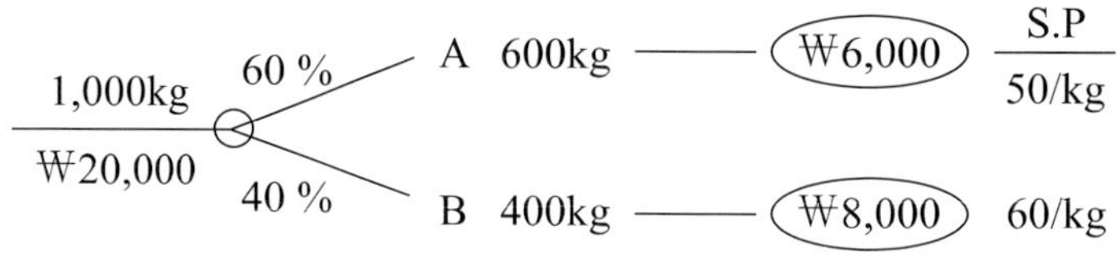

2. ①

$$\text{결합원가} \times \frac{5{,}000 \times 1{,}600}{5{,}000 \times 1{,}600 + 4{,}000 \times 1{,}000} = 2{,}400{,}000 \quad \text{결합원가} = 3{,}600{,}000$$

3. ⑤

추가가공하는 경우 증분이익 계산

	A	B	C
추가가공 후 판매가격	85,000	42,000	90,000
(-)분리점에서의 판매가격	80,000	40,000*	80,000**
증분수익	5,000	2,000	10,000
(-)증분비용	3,000	2,000	5,000
증분이익	2,000	0	5,000

따라서, 가공우선순서는 C → A이다.

*B의 분리점에서의 판매가액의 계산

$$50{,}000 \times \frac{B\text{의 분리점에서의 판매가격}}{200{,}000} = 10{,}000$$

B의 분리점에서의 판매가치=40,000

**C의 분리점에서의 판매가액의 계산

C의 분리점에서의 판매가치=200,000-80,000-40,000=80,000

4. ①

(1) 결합원가배분액

<u>제품 NRV 결합원가배분액</u>

A ₩380,000 - ₩50,000 = ₩330,000

B ₩200,000 - ₩20,000 = ₩180,000

<u>C ₩130,000 - ₩40,000 = 90,000 ₩400,000×9/60 = ₩60,000</u>

계 ₩600,000

(2) 제품 C의 매출총이익 = ₩130,000 - (₩40,000 + ₩60,000) = ₩30,000

5. ⑤

구분	판매가격	추가가공원가	NRV	배분비율	결합원가배분액	추가가공원가	제조원가(매출원가)	매출총이익
A	280,000		280,000	40%	128,000		128,000	152,000 (54.29%)
B	500,000	80,000	420,000	60%	192,000	80,000	272,000	228,000 (45.60%)
합계			700,000		320,000			

6. ②

7. ①

원가율 = ₩80,000/₩400,000 = 80%

(C제품의 매출총이익: ₩400,000-120,000-200,000= ₩80,000)

따라서 A제품에 배부된 결합원가 = 400,000×0.8 = ₩320,000

B제품에 배부된 결합원가 = 200,000×0.8 = ₩160,000

<u>C제품에 배부된 결합원가 = ₩120,000</u>

₩600,000

8. ②

A, B ,C 세 제품에 대한 각각의 추가가공의사결정을 한 결과, B만을 추가가공한

후 판매하는 것이 합리적이다.

	추가가공 후 증분수익	추가가공 후 증분수익	추가가공 여부
A	6,000	6,300	X
B	10,000	8,000	O
C	2,800	3,600	X

매출총이익 = [(1,500단위×₩16) + (2,000단위×₩13) + (400단위×₩25)] - ₩40,000 - ₩8,000 = ₩12,000

9. ①

10. ④

P의 분리점에서 판매가치 증가 → P에 배분되는 결합원가 증가 → P의 총제조원가 증가
Q에 배분되는 결합원가 감소 → Q의 총제조원가 감소
→P의 매출총이익 감소(Q의 매출총이익 증가)

11. ④

결합(공통)원가의 배분비율

X: 50%   Y: 32%   Z: 18%

12. ②

분리점에서의 상대적 판매가치 계산

A: ₩400,000

B: ₩280,000

C: ₩120,000(=800,000-400,000-280,000)

· C가 배부받은 결합원가=₩54,000(=120,000/800,000×360,000)

· C의 매출총이익=₩132,000(=500×400-14,000-54,000)

13. ③

14. ⑤

(1) A제품의 결합원가

$\frac{80,000}{200,000} \times 50,000 = ₩20,000$

(2) C제품의 결합원가

50,000−(20,000+10,000)=₩20,000

(3) B제품의 분리점에서의 판매가치=₩40,000

$10,000 = \frac{B}{200,000} \times 50,000$

(4) C제품의 분리점에서의 판매가치=₩80,000

	A제품	B제품	C제품
증분수익	5,000	2,000	10,000
증분비용	3,000	2,000	5,000
	2,000	0	5,000

∴ C제품, ₩5,000

15. ⑤

(1) 결합공정의 완성품원가 계산

재료원가	₩72,000÷9,000kg×8,000kg =	₩64,000
가공원가	₩33,600÷8,400kg*×8,000kg =	₩32,000
합　계		₩96,000

• 가공원가의 완성품 환산량: 8,000kg+1,000kg×0.4=8,400kg

(2) 결합원가의 배분

	순실현가치	결합원가
A	4,000개 × ₩50 − ₩20,000 = ₩180,000	₩57,600
B	2,000개 × ₩80 − ₩40,000 = ₩120,000	₩38,400
	₩300,000	₩96,000

16. ②

부산물의 순실현가치를 B라 하면,

(150,000−B) × (6/9) = ₩80,000

B = ₩30,000

17. ③

Chapter 5

전부, 변동 및 초변동원가계산

1. 전부, 변동원가계산과 초변동원가계산의 비교

	전부원가계산 (흡수원가계산)	변동원가계산 (직접원가계산)	초변동원가계산 (스루풋원가계산)
목적	외부보고 목적 (재무제표 작성)	내부관리 목적 (계획 및 통제)	내부관리 목적
자산의 개념	원가흡수개념	원가회피개념	
제품원가	직접재료비 직접노무비 변동제조간접비 고정제조간접비	직접재료비 직접노무비 변동제조간접비	직접재료비
기간비용	변동판매비와 관리비 고정판매비와 관리비	고정제조간접비 변동판매비와 관리비 고정판매비와 관리비	직접노무비 변동제조간접비 고정제조간접비 변동판매비와 관리비 고정판매비와 관리비
손익계산서	기능적 손익계산서	공헌이익 손익계산서	초변동원가계산 손익계산서

2. 손익계산서의 비교

전부원가계산		변동원가계산		초변동원가계산	
Ⅰ. 매출액	xxx	Ⅰ. 매출액	xxx	Ⅰ. 매출액	xxx
Ⅱ. 매출원가	(xxx)	Ⅱ. 매출원가 변동매출원가 변동판관비	(xxx)	Ⅱ. 매출원가 직접재료비	(xxx)
Ⅲ. 매출총이익	xxx	Ⅲ. 공헌이익	xxx	Ⅲ. 스루풋 공헌이익	xxx
Ⅳ. 판관비	(xxx)	Ⅳ. 고정원가 고정제조간접비 고정판관비	(xxx)	Ⅳ. 운영비용 직접노무비 변동제조간접비 고정제조간접비 판관비	(xxx)
Ⅴ. 영업이익	xxx	Ⅴ. 영업이익	xxx	Ⅴ. 영업이익	xxx

3. 영업이익차이 조정

	초변동원가계산 영업이익
(−)	기초재고자산에 포함된 변동가공원가(직접노무비와 변동제조간접비)
(+)	기말재고자산에 포함된 변동가공원가(직접노무비와 변동제조간접비)
	변동원가계산의 영업이익
(−)	기초재고자산에 포함된 고정제조간접비
(+)	기말재고자산에 포함된 고정제조간접비
	전부원가계산의 영업이익

4. 재고변화와 이익관계

생산량 > 판매량	전부원가계산의 이익 > 변동원가계산의 이익 > 초변동원가계산의 이익
생산량 = 판매량	전부원가계산의 이익 = 변동원가계산의 이익 = 초변동원가계산의 이익
생산량 < 판매량	전부원가계산의 이익 < 변동원가계산의 이익 < 초변동원가계산의 이익

기본문제

1. 다음은 직접(변동)원가계산과 전부원가계산에 대한 설명이다. 이들을 해당되는 사항들로만 적절히 분류한 것은? **(CTA, 2000)**

> a. 형태별 원가분류가 필요하다.
> b. 기간손익이 재고수준의 변동에 영향을 받는다.
> c. 단기적인 계획과 통제에 유용하지 못하다.
> d. GAAP에서 인정하지 않는다.

	직접원가계산	전부원가계산
①	a, c	b, d
②	b, c	a, c
③	c, d	a, d
④	a, d	c, d
⑤	a, d	b, c

2. 다른 조건이 같다면, 변동원가계산에 의한 당기순이익이 전부원가계산에 의한 당기순이익보다 클 경우는? **(감평, 2004)**

① 판매량과 생산량이 같은 경우
② 생산량이 판매량을 초과한 경우
③ 고정제조원가가 증가한 경우
④ 변동제조원가가 증가한 경우
⑤ 판매량이 생산량을 초과한 경우

3. 변동원가계산, 전부원가계산 및 초변동원가계산에 대한 설명으로 옳지 않은 것은? **(CTA, 2007)**

① 원가계산과 관련된 표준은 변동원가계산에는 사용될 수 없고 전부원가계산에서만 사용된다.
② 전부원가계산에서 계산된 영업이익은 판매량뿐만 아니라 생산량의 변화에도 영향

을 받는다.

③ 변동원가계산에서는 고정제조간접원가를 기간비용으로 인식하지만 전부원가계산에서는 고정제조간접원가를 제품원가로 인식한다.

④ 초변동원가계산은 직접재료원가만을 제품원가에 포함하고 나머지 제조원가는 모두 기간비용으로 처리한다.

⑤ 초변동원가계산은 판매가 수반되지 않는 상황에서 생산량이 많을수록 영업이익이 낮게 계산되므로 불필요한 재고의 누적을 방지하는 효과가 변동원가계산보다 훨씬 크다.

4. 2008년 초에 영업을 개시한 대구회사의 1월과 2월 중에 발생한 원가자료는 다음과 같다.

	2008년 1월	2008년 2월
생산량	90개	100개
판매량	70개	90개
고정제조간접원가	₩1,350	₩1,400
고정판매비	₩850	₩900

2월 중 변동원가계산에 의한 매출총이익이 ₩210이었다면, 전부원가계산에 의한 2월 중 매출총이익은 얼마인가?(단, 대구회사는 실제원가계산을 적용하고 있으며, 재고자산의 원가흐름은 선입선출법을 가정한다.) **(CPA, 2006)**

① ₩300　② ₩330　③ ₩360　④ ₩400　⑤ ₩420

5. 다음은 (주)경북기계의 제조간접원가, 생산 및 판매량에 관한 자료이다.

제조간접원가	
단위당 변동원가	₩1,000
고정원가	₩3,000,000
생산 및 판매량	
기초제품재고량	2,000개
생산량	18,000
판매량	19,000

고정제조간접원가 배부율을 계산하기 위한 기준조업도는 20,000개이며, 과대 또는 과소배부된 제조간접원가는 전액 매출원가에서 조정된다. 변동원가계산에 의한 순이익이 ₩6,000,000일 때 전부원가계산에 의한 순이익은 얼마인가?(단, 고정제조간접원가 배부율은 기초제품과 당기제품에 동일하게 적용된다.) **(CPA, 2005)**

① ₩5,850,000 ② ₩5,950,000 ③ ₩6,050,000

④ ₩6,150,000 ⑤ ₩6,250,000

6. 2008년 3월에 영업을 시작한 경북산업은 선입선출법에 의한 실제원가계산제도를 채택하고 있으며, 2008년 3월과 4월의 생산과 판매에 관한 자료는 다음과 같다.

	3월	4월
생산량	8,000단위	9,000단위
판매량	7,000	10,000
고정제조간접원가	₩1,600,000	₩1,620,000
고정판매비용	₩ 800,000	₩ 900,000

2008년 4월 중 변동원가계산에 의한 영업이익이 ₩1,200,000이라고 할 때, 전부원가계산에 의한 영업이익은 얼마인가? **(CTA, 2003)**

① ₩800,000 ② ₩700,000 ③ ₩980,000

④ ₩680,000 ⑤ ₩1,000,000

7. 경북회사는 6월 중 기초재고가 190kg 수준에서 1,800kg을 생산하여 1,645kg을 매출하였다. 경북회사가 직접원가계산방법으로 작성한 6월의 손익계산서의 순이익이 ₩78,500,000이라면, 전부원가계산방법으로 작성한 6월 손익계산서의 순이익은 얼마인가?(경북회사는 연간기준조업도 22,000kg을 기준으로 연간 고정제조간접비 예산액 ₩316,580,000을 예정하고 있다.) **(감평, 2000)**

① ₩83,464,550 ② ₩81,234,100 ③ ₩79,003,650

④ ₩76,269,550 ⑤ ₩80,730,450

8. (주)경북의 6월 중 아래 영업 자료를 참고하여 전부원가계산과 변동원가계산에 의한

순이익을 비교하시오. **(감평, 2001)**

생산량	1,200개	판매량	800개
판매단가	₩100	고정판매관리비	₩12,000
고정제조원가	₩24,000	단위당 변동판매관리비	₩15
단위당 변동제조원가	₩30		
단, 월초 재고는 없음			

① 전부원가계산에 의한 순이익이 ₩12,000 더 많다.

② 전부원가계산에 의한 순이익이 ₩8,000 더 많다.

③ 전부원가계산에 의한 순이익이 ₩12,000 더 적다.

④ 전부원가계산에 의한 순이익이 ₩16,000 더 많다.

⑤ 전부원가계산에 의한 순이익이 ₩8,000 더 적다.

9. (주)복현의 회계연도는 2008년 12월 31일로 종료되며 관련된 회계자료는 다음과 같다.

판매가격(단위당)	₩700
변동비(단위당)	
제조원가	₩250
판매비와 관리비	₩150
고정비(총액)	
제조원가	₩42,000
판매비와 관리비	₩30,000

기초재고자산은 없으며 당기 중 생산량은 800개, 판매량은 650개이다. 변동원가계산제도하에서의 영업이익과 전부원가계산제도하에서의 영업이익의 차이는 얼마인가? **(감평, 2002)**

① ₩6,875 ② ₩7,875 ③ ₩7,275 ④ ₩7,500 ⑤ ₩6,500

10. 다음의 자료를 이용하여 계산된 변동원가계산의 기말재고금액과 전부원가계산의 기말재고금액의 차이는 얼마인가? **(감평, 2005)**

기초재고수량	0개
생산량	1,200개
판매량	1,000개
매출액	₩100,000
총 변동제조원가	₩12,000
총 변동가공원가	₩24,000
총 고정제조간접원가	₩18,000
총 고정마케팅원가	₩20,000

① ₩3,000 ② ₩2,000 ③ ₩7,000 ④ ₩10,334 ⑤ ₩5,600

11. (주)광주는 실제원가로 제품원가를 계산하고 있다. (주)광주는 20*1년 1월초에 개업하였으며, 20*1년과 20*2년의 제품 생산량과 판매량, 원가자료는 다음과 같다.

구 분	20*1년	20*2년
생산량	10,000개	14,000개
판매량	8,000개	15,000개
고정제조간접비	₩240,000	?
고정판관비	₩180,000	₩230,000

20*2년의 전부원가계산에 의한 이익은 ₩500,000이고, 변동원가계산에 의한 이익은 ₩528,000이었다. 20*2년에 발생된 고정제조간접비는 얼마인가?(단, 20*1년과 20*2년의 기초재공품 및 기말재공품은 없으며, 물량 및 원가흐름은 선입선출법을 가정한다.) **(CTA, 2010)**

① ₩200,000 ② ₩220,000 ③ ₩240,000 ④ ₩260,000 ⑤ ₩280,000

12. 20*1년 초에 설립된 (주)국세는 노트북을 제조하여 판매하고 있다. (주)국세는 재고자산의 원가흐름 가정으로 선입선출법을 적용하며, 실제원가계산으로 제품원가를 산출한다. (주)국세의 매월 최대 제품 생산능력은 1,000대이며, 20*1년 1월과 2월의 원가자료는 다음과 같다.

구분	1월	2월
생산량	900대	800대
판매량	800대	?
고정제조간접원가	₩180,000	₩200,000

2월의 전부원가계산 하의 영업이익이 변동원가계산 하의 영업이익보다 ₩20,000만큼 큰 경우, (주)국세의 2월말 제품재고수량은 얼마인가?(단, 매월 말 재공품은 없는 것으로 가정한다.) **(CTA, 2011)**

① 160대 ② 170대 ③ 180대 ④ 190대 ⑤ 200대

13. 전부원가계산, 변동원가계산 및 초변동원가계산에 관한 설명으로 옳지 않은 것은? **(CTA, 2012)**

① 초변동원가계산에서는 직접노무비와 변동제조간접비를 기간비용으로 처리한다.

② 초변동원가계산에서는 매출액에서 직접재료원가를 차감하여 재료처리량 공헌이익을 산출한다.

③ 변동원가계산에서는 변동제조원가만을 재고가능원가로 간주한다. 따라서 직접재료원가, 변동가공원가를 제품원가에 포함한다.

④ 전부원가계산의 영업이익은 일반적으로 생산량과 판매량에 의해 영향을 받는다.

⑤ 변동원가계산에서는 원가를 기능에 따라 구분하여 변동원가와 고정원가로 분류한다.

14. (주)국세의 20*1년도 전부원가계산에 의한 영업이익은 ₩1,000,000이다. (주)국세의 원가자료가 다음과 같은 경우 20*1년도 변동원가계산에 의한 영업이익은 얼마인가? (단, 원가요소금액은 총액이다.) **(CTA, 2012)**

	수량	직접재료원가	직접노무원가	변동제조간접비	고정제조간접비
기초재공품	200	50,000	30,000	20,000	240,000
기초제품	400	100,000	70,000	40,000	700,000
기말재공품	500	100,000	65,000	25,000	500,000
기말제품	300	75,000	90,000	35,000	600,000
매출원가	1,000	1,000,000	750,000	650,000	2,000,000

① ₩640,000 ② ₩840,000 ③ ₩900,000 ④ ₩1,100,000 ⑤ ₩1,160,000

중급문제

15. 다음은 생산량 및 판매량과 관련된 전부원가계산과 변동원가계산 및 초변동원가계산의 특징을 설명한 글이다. 타당하지 않은 것은? **(CPA, 2010)**

① 전부원가계산에서는 기초재고가 없을 때 판매량이 일정하다면 생산량이 증가할수록 매출총이익이 항상 커진다.

② 생산량이 판매량보다 많으면 전부원가계산의 영업이익이 변동원가계산의 영업이익보다 항상 크다.

③ 변동원가계산하의 영업이익은 판매량에 비례하지만, 전부원가계산하의 영업이익은 생산량과 판매량의 함수관계로 결정된다.

④ 전부원가계산에서는 원가를 제조원가와 판매관리비로 분류하므로 판매량 변화에 따른 원가와 이익의 변화를 파악하기 어려운 반면, 변동원가계산에서는 원가를 변동원가와 고정원가로 분류하여 공헌이익을 계산하므로 판매량 변화에 의한 이익의 변화를 알 수 있다.

⑤ 초변동원가계산에서는 기초재고가 없고 판매량이 일정할 때 생산량이 증가하더라도 재료처리량 공헌이익(throughput contribution)은 변하지 않는다.

※ 다음은 문제 16~17에 관련된 자료이다.

(주)경북은 책장을 제조해서 판매한다. 2008년 1월 1일부터 2008년 12월 31일 중에 발생한 원가는 다음과 같다.

원가항목	재고가능원가와 기간원가의 구분	금액
변동제조원가	재고가능원가	₩260,000
고정제조원가	재고가능원가	₩40,000
변동판매비	기간원가	₩254,000
고정판매비와 고정관리비	기간원가	₩150,000

변동제조원가는 제품생산량에 대한 변동원가이며, 변동판매비는 제품판매량에 대한 변동원가이다.

다음은 재고자산 관련 자료이다.

	2008년 1월 1일 기초재고	2008년 12월 31일 기말재고
직접재료 재고(무게)	100kg	200kg
재공품 재고	0단위	0단위
제품 재고	?	2,000단위

원재료는 당기에 1,100kg을 매입하였으며, 제품 1단위를 생산하기 위하여 직접재료 0.1kg이 사용되었다. 2008년도의 매출액은 ₩900,000이었으며, 2008년 1월 1일의 제품 재고는 ₩30,000이었다. 기초재고의 단위당 제품원가와 기중 생산된 제품의 단위당 원가는 동일하다. 여기서 단위당 제품원가는 외부보고용 원가를 의미한다.

16. 2006년도 초의 제품재고의 수량과 2006년 중 단위당 변동원가(변동판매비 포함)는 각각 얼마인가?(소수점 미만은 원단위로 반올림한다.) **(CPA, 2007)**

	기초제품 재고의 수량	단위당 변동원가
①	1,000단위	₩51
②	1,000단위	₩54
③	2,000단위	₩51
④	2,000단위	₩54
⑤	1,200단위	₩26

17. 전부원가계산에 따른 2006년도 (주)경북의 영업이익은 얼마인가? **(CPA, 2007)**

① ₩630,000 ② ₩226,000 ③ ₩196,000 ④ ₩225,746 ⑤ ₩480,000

18. (주)경북의 연간 고정제조간접원가는 ₩40,000, 고정판매비와관리비는 ₩25,000이 발생하였다. 제품 1단위의 생산 및 판매와 관련된 자료는 다음과 같다.

단위당 판매가격	₩100
단위당 변동원가	
직접 재료원가	₩25
직접 노무원가	15
변동 제조간접원가	20
변동 판매비와 관리비	12
	₩72

당기에는 4,000개가 생산되어 3,500개가 판매되었으며, 기초재고는 400개가 있었다. (주)경북의 전기 단위당 변동원가와 전기 고정제조간접원가 총액은 당기와 동일하였다. 그러나 전기의 생산량은 5,000개였다.

(주) 경북은 선입선출법을 이용하고 있다. 위의 자료를 이용할 때 실제전부원가계산에 의한 영업이익은 얼마인가? **(CTA, 2001)**

① ₩78,825　② ₩33,000　③ ₩38,000　④ ₩38,800　⑤ ₩105,800

19. (주)경북의 당기 원가자료는 다음과 같다. 원가차이는 조업도차이만 존재하며, 원가차이를 전액 재고자산으로 이연할 경우 변동원가계산과 전부원가계산에 의한 이익차이는 얼마인가? **(CPA, 2004)**

기초제품수량	1,000단위	기말제품수량	1,500단위
당기판매량	9,000단위	기준조업도	10,000단위
조업도차이	₩5,000(U)		

① ₩1,000　② ₩5,000　③ ₩10,000　④ ₩15,000　⑤ ₩20,000

20. 다음은 (주)경북의 원가자료이다. 전부원가계산방법에 의한 당기순이익이 직접원가계산방법에 의한 당기순이익보다 ₩200이 더 많은 경우 당기의 재고 증감량은 몇 개인가? **(CTA, 2000)**

당기생산량	1,000개	기초재고수량	?
기말재고수량	100개	판매가	단위당 ₩15
변동 제조간접비	단위당 ₩5	고정 제조간접비	₩2,000
변동 판매비	단위당 ₩2	고정 판매비	₩300

① 100개 증가　② 50개 증가　③ 10개 증가

④ 50개 감소　⑤ 변동 없음

21. (주)경북은 2008 회계연도 말에 영업이익 ₩40,000,000을 보고하였으며, 고정제조간접원가 배부율은 제품단위당 ₩30,000이었다. 만약 이 기업이 2008년에 추가적으로 제품 100단위를 더 생산하였다면 전부원가계산하에서 영업이익은 얼마가 되겠는가?

(CPA, 2007)

① 판매량이 동일한 경우 영업이익은 ₩3,000,000 증가한다.

② 추가로 100단위의 제품이 판매되었을 경우에는 영업이익이 ₩3,000,000 증가한다.

③ 판매량이 동일할 경우 영업이익에 변화가 없다.

④ 판매량이 동일할 경우 영업이익이 얼마가 될지 본문의 자료로는 알 수가 없다.

⑤ 추가로 100단위의 제품이 판매되었을 경우에 영업이익에 변화가 없다.

22. 제2차 세계대전 이후 반세기에 걸쳐서 변화되어 온 세계경제의 시대적 배경과 기업환경에 따라서 여러 가지 원가관리기법들이 개발되어 왔다. 각각의 원가관리기법들에 대한 다음 설명 중 가장 타당하지 않은 것은? **(CPA, 2002)**

① 표준원가계산은 자원이 부족하던 시기에 기업들이 조직 내부적 효율성을 증대시키기 위한 것으로서, 간접원가보다 상대적으로 비중이 큰 직접원가의 관리에 초점을 두고 있다.

② 변동원가계산은 세계경제의 구매력 향상에 따른 대량생산체제 하에서 조업도의 확대를 통한 규모의 경제를 달성하기 위한 원가분석방법으로서, 고정제조간접비를 제품원가에 포함시키지 않는 방법이다.

③ 현금창출률회계(throughput accounting)는 제약자원이론(theory of constraints)과 관련하여 대두된 것으로서, 재료비를 제외한 운영비용의 절감에 일차적 초점을 두며 재고관리를 강조하고 있다.

④ 활동기준 원가계산은 다품종소량생산체제, 설비투자로 인한 간접원가의 증가 등과 같은 기업환경하에서 직접원가보다는 간접원가의 정확한 배분에 일차적 초점을 두고 있다.

⑤ 목표원가계산(target costing)은 컴퓨터, 자동차 등 조립형 산업에서 주로 활용되는 것으로서, 시장중심의 목표원가와 생산중심의 표준원가와의 차이를 줄이려는 노력을 원가절감의 일차적인 대상으로 삼고 기술개발과 디자인 등에 주력한다.

23. 2007년말 차기 예산을 준비하던 (주)복현은 2008년도 전부원가계산방법과 변동원가계산방법에 의한 예상이익을 각각 계산한 결과, 그 차이가 전부원가계산방법에 의할

경우 ₩30,000이 더 많을 것으로 예상되었다. 그러나 2008년말 실제이익의 차이는 전부원가계산방법에 의할 경우 ₩50,000이 더 많았다. 실제이익의 차이가 예상이익의 차이와 다르게 나타난 이유로 타당한 것은?(단 (주)복현의 2008년초 기초재고는 없었고, 재공품은 고려하지 않으며, 아래 각 항목의 평가 시 항목에 주어진 차이의 영향 이외에는 예산과 실제가 일치하는 것으로 가정한다.) **(CPA, 2008)**

① 완제품 단위당 변동제조원가의 실제발생액이 예상발생액보다 적었다.

② 총고정제조원가의 실제발생액이 예상발생액보다 적었다.

③ 실제매출수량이 예상매출수량보다 많았다.

④ 완제품 실제생산수량이 예상생산수량보다 많았다.

⑤ 원재료의 실제구매수량이 예상구매수량보다 많았다.

24. 경북회사의 당기 제품제조 및 영업활동과 관련한 다음의 자료를 토대로 하여 변동제조원가 발생액과 고정판매관리비 발생액을 구하면 각각 얼마인가? **(CTA, 2008)**

- 매출액 : ₩2,000,000
- 고정제조원가 당기발생액 : ₩600,000
- 변동판매관리비 당기발생액 : ₩200,000
- 당기 제품생산량 : 70,000개
- 당기 제품판매량 : 65,000개
- 변동매출원가는 ₩780,000이고 변동원가계산에 의한 영업이익은 ₩300,000이다.
- 기초제품 재고와 기초 및 기말재공품은 없다.

	변동제조원가	고정판매관리비
①	₩780,000	₩120,000
②	₩840,000	₩120,000
③	₩780,000	₩180,000
④	₩840,000	₩180,000
⑤	₩840,000	₩60,000

25. 다음 자료에 의한 전부원가계산과 변동원가계산의 이익차이는?

기준조업도	10,000단위	조업도차이	₩1,500 불리
기초수량	1,200단위	기말수량	1,600
판매수량	9,000단위		

① ₩600 ② ₩900 ③ ₩1,000 ④ ₩1,200 ⑤ ₩1,500

26. 20*7년 초에 설립된 (주)동건은 제품원가계산 목적으로 전부원가계산을, 성과평가목적으로는 변동원가계산을 사용한다. 20*8년도 기초제품 수량은 2,000단위이고 기말제품 수량은 1,400단위이었으며, 기초재공품의 완성품환산량은 1,000단위이고 기말재공품의 완성품환산량은 800단위이었다. 완성품환산량 단위당 원가는 20*7년도에 ₩10(이 중 50%는 변동비)이고 20*8년도에 ₩12(이 중 40%는 변동비)이었다. 20*8년도 전부원가계산에 의한 영업이익은 변동원가계산에 의한 영업이익과 비교하여 어떠한 차이가 있는가?(단, 회사의 원가흐름가정은 선입선출법(FIFO)이다.) **(CPA, 2009)**

① ₩80만큼 크다. ② ₩760만큼 작다. ③ ₩810만큼 크다.

④ ₩840만큼 크다. ⑤ ₩4,800만큼 작다.

27. 단일제품을 생산 및 판매하는 (주)갑을의 개업 첫 달 영업결과는 다음과 같다.

- 생산량은 450개이며, 판매량은 300개이다.
- 제품의 단위당 판매가격은 ₩7,000이다.
- 판매관리비는 ₩100,000이다.
- 초변동원가계산에 의한 영업이익은 ₩125,000이다.
- 변동원가계산에 의한 영업이익은 ₩350,000이다
- 전부원가계산에 의한 영업이익은 ₩500,000이다.
- 제조원가는 변동원가인 직접재료원가와 직접노무원가, 고정원가인 제조간접원가로 구성되어 있다.
- 월말 재공품은 없다.

당월에 발생한 총제조원가는 얼마인가? **(CPA, 2011)**

① ₩1,800,000 ② ₩1,875,000 ③ ₩2,100,000

④ ₩2,250,000 ⑤ ₩2,475,000

28. 아래 자료에 근거한 다음 설명 중 옳지 않은 것은? **(CPA, 2012)**

	실제	표준
기본(기초)원가	₩170,000	₩150,000
변동제조간접원가	₩471,500	₩400,000
기계시간당 변동제조간접원가 배부율	₩23	₩20
제품단위당 기계시간	41시간	40시간

① 변동제조간접원가 표준배부율과 예정배부율이 같다면, 정상(평준화)원가계산에 의한 총변동제조원가는 ₩580,000이다.

② 예상생산량 600개에 대한 예산 총변동제조원가는 ₩660,000이다.

③ 변동제조간접원가 총차이는 ₩71,500(불리)이다.

④ 변동제조간접원가 능률차이는 ₩11,500(불리)이다.

⑤ 기본(기초)원가의 변동예산차이는 ₩20,000(불리)이다.

정답 및 해설

1. ⑤

2. ⑤

다른 조건이 같다면, 변동원가계산에 의한 당기순이익이 전부원가계산에 의한 당기순이익보다 큰 것은 재고자산이 감소하였기 때문이다. 이것은 생산량보다 판매량이 더 큰 경우에 해당한다.

3. ①

4. ②

1월 생산품에 대한 단위당 고정비 = 1,350/90 = ₩15

2월 생산품에 대한 단위당 고정비 = 1,400/100 = ₩14

	변동원가계산에 의한 매출총이익		210
(−)	기말재고자산에 포함된 고정제조간접비	30개 × ₩14 =	420
(+)	기초재고자산에 포함된 고정제조간접비	20개 × ₩15 =	(300)
	전부원가계산에 의한 매출총이익		330

5. ①

단위당 고정제조간접원가 배부율: ₩3,000,000 ÷ 20,000개 = ₩150

제품(수량)			
기초	2,000	판매	19,000
완성	18,000	기말	1,000

변동원가계산에 의한 순이익		₩6,000,000
(+) 기말재고자산에 포함된 고정제조간접원가	1,000 × 150 =	150,000
(−) 기초재고자산에 포함된 고정제조간접원가	2,000 × 150 =	(300,000)
전부원가계산에 의한 순이익		₩5,850,000

6. ⑤

4월 재고(수량)			
기초	1,000	판매	10,000
완성	1,000	기말	0

월초 재고자산에 포함된 단위당 고정제조간접원가: ₩1,600,000/8,000개 = ₩200

변동원가계산에 의한 순이익		₩1,200,000
(+) 월말 재고자산에 포함된 고정제조간접원가		0
(−) 월초 재고자산에 포함된 고정제조간접원가	₩200 × 1,000 =	(₩200,000)
전부원가계산에 의한 순이익		₩1,000,000

7. ⑤

재고(kg)			
기초	190	판매	1,645
완성	1,800	기말	345

고정제조간접비 배부율: ₩316,580,000/22,000kg = ₩14,390/kg

변동원가계산에 의한 순이익		₩78,500,000
(+) 기말재고자산에 포함된 고정제조간접원가	345kg × ₩14,390 =	₩4,964,550
(−) 기초재고자산에 포함된 고정제조간접원가	190kg × ₩14,390 =	(₩2,734,100)
전부원가계산에 의한 순이익		₩80,730,450

8. ②

생산량이 판매량보다 크기 때문에 전부원가계산에 의한 순이익이 더 많다.

고정제조간접원가 배부율: ₩24,000/1,200개 = ₩20이므로

그 크기는 ₩20 × (1,200 − 800) = ₩8,000이 된다.

9. ②

(800개 − 650개) × (₩42,000/800개) = ₩7,875

10. ①

(1,200개 − 1,000개) × (₩18,000/1,200개) = ₩3,000

11. ⑤

	변동원가계산에 의한 순이익	₩528,000
(+)	기말재고자산에 포함된 고정제조간접원가 1,000 × @FOH =	
(−)	기초재고자산에 포함된 고정제조간접원가 2,000 × @24 =	(₩48,000)
	전부원가계산에 의한 순이익	₩500,000

따라서, 기말재고자산에 포함된 고정제조간접원가는 ₩20,000이므로, @FOH = ₩20이고, 당기 생산량 14,000단위에 대한 고정제조간접원가는 ₩280,000이다.

12. ①

	변동원가계산에 의한 순이익	X
(+)	기말재고자산에 포함된 고정제조간접원가 Y개 × @250 =	
(−)	기초재고자산에 포함된 고정제조간접원가 100개 × @200 =	(₩20,000)
	전부원가계산에 의한 순이익	X + 20,000

따라서, 기말재고자산에 포함된 고정제조간접비는 ₩40,000이므로 기말제품재고 Y=160개이다.

13. ⑤

14. ②

	변동원가계산에 의한 순이익	X
(+)	기말재고자산에 포함된 고정제조간접원가 500,000 + 600,000	
(−)	기초재고자산에 포함된 고정제조간접원가 (240,000 + 700,000)	
	전부원가계산에 의한 순이익	₩1,000,000

X = ₩840,000

15. ②

16. ②

직접재료(kg)				재공품(수량)				제품(수량)			
기초	100	재공품	1,000	기초	0	제품	10,000	기초	1,000	매출원가	9,000
매입	1,100	기말	200	직접재료	10,000	기말	0	재공품	10,000	기말	2,000
	1,200		1,200		10,000		10,000		11,000		11,000

당기 생산한 제품의 단위당 제조원가: $\frac{260,000 + 40,000}{10,000\text{단위}}$ = ₩30

기초 제품의 수량: ₩30,000/₩30 = 1,000단위

당기 중 단위당 변동원가: 변동 제조원가 ₩260,000/10,000단위 = ₩26

변동 판매비 ₩54,000/ 9,000단위 = ₩28.22 = ₩28

합계 ₩54

17. ②

매 출 액	900,000	
매 출 원 가	270,000	(= ₩30 × 9,000단위)
매 출 총 이 익	630,000	

변 동 판 매 비	254,000
고정판매비와 관리비	150,000
영 업 이 익	226,000

18. ④

제품(수량)			
기초	400	매출	3,500
완성	4,000	기말	900

기초재고자산에 포함된 단위당 고정제조간접원가: ₩40,000/5,000개 = ₩8

기말재고자산에 포함된 단위당 고정제조간접원가: ₩40,000/4,000개 = ₩10

	변동원가계산에 의한 영업이익(₩100−₩72)×3,500개−₩40,000−₩25,000=₩33,000	
(+)	기말재고자산에 포함된 고정제조간접원가 ₩10 × 900개	₩9,000
(−)	기초재고자산에 포함된 고정제조간접원가 ₩8 × 400개	₩3,200
	전부원가계산에 의한 영업이익	₩38,800

19. ③

제품(수량)			
기초	1,000	판매	9,000
완성	9,500	기말	1,500

고정제조간접비 배부율(SP) = $\frac{\text{예산액}}{\text{기준조업도}}$ 에서,

실제	예산	배부
?	10,000 × SP	9,500개 × SP

조업도 차이 5,000(U)

따라서 SP = ₩5,000 ÷ (10,000개 − 9,500개) = ₩10

	전부원가계산에 의한 순이익		A
(+)	기초재고자산에 포함된 고정제조간접비	1,000 × 10 =	10,000
(−)	기말재고자산에 포함된 고정제조간접비	1,500 × 10 =	(15,000)
(−)	원가차이(불리한 차이이므로 차감)		(5,000)
	변동원가계산에 의한 순이익		A − 10,000

20. ①

재고(수량)			
기초	1,000	판매	10,000
완성	9,000	기말	0

	전부원가계산에 의한 순이익		A
(+)	기초재고자산에 포함된 고정제조간접비	1,000 × 10 =	10,000
(−)	기말재고자산에 포함된 고정제조간접비	1,500 × 10 =	(15,000)
(−)	원가차이(불리한 차이이므로 차감)		(5,000)
	변동원가계산에 의한 순이익		A − 10,000

월초 재고자산에 포함된 단위당 고정제조간접원가: ₩1,600,000/8,000개 = ₩200

(+)	변동원가계산에 의한 순이익		₩1,200,000
(−)	월말 재고자산에 포함된 고정제조간접원가		₩0
	월초 재고자산에 포함된 고정제조간접원가	₩200 × 1,000 =	(₩200,000)
	전부원가계산에 의한 순이익		₩1,000,000

21. ④

문제에서 고정제조간접원가 총액 또는 생산량에 대한 정보가 주어지지 않았기 때문에 기말재고자산에 포함된 고정제조간접비의 증감을 통한 영업이익의 증감액을 정확하게 알 수는 없다.

또한 추가로 제품 100단위를 더 생산했을 경우 고정제조간접원가 배부율은 제품 단위당 ₩30,000보다는 적게 배부될 것이고, 판매량이 동일한 경우에는 영업이익이 증가하겠지만 그 금액은 ₩3,000,000보다는 적게 증가한다.

22. ③

현금창출률회계와 제약자원이론은 서로 관련이 있으나 현금창출률이론에서는 직접재료비만을 재고로 파악하므로 재고자산의 금액은 매우 낮다. 따라서 재고관리를 강조하기보다는 재료처리 공헌 이익의 최대효과를 강조한다.

23. ④

전부원가계산에 의한 이익 차이가 ₩20,000 더 증가한 것은 기말재고자산에 포함된 고정제조간접비가 예산보다 커진 것으로서, 이는 재고자산의 수량이 증가하거나 단위당 고정제조간접비 배부율이 증가하였기 때문이다.

24. ②

변동제조원가: $\frac{₩780,000}{65,000개} \times 70,000개 = ₩840,000$

변동원가계산 손익계산서	
매 출 액	₩2,000,000
변동매출원가	780,000
변동 판관비	200,000
공 헌 이 익	1,020,000
고정 제조원가	600,000
고정 판관비	X
영 업 이 익	300,000

따라서 X = ₩120,000

25. ③

재고(수량)			
기초	1,200	판매	9,000
완성	9,400	기말	1,600

조업도 차이 불리: 실제조업도 < 예상(기준)조업도 ---> 9,400 < 10,000개

조업도 차이: 600단위 × @FOH = 1,500

@FOH = ₩2.5

기초 < 기말: 생산량 > 판매량 ---> 전부원가계산 이익 > 변동원가계산 이익

따라서 두 방법 간의 이익의 차이는 재고자산 속에 포함된 고정제조간접비의 차이이므로, 400단위 × ₩2.5 = ₩1,000

26. ④

27. ④

@7,000 × 300개 =	₩2,100,000
@D.M × 300 =	( )
(@D.L + @V.OH) × 450개 =	(675,000)
(@1,000 × 450개) × 450개 =	(450,000)
(판관비)	(100,000)
초변동원가계산 하의 이익 =	₩125,000

@D.M × 300 = ₩750,000이므로 @D.M = @2,500

기말재고자산 내 변동가공원가: ₩225,000/150개 = @D.L + @V.OH = @1,500

따라서, 당월 발생 총제조원가 = (@2,500 + @1,500) × 450개 = ₩1,800,000

@1,000 × 450개 = ₩450,000

₩2,250,000

28. ④

Chapter 6

종합원가계산

1. 종합원가계산의 의의

종합원가계산(process costing)은 각 제조공정별로 제조원가를 집계하고 배분하는 방법이다. 동일공정에서 생산된 제품은 동질적(단위당 원가 일정)이라고 가정하고 일정기간동안 발생한 총원가를 그 기간 동안의 생산량(완성품 환산량)으로 나누어 평균화된 원가를 계산한 후 이를 이용하여 원가를 배부하는 방법이다.

(1) 완성품환산량

산출물의 완성정도를 나타내는 개념으로, 공정에서의 모든 노력이 완성품으로 나타났을 경우 생산되었을 완성품의 개수를 말한다.

완성품환산량은 원가요소의 투입시점이 다르면 달리 계산되며, 일반적으로 재료비와 가공비로 구분하여 계산한다.

완성품환산량 = 물량(수량) × 완성도(진척도)

(2) 원가계산절차

- 1단계: 물량흐름의 파악
- 2단계: 원가요소별 완성품환산량 계산
- 3단계: 원가요소별 기초재공품원가와 당기발생원가 집계

• 4단계: 원가요소별 완성품환산량 단위당 원가계산

• 5단계: 완성품원가(당기제품제조원가)와 기말재공품원가 계산

2. 종합원가계산의 방법

(1) 원가흐름의 가정

① **평균법**: 기초재공품을 당기에 착수한 것으로 가정한다. 실제로 기초재공품원가는 전기에 발생된 것임에도 불구하고 구분없이 모두 당기발생으로 가정하여 완성품원가와 기말재공품원가에 배부하는 방법이다. 평균법은 기초재공품원가에 당기발생원가를 가산한 총제조원가를 완성품과 기말재공품에 배분하고자 하는 방법이다.

② **선입선출법**: 실제의 물량흐름을 가장 잘 반영해 주는 방법으로, 전기에 투입된 기초재공품을 먼저 완성하고, 그 후에 당기 투입분을 완성한다. 선입선출법은 당기에 투입된 물량과 원가만을 집계하여 완성품환산량과 총제조원가 그리고 완성품환산량 단위당 원가를 집계한다.

(2) 복수공정의 종합원가계산

표준화된 두 개 이상의 연속공정을 거쳐 제품을 생산할 때 적합한 원가계산방법이다. 각 공정별로 원가요소가 집계되고 제품원가가 산출된다. 이때 앞 공정의 완성품은 다음 공정의 원재료로 간주된다. 다음 공정으로 투입되는 품목을 '전공정대체'라 하고, 그 원가를 '전공정대체원가'라고 한다.

• 연속공정의 원가흐름

재공품 - 제1공정					재공품 - 제2공정			
기초재공품	xxx	완성품원가	xxx		기초재공품	xxx	완성품원가	xxx
재료비	xxx	기말재공품	xxx		전공정원가	xxx	기말재공품	xxx
가공비	xxx				재료비	xxx		
					가공비	xxx		
	xxx		xxx			xxx		xxx

3. 공손품원가

공손품(spoiled units)이란 품질이나 규격이 정상품에 미달하는 불합격품을 말한다. 공손품은 정상공손과 비정상공손으로 구분하여 회계처리 한다.

① **정상공손**: 능률적인 생산환경에서도 불가피하게 발생하는 공손으로, 정상공손원가는 검사합격물량원가에 포함시킨다.

② **비정상공손**: 능률적인 환경에서는 발생하지 않았을 공손으로, 작업자의 부주의, 생산계획의 미비 등으로 발생하며, 비정상공손원가는 기타비용 처리한다.

(1) 정상공손과 비정상공손의 수량파악

정상공손 수량 = 검사시점 통과수량(도달수량) × 공손허용한도
비정상공손 수량 = 공손수량 - 정상공손수량

(2) 정상공손원가의 배분

공손품의 완성도는 검사시점이며, 수정된 선입선출법에 의해 계산할 경우 기초재공품은 모두 정상적으로 완성되고, 모든 공손품은 당기에 착수한 물량에서 발생한 것으로 가정하고 완성품환산량을 계산한다. 이 중 정상공손원가는 제품생산 시 불가피하게 발생한 것으로 검사합격물량원가에 포함시킨다.

기본문제

1. 미남제조(주)는 절삭공정과 조립공정의 두 가지 공정을 통하여 제품을 제조·생산하고 있다. 다음은 1999년 1월의 절삭부문의 가공원가와 관련된 자료이다. 월초와 월말의 재공품에 대한 진척도는 각각 80%와 50%라고 가정하라.

	단위	가공원가
월초재공품	12,500	₩11,000,000
1월 중 생산투입량 및 발생원가	67,500	71,500,000
1월 중 생산이 완료되어 다음 공정으로 대체	50,000	?

선입선출법을 사용하는 경우 절삭부문의 월말재공품에 대한 가공원가는 얼마가 되겠는가? **(CTA, 1999)**

① ₩16,500,000 ② ₩19,500,000 ③ ₩19,050,000
④ ₩22,500,000 ⑤ ₩16,050,000

2. 울산화학(주)는 공정별 원가계산방법을 사용하고 있으며 완성품환산량의 계산에 가중평균법을 사용하고 있다. 울산화학(주)는 4월 중 125,000단위의 제품을 판매하였다. 회사는 오직 하나의 가공부서를 보유하고 있다. 생산활동과 관련된 추가정보가 다음과 같다.

4월 1일 재고	재공품 완제품	없음 37,500단위
4월 30일 재고	재공품(가공비에 대한 진척도 75%) 완제품	8,000단위 30,000단위

울산화학(주)의 4월 중 가공비에 대한 완성품환산량은 얼마인가? **(CTA, 2004)**

① 126,500 ② 125,500 ③ 123,500 ④ 117,500 ⑤ 117,000

3. 북한강(주)는 완성도 65% 수준에서 검사하는 생산공정을 가지고 있다. 2000년 2월의 월초재고는 완성도가 40%이었으며, 월말재고는 완성도가 70%이었다. 북한강(주)가 선입선출법을 사용하고 있을 때 생산품에 대한 정상적인 공손원가를 할당하는 것으로

옳은 것은? **(CTA, 2000)**

	당월 착수·완성	월말재고	월초재고
①	아니오	아니오	아니오
②	아니오	예	예
③	예	예	아니오
④	예	아니오	예
⑤	예	예	예

4. (주)안국은 종합원가계산제도를 채택하고 있다. 이 제품의 생산을 위해 두 종류의 직접재료 A와 B를 투입하는데, 직접재료 A는 공정초기에 전부 투입되며 직접재료 B는 공정의 70% 시점에서 투입된다. 가공원가는 전 공정을 통해 균등하게 발생한다. 기초재공품은 1,000개, 당기착수량은 14,000개이고, 기말재공품은 4,000개이다. 기초재공품의 완성도는 60%이고, 직접재료원가 ₩30,000, 가공원가 ₩13,000이다. 기말재공품의 완성도는 50%이고, 당기에 발생한 원가는 직접재료 A의 원가 ₩280,000, 직접재료 B의 원가 ₩165,000, 가공원가 ₩372,000이다. 이 경우 선입선출법을 적용하여 계산한 기말재공품의 원가는 얼마인가? **(CTA, 2001)**

① ₩139,000 ② ₩140,000 ③ ₩150,750
④ ₩178,600 ⑤ ₩131,780

5. 한강회사는 제품생산과정에서 발생한 부산물 1단위를 판매하는 데 ₩10의 비용이 소요된다. 한편, 회사는 동 부산물의 순실현가치를 주제품의 매출원가에서 차감하는 회계처리를 한다. 회사는 당월에 부산물 100kg을 총 ₩10,000에 판매하였다. 만약, 한강회사가 부산물의 순실현가치를 주제품의 매출액에 더하는 방법으로 회계처리방법을 바꾼다면 종래의 방법에 비하여 매출총이익은 어떻게 달라지는가? **(CTA, 1999)**

① 동일함 ② ₩11,000 증가 ③ ₩10,000 증가
④ ₩9,000 증가 ⑤ ₩8,000 증가

6. 조립공정은 (주)남산제작소의 두 가지 공정 중 첫 번째 공정이다. 공손품은 조립

공정의 완료시점에서 확인되며 정상적 공손품의 원가는 공손품이 확인된 기간에 완성되어 다음 공정으로 대체되는 완성품 원가에 가산되고 비정상적 공손은 발생한 기간에 비용화한다. 정상적 공손품 비율은 조립 공정을 성공적으로 완성한 합격품의 5%로 추정된다. 다음은 2001년도 1월의 조립공정에서 발생한 가공비와 관련된 정보이다.

	단위	가공원가
기초재공품	2,000	₩10,000
당월 착수량	800	₩75,000
공손품	500	
당월 완성 및 차공정 대체	7,000	

기말재공품의 기말 현재 가공비에 대한 완성도는 80%이다. (주)남산제작소가 가중평균법을 적용한다고 가정한다면 두 번째 공정으로 대체된 완성품의 가공비는 얼마인가? **(CTA, 2002)**

① ₩63,000 ② ₩64,125 ③ ₩66,150

④ ₩67,500 ⑤ ₩71,250

7. 태양회사는 선입선출법 종합원가계산을 사용한다. 제2공정의 관련 자료는 다음과 같다.

	물량단위	가공비완성도
기초재공품수량	500단위	40%
전공정대체량	5,400	
당기완성품수량	?	
기말재공품수량	200	80%

제2공정에서 직접재료가 가공비완성도의 30%에서 투입된다면, 직접재료비와 가공비의 당기작업량의 완성품환산량은 각각 얼마인가? **(CTA, 2005)**

	직접재료비	가공비
①	5,700	5,560
②	5,900	5,660
③	5,900	5,700

④ 5,400　　　　5,700

⑤ 5,400　　　　5,660

8. 가중평균법(weighted average method)을 적용한 공정별 원가계산에 대한 설명으로 가장 부적절한 것은? **(CPA, 2001)**

① 가중평균법은 마치 기초재공품 모두를 당기에 착수, 완성한 듯이 가정한다.

② 적시재고관리(Just-In-Time: JIT)를 적용하고 원가요소의 기간별 가격차이가 크지 않다면 선입선출법과 거의 차이가 없다.

③ 가중평균법은 착수 및 원가발생 시점에 관계없이, 당기완성량의 평균적 원가를 계산한다.

④ 선입선출법에 비해 가중평균법은 당기의 성과를 이전의 기간과 독립적으로 평가할 수 있는, 보다 적절한 기회를 제공한다.

⑤ 흐름생산의 경우, 선입선출법이 가중평균법에 비해 실제 물량흐름(physical flow)에 보다 충실한 원가흐름가정이라 볼 수 있다.

중급문제

9. (주)대길은 평균법에 의한 실제종합원가를 이용하여 재고자산평가와 매출원가 계산을 한다. 회계연도초에 비해 연도말에 재공품 재고자산의 잔액이 증가하였다. 그러나 회계연도초와 회계연도말의 재공품의 물량은 동일하다. 이 현상을 설명하는 요소가 아닌 것은? **(CTA, 1996)**

① 전년도에 비해 고정제조간접원가가 증가하였다.

② 전년도에 비해 노무임률이 상승하였다.

③ 연초보다 연말 재공품 재고완성도가 증가하였다.

④ 전년도에 비해 판매량이 감소하였다.

⑤ 전년도에 비해 생산량이 감소하였다.

10. (주)오성은 하나의 화학제품을 생산하는데 공정에 재료투입후 가공과정에서 투입초의 무게 중 50%가 전공정에 걸쳐서 균등하게 서서히 증발한다. 기초재고는 50% 완성이었고, 그 당시의 무게는 75kg, 당기의 투입된 재료는 1,000kg, 그리고 기말재고는 50% 완성으로, 50% 완성당시의 무게는 150kg이었다. 기초재고의 가공비는 300원, 당기 투입한 가공비는 3,110원이며, 가중평균법을 사용하고 있다. 기말재고에 포함된 가공비는 얼마인가?(다만, 소수점 한 자리 이하에서 반올림할 것) **(CTA, 1997)**

① 22원 ② 319원 ③ 62원 ④ 279원 ⑤ 위에 답이 없음

11. 평균법을 이용하여 종합원가계산을 수행하는 회사에서 기말재공품 완성도를 실제보다 과대평가할 경우, 과대평가 오류가 완성품환산량, 완성품환산량 단위당 원가, 당기완성품원가 그리고 기말재공품원가에 각각 어떠한 영향을 미치겠는가? **(CTA, 1998)**

	완성품환산량	완성품환산량 단위당원가	당기완성품원가	기말재공품원가
①	과대평가	과소평가	과소평가	과대평가
②	과소평가	과대평가	과소평가	과소평가
③	과대평가	과소평가	과대평가	과대평가
④	과소평가	과대평가	과대평가	과소평가
⑤	과소평가	과소평가	과대평가	과대평가

12. 영진(주)는 모든 재료를 공정초기에 투입하며, 9월 중에 재공품과 관련된 직접 재료원가 자료는 다음과 같다.

기초재공품 200개(직접재료원가 ₩100)	완성량 500개	기말재공품 400개

한편, 검사는 공정 50% 시점에서 실시하는데 정상공손이 100개 발생하였고 비정상공손은 발생하지 않았다. 기말재공품의 직접재료원가를 평균법에 의하여 평가하는 경우 선입선출법에 의한 경우보다 ₩460만큼 적었다. 9월 중 투입한 직접재료원가는? **(CTA, 1998)**

① ₩5,000 ② ₩10,000 ③ ₩20,000 ④ ₩30,000 ⑤ ₩40,000

13. 선입선출법에 의한 종합원가계산제도를 채택하고 있는 아연회사의 생산활동에 관한 당기 자료는 다음과 같다.

기초재공품	20,000단위(완성도 60%)
당기투입	100,000단위
당기 중 완성되어 타 부문 대체	90,000단위
기말재공품	15,000단위(완성도 50%)
당기 재료비 발생액	₩300,000
당기 가공비 발생액	₩366,000

재료는 생산시작 시점에서 투입하며, 가공비는 전 공정을 통해 균일하게 발생한다. 아연회사는 과거의 경험으로 검사시점을 통과한 합격품의 10%를 정상공손으로 처리한다. 단, 회사는 완성도 40%일 때 검사를 실시한다. 아연회사의 당기 비정상공손비는 얼마인가? **(CTA, 1999)**

① ₩24,180 ② ₩26,650 ③ ₩29,900 ④ ₩33,800 ⑤ ₩39,100

14. 다음은 원가계산 및 원가배분과 관련된 문장들이다. 아래의 문장들 중 올바르거나 타당한 문장들만을 모은 것은? **(CPA, 2003)**

> a. 종합원가계산의 경우, 기초재공품이 없을 때 선입선출법에 의한 제품제조원가나 평균법에 의한 제품제조원가는 동일하다.
> b. 종합원가계산의 경우, 기초재공품과 기말재공품의 완성도(진척도)가 다 같이 50%일 때 선입선출법에 의한 제품제조원가나 평균법에 의한 제품제조원가는 동일하다.
> c. 기말재공품 원가가 기초재공품원가에 비해 증가하였다면 당기발생제조원가가 당기제품제조원가보다 더 크다.
> d. 보조부문 원가를 계제식 방법(step-down method)으로 배분할 경우, 어떤 부문을 먼저 배분하는가에 상관없이 배분결과는 동일하다.

① a, b ② a, c ③ a, b, c ④ a, c, d ⑤ b, d

15. 다음 중 기말재공품 평가 시 사용되는 평균법과 선입선출법에 대한 설명으로 옳지 않은 것은? **(CPA, 2005)**

① 선입선출법을 이용하여 종합원가계산을 수행하는 회사가 기말재공품의 완성도를 실제보다 과대평가할 경우 완성품환산량과 완성품원가는 과대평가된다.

② 기초재공품이 존재하지 않을 경우에는 평균법과 선입선출법에 의한 완성품환산량이 같지만, 기초재공품이 존재할 경우에는 평균법에 의한 완성품환산량이 선입선출법에 의한 완성품환산량보다 크다.

③ 선입선출법은 평균법에 비해 실제 물량흐름에 충실한 원가흐름의 가정이며, 당기의 성과를 이전의 기간과 독립적으로 평가할 수 있어 계획과 통제목적에 유용한 방법이다.

④ 정상적인 공손수량은 평균법을 적용하나 선입선출법을 적용하나 동일하며, 정상적인 공손원가는 완성품과 기말재공품원가에 가산되나 비정상적인 공손원가는 영업외비용으로 처리한다.

⑤ 공손품에 대한 가공원가의 완성도를 검사시점으로 하며, 선입선출법을 사용할 경우 공손품은 모두 당기에 착수된 물량에서 발생한 것으로 가정한다.

16. (주)한국은 종합원가계산제도를 채택하고 있으며, 원재료는 공정의 초기에 전량 투입되며, 가공원가는 공정 전반에 걸쳐서 진척도에 따라 균등하게 발생한다. 재료원가의 경우 평균법에 의한 완성품환산량은 78,000단위이고, 선입선출법에 의한 완성품환산량은 66,000단위이다. 또한 가공원가의 경우 평균법에 의한 완성품환산량은 54,400단위이고, 선입선출법에 의한 완성품환산량은 52,000단위이다. 기초재공품의 진척도는 몇 %인가? **(CPA, 2005)**

① 10% ② 20% ③ 30% ④ 50% ⑤ 70%

17. (주)미래는 컴퓨터칩을 생산하고 있다. 직접재료는 생산공정의 초기에 투입되며, 가공원가는 공정의 전반에 걸쳐 균등하게 발생한다. 생산공정에서 공손품이 발생하는데 이러한 공손품은 제품을 검사하는 시점에서 파악된다. 정상적인 공손품은 품질검사시점을 통과한 합격품의 10%의 비율로 발생한다. 5월의 생산자료를 보면, 월초재공품(완성도 30%) 10,000개, 당월 생산착수량 75,000개, 당월 생산착수완성품 52,000개, 월말재공품(완성도 80%) 15,000개, 공손품 8,000개이다. 품질검사가 생산공정의 20% 시점에서 실시되는 경우 정상공손품 수량은 얼마인가? 만약 생산공정의 50% 시점에서 품질검사가 실시된다면, 정상공손품 수량은 얼마인가? **(CPA, 2006)**

	20% 검사시점	50% 검사시점
①	7,500개	8,500개
②	7,500개	7,700개
③	5,200개	7,700개
④	6,200개	7,700개
⑤	6,700개	7,700개

18. (주)신라는 한 가지 종류의 플라스틱 장난감을 제조한다. 이번 기의 자료는 다음과 같다.

	단위	재료원가	가공원가
기초 재공품	1,000	₩9,000	₩12,000
당기 착수	30,000	₩240,000	₩305,000
기말 재공품	500	–	–

모든 재료는 공정의 초기단계에 100% 투입된다. 기초 재공품은 가공원가가 40% 투입되었으며, 기말 재공품에는 80%가 투입되었다. 이 회사는 공정별원가계산방법(process costing)을 사용하고 있으며, 원가흐름에 대한 가정으로 선입선출법(FIFO)을 사용하고 있다. 이번 기에 발생한 전출원가(transfer-out cost)는 얼마인가?(단, 공손은 발생하지 않았다.) **(CPA, 2007)**

① ₩531,000 ② ₩552,000 ③ ₩558,000 ④ ₩549,000 ⑤ ₩560,000

19. 공손(spoilage)과 관련된 다음의 설명 중에서 옳지 않은 것은? **(CPA, 2007)**

① 공손은 정상공손이나 비정상공손으로 분류된다.

② 공정별원가계산(process costing)에서 정상공손원가는 관련된 양품(정상제품)의 원가에 가산된다.

③ 개별원가계산(job order costing)에서 비정상공손원가는 재고가능원가로 간주되지 않으며, 그 공손이 발견된 기간의 비용으로 처리된다.

④ 제조공정과정에서 불량률 0을 달성하려는 기업들은 모든 공손을 비정상공손으로 간주하려 한다.

⑤ 공정별원가계산(process costing)에서 공손단위를 산출단위에 포함시킬 경우 단위

당 원가가 더 커진다.

※ 다음 자료를 이용하여 [20-21]에 답하시오.

(주)한국공업은 두 개의 공정을 거쳐서 제품을 생산한다. 회사의 재공품 평가방법은 선입선출법(FIFO)이고, 공정별 종합원가계산을 적용하여 제품원가를 계산한다. 다음은 두 번째 공정의 생산 및 원가자료이다. 두 번째 공정의 원재료는 50% 시점에서 모두 투입되고, 가공비는 전 공정을 통해 균등하게 발생한다. 공정의 80% 시점에서 품질검사를 실시하며, 정상공손 허용수준은 합격품의 5%이다. 공손품은 모두 폐기되며, 정상공손비는 합격품원가에 가산되고, 비정상공손비는 기간비용으로 처리된다.

구 분	물량단위	전공정대체원가	직접재료비	가공비
기초재공품	1,000(60%)	₩172,000	₩450,000	₩320,000
당기투입	5,000	625,000	1,470,000	924,000
완성품	4,000			
기말재공품	1,500(40%)			

* 괄호 안의 숫자는 가공비 완성도를 의미함.

20. 두 번째 공정의 비정상공손비는 얼마인가? **(CPA, 2008)**

① ₩128,200 ② ₩142,600 ③ ₩174,500 ④ ₩192,300 ⑤ ₩213,900

21. 완성품의 단위당 원가는 얼마인가? **(CPA, 2008)**

① ₩812.4 ② ₩822.75 ③ ₩848.7 ④ ₩858.4 ⑤ ₩860.25

22. 한일공업의 생산활동과 관련된 다음의 원가자료를 활용하여 비정상공손비를 계산하면 얼마인가? 단, 기초재공품은 없으며, 원재료는 공정초에 전부 투입되며, 가공원가는 공정 전반에 걸쳐 균등하게 발생된다고 가정한다. 40% 가공단계에서 검사가 이루어지며, 검사를 통과한 양품(정상품) 중 2%만이 정상공손이고, 정상공손 외의 공손은 비정상공손이다. 공손품은 보수작업에 의해 정상으로 회복되지 않기 때문에 개당 ₩100에 매각하였다. 계산과정에서 원단위 미만은 반올림하시오.

(1) 당기생산개시수량	2,000개
(2) 당기발생원가:	
직접재료원가	₩500,000
가공원가	1,500,000
(3) 당기완성품수량	1,500개
(4) 기말재공품수량*	400개
(5) 공손품수량	100개

* 기말재공품의 가공원가 진척도는 50%이다.

① ₩29,536 ② ₩27,468 ③ ₩34,569 ④ ₩30,679 ⑤ ₩21,379

23. (주)인천은 종합원가계산에 의하여 제품을 생산한다. 재료는 공정의 초기단계에 투입이 되며, 가공원가는 전체 공정에 고르게 투입된다. 20x1년 6월 1일의 재공품 10,000단위에 대해서는 공정이 50% 진행되었고, 동년 6월 30일의 재공품 20,000단위에 대해서는 공정이 90% 진행되었다. 품질검사는 공정이 80% 진행되었을 때에 실시하며, 불합격품에 대해서는 재작업을 실시하지 않는다. 정상공손은 당월의 품질검사에서 합격한 제품의 5%로 설정하고 있다. 6월 중 55,000단위가 착수되었으며, 총 40,000단위가 완성이 되었다. 6월에 발생한 비정상공손품의 가공원가 완성품환산량은 얼마인가? **(CPA, 2000)**

① 2,000단위 ② 1,600단위 ③ 5,000단위 ④ 3,000단위 ⑤ 2,400단위

※ 다음 자료를 이용하여 24번과 25번에 답하시오. 24번과 25번은 서로 독립된 문제이다.

(주)유정은 하나의 공정에서 단일 종류의 제품을 생산하며, 종합원가계산(process costing)을 적용하여 제품원가를 계산한다. 원재료는 공정의 초기단계에 100% 투입된다. 당기의 생산 및 원가자료는 다음과 같다.

구분	물량단위	가공비 완성도	직접재료비	가공비
기초재공품	600	1/3	₩5,000	₩60,950
	400	1/2		
당기착수(투입)	9,000	–	135,000	281,700
기말재공품	200	40%	?	?
	300	70%		

24. 재공품 평가방법은 선입선출법이고 당기 중에 공손이나 감손은 발생하지 않았다고 가정한다. 기말재공품원가는 얼마인가? **(CPA, 2009)**

① ₩16,200 ② ₩14,760 ③ ₩10,800 ④ ₩ 9,840 ⑤ ₩ 5,400

25. 재공품 평가방법은 평균법이고 공정의 종료단계에서 품질검사를 실시하였다. 그 결과 완성품 수량의 2%가 공손품인 것으로 판명되었다. 공손품원가는 얼마인가? **(CPA, 2009)**

① ₩9,520 ② ₩9,310 ③ ₩8,550 ④ ₩7,250 ⑤ ₩6,820

26. (주)프로코는 설탕을 만드는 회사로 가공원가는 공정 전반에 걸쳐 발생한다. 3월초 기초재공품(가공원가 완성도 60%) 100봉지에 포함된 가공원가는 ₩500이다. 생산공정의 중간시점에서 품질검사를 실시한 결과 공손품이 100봉지 발생하여 모두 비정상공손(가공원가 완성도 50%)으로 간주하였다. 그리고 3월 중 완성품은 250봉지이며, 기말재공품(가공원가 완성도 80%)도 250봉지 존재한다. 선입선출법과 가중평균법으로 기말재공품에 배부된 가공원가를 각각 산정한 금액이 동일하다면 3월 중 투입한 총가공원가는 얼마인가?(단, 소수점 이하 자릿수는 절사한다.) **(CPA, 2010)**

① ₩1,121 ② ₩2,548 ③ ₩3,666 ④ ₩4,367 ⑤ ₩5,984

27. (주)카이는 고객의 주문에 따라 고급 카메라를 생산하고 있다. 고객은 외부표면재료 및 도료 등을 선택할 수 있지만, 카메라의 기본적인 조립 및 가공작업은 주문별로 차이가 없다. 이러한 점을 감안하여 (주)카이는 재료원가에 대해서는 주문별로 집계하는 개별원가계산방식을 적용하고, 가공원가에 대해서는 종합원가계산방식을 적용하는 소위 혼합원가계산(hybrid costing)을 사용하고 있다. 가공원가는 공정 전체를 통해 균등하게 발생하며, 동 원가에 종합원가계산방식을 적용할 때 사용하는 원가흐름가정은 선입선출법이다. (주)카이의 4월 생산 및 원가 관련 자료는 다음과 같다.

(1) 월초 재공품

주문번호	#101
수량	200개
직접재료원가	₩1,500,000
가공원가	₩960,000
가공원가 완성도	80%

(2) 당월 주문 및 생산착수

주문번호	#105	#206	#207
수량	200개	100개	150개

(3) 당월 발생원가

주문번호	#101	#105	#206	#207	합계
직접재료원가	₩500,000	₩1,800,000	₩3,200,000	₩2,400,000	₩7,900,000
가공원가	?	?	?	?	₩4,092,000

(4) 월말 재공품

주문번호	#105	#207
수량	200개	150개
가공원가 완성도	50%	60%

4월 완성품의 원가는 얼마인가? **(CPA, 2011)**

① ₩5,436,000 ② ₩6,556,000 ③ ₩7,396,000

④ ₩7,896,000 ⑤ ₩7,956,000

28. 종합원가계산을 사용하고 있는 (주)다봉의 3월 생산 및 원가 자료는 다음과 같다.

- 월초재공품에 포함된 가공원가는 ₩190,000이며, 3월 중에 투입된 가공원가는 ₩960,000이다.
- 가공원가는 공정 전체를 통해 균등하게 발생하며, 그 밖의 원가는 공정 초기에 발생한다.
- 3월 생산관련 물량흐름 및 가공원가 완성도

구분	수량	가공원가 완성도
월초 재공품	500개	?
당월 완성품	800개	100%
월말 재공품	240개	?
공손품(*)	160개	80%

(*) 공손품은 전량 비정상공손이다.

원가계산결과, 3월 완성품에 포함된 가공원가는 가중평균법에 의하면 ₩920,000이며, 선입선출법에 의하면 ₩910,000이다.

선입선출법에 의할 경우, 공손품에 포함된 가공원가는 얼마인가? **(CPA, 2011)**

① ₩137,143 ② ₩144,000 ③ ₩147,200

④ ₩153,600 ⑤ ₩174,545

29. 대한회사는 당기중 검사를 통과한 정상품(양품)의 10%를 정상공손으로 간주하며, 모든 공손은 완성시점에 발견된다. 재료는 공정초에 모두 투입되고 가공원가는 전 공정에 걸쳐 균등하게 발생하며, 기말재공품의 평가는 평균법에 의한다. 2007년 3월 대한회사의 생산 활동에 대한 자료는 다음과 같다.

· 기초재공품: 1,000단위(가공원가 완성도 80%), 재료원가 ₩540,000,
가공원가 ₩880,000
· 당기투입: 9,000단위, 재료원가 ₩5,000,000, 가공원가 ₩9,460,000
· 당기완성품(정상품): 7,000단위
· 기말재공품: 1,500단위(가공원가 완성도 60%)

대한회사의 2007년 3월의 완성품원가는 얼마인가? **(CTA, 2007)**

① ₩11,200,000 ② ₩12,273,200 ③ ₩12,735,800

④ ₩12,825,000 ⑤ ₩13,134,400

30. 대한회사는 평균법에 의한 종합원가계산을 채택하고 있다. 기초재공품이 75,000단위이고 당기착수량이 225,000단위이다. 기말재공품이 50,000단위인데 직접재료는 전량 투입되었고, 가공비완성도는 70%이다. 기초재공품에 포함된 가공비가 ₩14,000이고

당기발생 가공비가 ₩100,000이면 기말재공품에 얼마의 가공비가 배부되어야 하는가? **(CTA, 2008)**

① ₩20,000 ② ₩10,000 ③ ₩18,000 ④ ₩8,000 ⑤ ₩14,000

31. 대한회사는 선입선출법에 의한 종합원가계산을 채택하고 있다. 제품제조를 위하여 원재료 A와 원재료 B가 사용되는데 원재료 A는 공정초기에 전부 투입되고 원재료 B는 공정의 50% 시점에 전부 투입된다. 그리고 가공원가는 공정 전체를 통하여 균등하게 발생한다. 대한회사의 당기 제품제조활동과 관련한 다음의 자료를 토대로 당기에 완성된 제품의 원가와 기말재공품의 원가를 구하면 각각 얼마인가? **(CTA, 2008)**

· 기초재공품의 수량은 5,000개이며 가공비완성도는 60%이다.
· 당기 완성품의 수량은 80,000개이다.
· 기말재공품의 수량은 10,000개이며 가공비완성도는 30%이다.
· 기초재공품의 원가와 당기에 발생한 원가의 현황은 다음과 같다.

구 분	원재료 A	원재료 B	가공원가	합 계
기초재공품원가	₩850,000	₩900,000	₩400,000	₩2,150,000
당기발생원가	₩3,400,000	₩4,500,000	₩1,600,000	₩9,500,000

	완성품원가	기말재공품원가
①	₩11,025,000	₩625,000
②	₩11,150,000	₩500,000
③	₩11,190,000	₩460,000
④	₩9,600,000	₩2,050,000
⑤	₩10,200,000	₩1,450,000

정답 및 해설

1. ② 월말재공품의 가공원가

$$= \text{당월 발생 가공원가} \times \frac{\text{월말제공품의 가공원가의 완성품환산량}}{\text{가공원가의 완성품환산량}}$$

$$= 71{,}500{,}000 \times \frac{30{,}000 \times 0.5}{50{,}000 + 30{,}000 \times 0.5 - 12{,}500 \times 0.8} = 19{,}500{,}000$$

2. ③

재고(수량)			
기초	1,200	판매	9,000
완성	9,400	기말	1,600

재공품

기초	0	완성	117,500
당기투입	125,500	기말	8,000
	125,500		125,500

제품

기초	37,500	완성	125,000
당기투입	117,500	기말	30,000
	155,000		155,000

완성품 환산량

	물량	재료비 완성도	가공비 완성도	재료비	가공비
완성품	117,500	?	100%	?	117,500
기말재공품	8,000개	?	75%	?	6,000
합계				?	123,500

3. ⑤

4. ②

물량	재료 A	재료 B	가공비
기초재공품 완성품	–	1,000	400
당기착수완성품	10,000	10,000	10,000
기말재공품	4,000	–	2,000
	14,000	11,000	12,400

5. ①

	매출액가산법	매출원가차감법	
매출			부산물의 순실현가치만큼 증가
(–) 매출원가			부산물의 순실현가치만큼 증가
매출총이익			차이 없음

6. ③

(1) 정상공손수량

합격품수량 × 5% = 7,000 × 5% = 350개

(2) 가공비완성품 환산량

물량	물량단위	가공비완성품 환산량
당월완성 및 차공정대체	7,000	7,000
정상공손품	350	350
비정상공손품	150	150
기말재공품	14,000	11,000

7. ⑤

	재료비	가공비
기초재공품완성분 500(0%, 60%)	–	300
당기착수완성분 5,200(100%, 100%)	5,200	5,200
기말재공품 200(100%,8 0%)	200	160
기말재공품	5,400	5,660

8. ④

9. ④

$$\text{기말재공품원가} = \text{기말재공품환산량} \times \frac{\text{총원가}}{\text{환산량}}$$

기말재공품원가의 증가요인

(1) 기말재공품환산량 증가: ③

(2) 총원가 증가: ①, ②

(3) 환산량 감소: ⑤

10. ⑤

* 증발이 있을 경우에는 모두 투입기준으로 환산한다.

(1) 기초재공품 X−(X×50%×50%)=75kg X=100kg

(2) 기말재공품 X−(X×50%×50%)=150kg X=200kg

재공품

기말재공품	100	완성품	900
당기투입	1,000	기말재공품	200
	1,100		1,100

(3) 완성품환산량

		가공비
당기완성품	900	900
기말재공품	200(50%)	100
		1,000

(4) 가공비 300 + 3,110=3,410 (5) 단위당 가공비 3,410÷1,000=3.41

(6) 기말재공품가공비 100×3.41=341

11. ①

기말재공품완성도 과대 → 완성품환산량 과대 → 완성품환산량단위당원가 과소 → 기말재공품원가 과대 → 완성품원가 과소

12. ①

(1) 당기투입량=500(완성)+400(기말)+100(공손)−200(기초)=800

(2) 선입선출법의 기말재공품의 직접재료원가 $400\times\frac{100+\text{당기투입재료원가}}{1,000}$

(3) 평균법의 기말재공품의 직접재료원가 $400\times\frac{\text{당기투입재료원가}}{800}$

(4) 당기투입재료원가계산 (2)−(3)=460 당기투입재료원가=5,000

13. ③

(1) 공손수량계산

- 정상공손수량=(90,000−20,000 * +15,000** ×10%=8,500

  * 기초재공품의 진척도는 60%이어서 전기에 이미 검사시점을 통과하였다. 따라서, 완성수량에서 기초재공품수량을 차감하여야 당기에 검사하여 완성된 수량이 계산된다.

  ** 기말재공품의 진척도가 검사시점보다 크므로 기말재공품도 합격품이다.

- 비정상공손수량=15,000−8,500=6,500

(2) 완성품환산량당 단위원가

원가요소	완성품환산량당 단위원가
재료비	$\frac{300,000}{90,000+15,000+15,000-20,000}=3$
가공비	$\frac{366,000}{90,000+15,000\times0.4+15,000\times0.5-20,000\times0.6}=4$

(3) 비정상공손비　　재료비: 6,500×3　　19,500
　　가공비: 6,500×40%×4　　10,400
　　29,900

14. ②

15. ①

16. ②

기초재공품의 완성도를 X라 하면

기초재공품 수량:

평균법에 의한 재료원가의 완성품 환산량−선입선출법에 의한 재료원가의 완성품 환산량=78,000−66,000=12,000단위

12,000X

=평균법에 의한 가공원가 완성품 환산량−선입선출법에 의한 가공원가 완성품 환산량

=54,400−52,000=2,400단위

X=0.2

17. ⑤

18. ③

완성품환산량

	재료비	가공비
기초재공품완성분 1,000(0%, 40%)	−	600
당기착수완성분 29,500(100%, 100%)	29,500	29,500
기말재공품 500(100%, 80%)	500	400
합 계	30,000	30,500

완성품환산량 단위당 원가　　@8　　@10

완성품원가=기초재공품원가+기초재공품 추가가공원가+당기착수완성품원가이므로

₩21,000 + (600 × @8) + (29,500 × (@8+@10)) = ₩558,000

19. ⑤

20. ⑤

21. ④

22. ④

물량의 흐름

투입 2,000	완성 1,500
	비공손(40%) 38*
	정상공손(40%) 62**
	기말(50%) 400

* (1,500+400)×2%=38

** (2,000−1,500−38−400)=62

직재	62×(500,000/2,000)=15,500
가공원가	62×40%[1,500,000/(1,500+100×40%+400×50%)=21,379
판매가치	100×100=(10,000)
비정상공손	30,679

23. ②

(1) 비정상공손수량

물량

기초	10,000	완성	40,000
당기투입	55,000	기말	20,000
		공손	5,000
	65,000		65,000

• 정상공손

= 당월 품질검사 합격품의 5% = (기초재공품 + 당기착수완성품 + 기말재공품) × 5%

= (10,000+30,000+20,000) × 5% = 3,000단위

• 비정상공손 = 5,000단위-3,000단위 = 2,000단위

(2) 비정상공손품의 가공원가 완성품환산량: 2,000단위 × 80% = 1,600단위

24. ①

완성품환산량

	물량(완성도)	재료비	가공비
기초재공품	600(1/3)	-	600×(2/3)=400
	400(1/2)	-	400×(1/2)=200
당기착수완성분	8,500	8,500	8,500
기말재공품	200(40%)	200	200×40%=80
	300(70%)	300	300×70%=210
합 계		9,000	9,390

완성품환산량 단위당원가 ₩135,000/9,000 = 15 ₩281,700/9,390 = 30

기말재공품원가 = (500×15) + (290×30) = ₩16,200

25. ②

	물량(완성도)	재료비	가공비
완성품	9,310	9,310	9,310
기말재공품	200(40%)	200	200×40%=80
	300(70%)	300	300×70%=210
공 손	190	190	190
합 계		10,000	9,790

완성품환산량 단위당원가 (5,000+135,000)/10,000=14 (60,950+281,700)/9,790=35

공손품원가 = (190×14) + (190×35) = ₩9,310

26. ③

물량			
기초	100(60%)	완성	250
당기투입	500	기말	250(80%)
		공손	100(50%)
	600		600

가공비의 완성품환산량 단위당 원가

FIFO	AVG
당기투입가공비/440	(₩500+당기투입가공비)/500

기말재공품의 가공비 = 완성품 환산량 × 가공비의 완성품환산량 단위당 원가이므로 FIFO와 AVG의 가공비 완성품환산량 단위당 원가는 같다.

따라서 당기투입가공비 ≒ 3,666

27. ④

28. ④

29. ③

물량			
기초	1,000	완성	7,000
당기투입	9,000	기말	1,500
		공손	1,500
	10,000		10,000

정상공손 = 검사를 통과하여 합격한 정상품의 10% = 합격품의 10% =700개

완성품 환산량

	재료비	가공비
완성품	7,000	7,000
기말재공품	1,500	900
정상공손	700	700
비정상공손	800	800
합 계	10,000	9,400

(완성품환산량 단위당 원가)

재료비의 완성품환산량 단위당 원가 = (540,000+5,000,000)/10,000 = @554

가공비의 완성품환산량 단위당 원가 = (880,000+9,460,000)/9,400 = @1,100

따라서 완성품원가는 정상공손원가를 포함하여

[(7,000×@554) + (7,000×@1,100)] + [(700×@554) + (700×@1,100)] = ₩12,735,800

30. ⑤

물량

기초	75,000	완성	250,000
당기투입	225,000	기말(70%)	50,000
	300,000		300,000

가공비의 완성품환산량 단위당 원가 = ₩114,000/285,000 = @0.4

기말재공품원가 = 35,000×@0.4 = ₩14,000

31. ③

완성품환산량

	A	B	가공비
기초재공품	–	–	2,000
당기착수완성	75,000	75,000	75,000
기말재공품	10,000	–	3,000
합 계	85,000	75,000	80,000

〈완성품환산량 단위당 원가〉

A: 3,400,000/85,000 = @40

B: 4,500,000/75,000 = @60

가공비: 1,600,000/80,000 = @20

완성품 원가=(850,000+900,000+400,000)+(2,000개×@20)+(75,000×(@40+60+20))

= ₩11,190,000

기말재공품원가 = (10,000 × @40) + (3,000 × @20) = ₩460,000

Chapter 7

표준원가계산

1. 표준원가계산의 의의

표준원가계산은 각 원가요소별로 설정해 놓은 표준원가를 이용하여 제품원가를 계산하고 이를 기말에 실제원가와 비교함으로써 원가통제에 활용하는 원가계산방법이다.

(1) 표준원가계산의 유용성

① **원가통제** – 실제원가와 표준원가의 차이를 분석하여 원인을 파악하고 원가절감의 기회를 포착

② **가격결정** – 실제원가는 제품을 생산하는 데 소요된 원가를 반영하여 시기적절하고 일관된 정보를 제공할 수 없는 반면, 표준원가는 미리 설정된 제품단위당 표준을 활용함으로써 일관된 정보를 제공함과 동시에, 변화하는 시장여건에 대응할 때 가격결정의 재무적 함의를 평가할 능력을 제공

③ **성과평가** – 설정된 표준은 모든 달성해야 할 목표의 의미로서, 실제결과와의 비교를 통해 조직원의 성과평가의 기준

④ **목표관리와 예외에 의한 관리**

⑤ **제품원가계산** – 표준원가는 제품수량에 단위당 표준원가를 곱하여 산출하는 것이기 때문에 매출원가와 기말재고자산의 금액을 계산하기가 용이하고, 거래의 기장업무를 감소시킬 수 있지만, 실제치와 표준치의 차이는 기말에 조정해 주어야 함.

(2) 표준과 예산의 개념

구분	종류	내용
표준	**이상적 표준**	이상적인 작업조건하에서 달성될 수 있는 표준
	정상적 표준	정상적인 조업수준(이상 또는 우발상황 제거)이나 능률수준에 대하여 설정된 표준
	현실적 표준	능률적인 작업조건하에서 평균적인 근로자가 달성가능한 표준

구분	종류	내용
예산	**고정예산**	예산생산량을 기준으로 사전적으로 설정한 예산
	변동예산	실제조업도에 따라 사후적으로 설정된 예산
		산출량기준변동예산: 실제생산량을 기준으로 단위당 표준수량(SQ)에 단위당 표준원가(SP)를 곱해서 계산한 목표금액
		투입량기준변동예산: 실제투입량(AQ)에 단위당 표준원가(SP)를 곱해서 계산한 목표금액

표준원가 = 수량표준 × 가격표준

2. 표준원가계산의 차이분석

(1) 변동제조원가의 차이분석 기본모형

실제원가	(투입량기준예산) 실제투입량에 의한 표준원가	(산출량기준예산) 실제생산량에 허용된 표준원가
AQ×AP 실제투입량×실제가격	AQ×SP 실제투입량×표준가격	SQ×SP 표준허용수량×표준가격

- AQ×AP와 AQ×SP의 차이: 가격 차이(직접재료비), 임률 차이(직접노무비), 소비 차이(변동제조간접비)
- AQ×SP와 SQ×SP의 차이: 수량 차이(직접재료비), 능률 차이(직접노무비), 능률 차이(변동제조간접비)
- 전체: 총차이(원가 차이)

유리한 차이(Favorable variance: F): 실제 < 표준

불리한 차이(Unfavorable variance: U): 실제 > 표준

(2) 고정제조간접비의 차이분석 기본모형

투입량기준예산 = 산출량기준예산

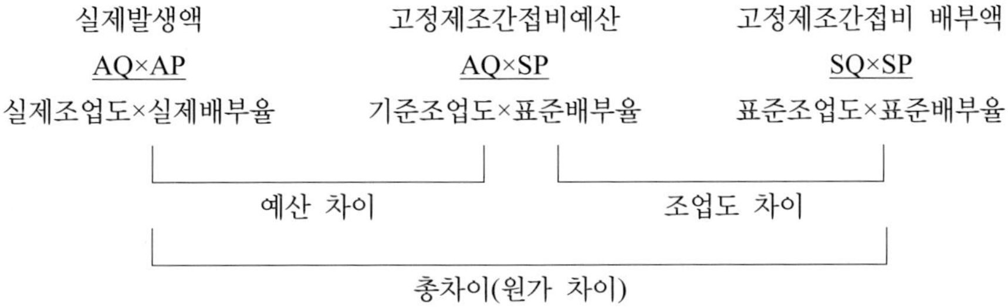

- 투입량기준예산과 산출량기준예산이 동일: 고정제조간접비는 고정원가로서 생산량이나 투입노동시간에 영향을 받지 않기 때문에 투입량기준예산과 산출량기준예산이 동일하다.
- 능률차이 없음: 고정제조간접비는 산출량증감이나 투입량증감과 무관하게 사전의 설비투자규모에 따라 결정되는 원가로서 원가요소 투입의 능률성을 파악하는 원가항목이 아니다(조업도 차이 존재: 실제조업도와 기준조업도 차이에 의한 고정제조간접비 차이).
- 표준조업도: 실제산출량에 허용된 표준
  기준조업도: 미리 설정해 놓은 예산 조업도

3. 제조간접비의 차이분석 - 2분법, 3분법, 4분법

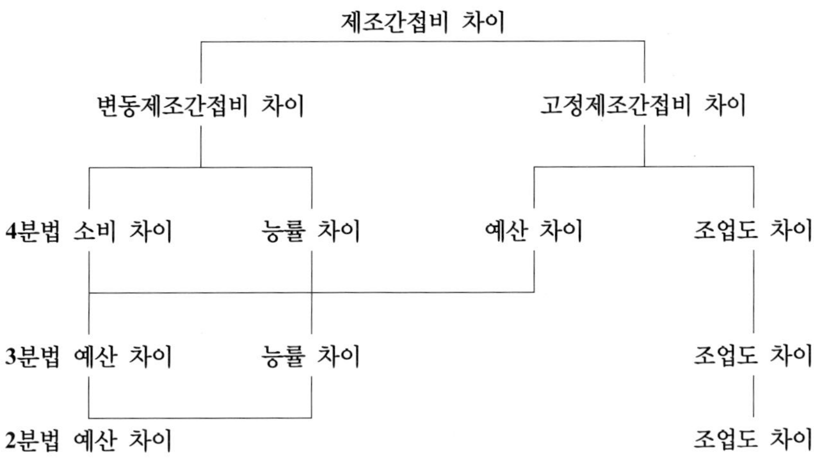

4. 차이안분

표준원가는 생산량에 표준원가를 곱하여 원가를 계산하므로 제품, 매출원가에 대한 회계처리가 쉽다. 그러나 외부공표용 재무제표는 실제원가를 기준으로 작성되어야 하므로 기말에 원가 차이를 조정해야 하며, 차이안분법에는 매출원가조정법, 비례배분법, 기타비용법 등이 있다.

(1) 매출원가조정법

불리한 차이는 전액 매출원가에 가산, 유리한 차이는 매출원가에서 차감하는 방법

(2) 비례배분법

원가 차이를 기말재공품, 기말제품, 매출원가계정의 상대적인 비율에 따라 배분하는 방법

- **총원가 비례배분법**: 기말재공품, 기말제품, 매출원가계정의 총원가(기말잔액)의 비율에 따라 원가 차이를 배분하는 방법
- **원가요소별 비례배분법**: 기말재공품, 기말제품, 매출원가에 포함된 원가요소의 비율에 따라 해당원가요소의 차이를 배분하는 방법

(3) 기타비용법

원가 차이를 불리한 차이는 전액 기타비용으로, 유리한 차이는 전액 기타수익으로 처리하는 방법

기본문제

1. 다음 중 표준원가제도와 관련된 설명으로 옳지 않은 것은? **(CTA, 1997)**

   ① 원가발생의 예외를 관리하여 통제하기에 적절한 원가계산방법이다.

   ② 변동원가계산제도에서도 적용할 수 있다.

   ③ 기업회계기준 및 원가계산기준에서 원가차이 발생시 원가성이 있다고 인정되는 경우에는 이를 기말재고(기말제품 및 기말재공품)에 배부하도록 규정하고 있다.

   ④ 전부원가계산제도에서도 적용할 수 있다.

   ⑤ 종합원가계산제도에서도 적용할 수 있다.

2. (주)남서울은 제조간접원가를 직접노동시간을 기준으로 배부한다. 1997년도의 예산과 실제발생액에 관한 자료는 아래와 같다.

	실제원가	고정예산
변동제조간접비	₩4,000,000	₩5,000,000
고정제조간접비	800,000	700,000
예상생산량	10,000개	
실제생산량	8,000개	
단위당 표준노동시간	5시간/개	
실제직접노동시간	30,000시간	

   총제조간접비의 능률차이를 구하면? **(CTA, 1996)**

   ① ₩1,000,000 유리 ② ₩1,000,000 불리 ③ ₩1,500,000 유리

   ④ ₩1,500,000 불리 ⑤ ₩2,000,000 유리

3. M사는 표준원가계산제도를 채택하고 있으며 1997년의 생산활동과 관련된 자료는 다음과 같다.

1. 표준원가

	제품단위당 표준투입량	투입단위당 표준가격
직접재료원가	5개	₩10
직접노무원가	2시간	₩4

2. 1997년 실제생산자료	
제품생산량: 100개	
직접재료원가: ₩5,200	직접노무원가: ₩750
재료단위당 구입원가: ₩12.5	직접노동시간: 250시간

위의 자료를 기초로 할 때 직접재료원가 능률차이(수량차이)는 얼마인가? **(CTA, 1997)**

① ₩1,050 유리 ② ₩1,050 불리 ③ ₩1,040 불리

④ ₩840 불리 ⑤ ₩840 유리

4. (주)민국은 제조간접비를 직접노무비기준으로 배부하고 있다. 추정제조간접비 총액은 ₩1,020,000이고, 추정직접노무시간은 400,000시간이다. 전기말의 제조간접비 잔액은 ₩1,080,000이고, 실제사용 직접노무시간은 420,000시간이다. 전기의 제조간접비의 과소(대) 배부액은? **(CTA, 1998)**

① ₩9,000 과대배부 ② ₩9,000 과소배부 ③ ₩60,000 과대배부

④ ₩30,000 과소배부 ⑤ ₩54,000 과소배부

5. (주)강남은 표준원가계산제도를 사용하고 있다. (주)강남은 甲제품을 1단위 생산하는데 필요한 단위당 표준원가를 다음과 같이 책정하였다.

		표준원가
직접노무원가: 3시간	@₩100	₩300
제조간접원가: 직접노무원가의 350%		1,050

(주)강남의 연간 제조간접원가예산은 고정제조간접원가 ₩180,000과 직접노무원가 ₩1당 ₩1.50으로 계산된 변동제조간접원가로 구성되어 있다. 2000년 5월 중 실제로 250단위의 甲제품을 생산하는 과정에서, 직접노무원가 ₩77,000과 총 제조간접원가 ₩280,000이 발생하였다. 또한 고정제조간접원가 실제발생액은 예산금액과 동일하였다.

직접노무원가를 제조간접원가배부기준으로 사용한다고 할 때, 변동제조간접원가의 능률차이는 얼마로 계산되는가? **(CTA, 2001)**

① ₩5,000(유리)　② ₩7,500(유리)　③ ₩3,000(불리)
④ ₩12,500(불리)　⑤ ₩15,500(불리)

6. 다음은 장백회사의 2000년도 제조 활동과 관련된 자료이다.

- 단위당 표준 직접노동시간: 2시간
- 실제 직접노동시간: 10,500시간
- 생산된 제품단위: 5,000개
- 변동제조간접비 표준: 표준 직접노동시간당 ₩3
- 실제변동제조간접비: ₩28,000

장백회사의 2,000년도 변동제조간접비 능률 차이는? **(CTA, 2002)**

① ₩2,000 유리　② ₩1,500 불리　③ ₩2,000 불리
④ ₩3,500 유리　⑤ ₩1,500 유리

7. 보령(주)는 표준원가계산제도를 사용한다. 다음은 이 회사의 4월 중 생산활동과 관련한 직접노무비에 대한 자료이다.

직접노무비 표준임률	시간당 ₩10,000
허용 표준 직접작업시간	8,000시간
실제 직접노무비 임률	시간당 ₩9,500
직접노무비 유리한 능률차이	₩4,800,000

직접노무비 임률차이는 얼마인가? **(CTA, 2004)**

① ₩3,760,000(불리)　② ₩3,760,000(유리)　③ ₩2,850,000(유리)
④ ₩2,850,000(불리)　⑤ ₩0

8. 삼천리(주)의 표준원가계산제도는 제조간접비의 배부에 있어서 직접작업시간을 배부기준으로 사용한다. 다음은 이 회사의 원가차이분석에 필요한 자료이다.

제조간접비 실제 발생액	₩15,000
고정제조간접비 실제 발생액	₩7,200
고정제조간접비 예산액	₩7,000
실제 작업시간	3,500시간
표준 작업시간	3,800시간
변동제조간접비 배부율	작업시간당 ₩2.50

변동제조간접비 소비차이는 얼마인가? **(CTA, 2004)**

① ₩1,700(유리) ② ₩750(불리) ③ ₩750(유리)

④ ₩1,500(불리) ⑤ ₩950(유리)

9. 우진회사는 재료 A와 B의 배합을 7:3으로 예상하였으나 실제로는 5:5로 이루어졌다. 재료 A의 단위당 원가가 ₩130, B의 단위당 원가가 ₩100이면, 재료배합의 차이로 재료원가가 예상보다 얼마나 변하였는가? **(CTA, 2005)**

① 약 5% 감소 ② 약 2% 감소 ③ 변화 없음

④ 약 2% 증가 ⑤ 약 5% 증가

10. 다음의 내용 중 가장 옳지 않은 것은? **(CTA, 2006)**

① 소비자의 다양한 기호에 맞는 다품종 소량의 제품을 생산함으로써 종합원가계산보다는 개별원가계산의 적용이 늘어나는 추세이다.

② 적시생산방식의 도입에 따라 종합원가계산을 적용하는 기업에서 당기완성품환산량을 이용한 재무회계 목적상 당기제품제조원가 결정의 중요성이 점점 낮아지고 있다.

③ 표준원가계산제도 하에서 생산성 향상을 통한 회사전체의 수익성 제고를 위해 조업도차이의 중요성이 점점 더 부각되는 추세이다.

④ 유연생산제도 하에서는 순수한 의미의 개별원가계산제도의 도입이 어렵다.

⑤ 원가관리 목적상 종래의 간접원가를 직접원가로 관리하려는 시도가 늘고 있는 추세이다.

11. 대한회사는 표준원가계산제도를 도입하고 있다. 당기의 변동제조간접원가예산은 ₩3,000,000이고, 고정제조간접원가예산은 ₩8,000,000이다. 제조간접원가 표준배부액 산정을 위한 조업도로는 직접노동시간을 사용하고 있다. 기준조업도는 직접노동시간 1,000시간이고, 당기 중 실제 투입 직접노동시간은 800시간이었다. 당기 중 변동제조간접원가의 능률차이(효율차이)가 ₩150,000(불리)일 경우 고정제조간접원가의 조업도차이는 얼마인가?

① ₩1,200,000 유리 ② ₩1,200,000 불리
③ ₩2,000,000 유리 ④ ₩2,000,000 불리
⑤ ₩2,400,000 유리

중급문제

12. 성산주식회사는 표준원가계산제도를 사용하고 있다. 다음 자료에 의할 때 성산주식회사의 1999년 2월의 제조간접비 조업도 차이는 얼마인가?(단, 성산주식회사는 제조간접비 차이분석에 2분법을 사용하고 있다.) **(CTA, 1999)**

	(1999년 2월)
실제직접노무비 총발생액	₩260,400
실제직접노무시간	14,000시간
실제생산량에 허용된 표준노무시간	15,000시간
직접노무비 임률차이(불리)	₩8,400
실제제조간접비 총발생액	₩192,000
고정제조간접비 예산액	₩54,000
정상조업도(직접시간)	12,000시간
표준직접노무시간당 총제조간접원가 배부율	₩13.5

① ₩3,000 유리 ② ₩13,500 유리 ③ ₩3,000 불리
④ ₩13,500 불리 ⑤ 정답 없음

13. (주)한양은 3분법을 사용하여 제조간접비를 예산차이, 능률차이 및 조업도차이로 분리하고 있다.

총제조간접비 실제발생액	₩892,500
제조간접비 추정방정식	₩550,000+시간당₩2.5
제조간접비 예정배부율	시간당 ₩7.5
조업도차이	₩50,000 유리

상기 자료를 이용하여 계산된 당기제품생산에 허용된 표준시간은 얼마인가?(단, 고정제조간접비의 경우 예산과 실제발생액은 동일하다.) **(CTA, 2000)**

① 90,000시간 ② 100,000시간 ③ 120,000시간

④ 135,000시간 ⑤ 142,000시간

14. (주)수원은 2001년 1월에 영업활동을 개시하였으며 표준원가계산제도를 채택하고 있다. 2001년 12월 31일 현재 표준원가로 기록된 각 계정의 잔액과 원가차이는 다음과 같다.

○ 계정잔액

구분	직접재료 원가	직접노무 원가	변동제조 간접원가	고정제조 간접원가	합계
직접재료	₩0				₩0
재공품	2,000	₩1,000	₩400	₩600	4,000
제품	3,000	1,500	600	900	6,000
매출원가	5,000	2,500	1,000	1,500	10,000
합계	₩10,000	₩5,000	₩2,000	₩3,000	₩20,000

○ 원가차이

· 직접재료원가: 가격차이 ₩0 / 능률차이 ₩500(불리)

· 직접노무원가: 임률차이 ₩400(유리) / 능률차이 ₩800(유리)

· 변동제조간접원가: 과대배부액 ₩200

· 고정제조간접원가: 과소배부액 ₩300

기초재고자산이 없을 경우 실제 매출원가를 계산하면 얼마인가? **(CTA, 2002)**

① ₩19,400 ② ₩9,600 ③ ₩9,700 ④ ₩10,300 ⑤ ₩10,400

15. (주)안건은 다음과 같은 변동예산을 수립하였다.

생산능력	총제조간접비예산
100%	₩500,000
80%	440,000

고정제조간접비의 배부율을 산정하기 위해서 사용된 기준조업도는 생산능력의 80%이다. 금년에 18,000단위의 제품이 판매되었는데 이것은 생산능력의 90% 수준이다. 또한 총제조간접비의 실제발생액은 ₩505,000이다. 고정제조간접비의 실제발생액은 예산과 동일하며, 고정제조간접비는 실제생산단위를 기준으로 배부된다. 조업도차이는 얼마인가? **(CTA, 1997)**

① ₩25,000 유리 ② ₩25,000 불리 ③ ₩35,000 유리
④ ₩35,000 불리 ⑤ ₩5,000 불리

16. 마리아벤처기업은 인터넷서비스업을 제공함에 있어서 전문가와 비전문 주부사원을 함께 채용하고 있다. 이들에 대한 1분당 표준임금과 그에 따른 서비스 1회의 표준원가는 다음과 같다.

		표준시간	표준임률	표준원가
표준임금	전문가	3분	1분당 ₩300	₩900
	비전문가	7분	1분당 ₩100	₩700
	서비스 단위당 표준원가			₩1,600

이 회사는 지난 1주일간 500회의 서비스를 제공하였으며, 이에 따라 실제로 발생된 임금은 다음과 같았다.

		실제시간	실제임률	실제원가
실제임금	전문가	1,200분	1분당 ₩400	₩480,000
	비전문가	4,000분	1분당 ₩130	₩520,000
	실제원가 총액			₩1,000,000

마리아벤처기업이 설정한 표준원가를 기초로 변동예산과 실제원가의 차이를 임률차

이와 능률차이로 분해하고, 능률차이를 다시 배합차이와 수율차이로 분해할 때, 정확한 수율차이(yield variance)는 얼마인가? **(CPA, 2002)**

① 불리한 차이 ₩32,000　　② 불리한 차이 ₩72,000

③ 유리한 차이 ₩32,000　　④ 유리한 차이 ₩40,000

⑤ 유리한 차이 ₩72,000

17. 세계대전 이후 반세기에 걸쳐서 변화되어 온 세계경제의 시대적 배경과 기업환경에 따라서 여러 가지 원가관리기법들이 개발되어 왔다. 각각의 원가관리기법들에 대한 다음 설명 중 가장 타당하지 않은 것은? **(CPA, 2002)**

① 표준원가계산은 자원이 부족하던 시기에 기업들이 조직 내부적 효율성을 증대시키기 위한 것으로서, 간접원가보다 상대적으로 비중이 큰 직접원가의 관리에 초점을 두고 있다.

② 변동원가계산은 세계경제의 구매력 향상에 따른 대량생산체제 하에서 조업도의 확대를 통한 규모의 경제를 달성하기 위한 원가분석방법으로서, 고정제조간접비를 제품원가에 포함시키지 않는 방법이다.

③ 현금창출률회계(throughput accounting)는 제약자원이론(theory of constraints)과 관련하여 대두된 것으로서, 재료비를 제외한 운영비용의 절감에 일차적 초점을 두며 재고관리를 강조하고 있다.

④ 활동기준 원가계산은 다품종소량생산체제, 설비투자로 인한 간접원가의 증가 등과 같은 기업환경 하에서 직접원가보다는 간접원가의 정확한 배분에 일차적 초점을 두고 있다.

⑤ 목표원가계산(target costing)은 컴퓨터, 자동차 등 조립형 산업에서 주로 활용되는 것으로서, 시장중심의 목표원가와 생산중심의 표준원가와의 차이를 줄이려는 노력을 원가절감의 일차적 대상으로 삼고 기술개발과 디자인 등에 주력한다.

18. (주)세광의 3월 예산 대비 실적자료는 다음과 같다. 동 자료를 토대로 당초 예상보다 영업이익이 ₩200만큼 줄어든 원인을 (i) 판매가격차이, (ii) 변동원가차이, (iii) 고정원가차이 이외에 중요한 차이항목인 매출조업도차이(net sales volume variance: 일명,

순판매수량차이)를 추가하여 경영진에게 의미 있게 요약·보고하고자 한다. 매출조업도차이의 금액은 얼마인가? (단, 유리한 차이는 (F)로 불리한 차이는 (U)로 표시한다.) **(CPA, 2002)**

	3월 실적(actual)	3월 예산(budget)
판매수량	400개	300개
매 출 액	₩7,200	₩6,000
변동원가	4,800	3,000
고정원가	1,400	1,800
영업이익	1,000	1,200

① ₩1,800(F) ② ₩600(F) ③ ₩1,000(U)
④ ₩1,800(U) ⑤ ₩1,000(F)

19. (주)광원은 보통과 고급의 두 가지 우산을 판매한다. (주)광원의 2004년 2월의 매출에 대한 자료는 다음과 같다. 두 가지 우산의 매출수량차이는 얼마인가? **(CPA, 2004)**

고정예산 총공헌이익	₩2,800,000
2월에 판매될 예산 우산수량	2,000단위
보통우산의 단위당 예산공헌이익	₩1,000
고급우산의 단위당 예산공헌이익	₩3,000
총매출수량차이	₩700,000(불리)
보통우산의 실제 매출배합비율	60%

모든 차이는 공헌이익을 기준으로 한다.

① 보통 ₩400,000(불리) 고급 ₩300,000(불리)
② 보통 ₩300,000(불리) 고급 ₩400,000(불리)
③ 보통 ₩100,000(유리) 고급 ₩800,000(불리)
④ 보통 ₩800,000(불리) 고급 ₩100,000(유리)
⑤ 보통 ₩500,000(불리) 고급 ₩200,000(불리)

20. (주)경성기계는 내부관리목적으로 표준원가회계제도를 도입하고 있다. 당기 변동제조

간접원가 예산은 ₩6,000,000, 고정제조간접원가 예산은 ₩8,000,000이며, 기준조업도는 1,000 직접노동시간이다. 당기 실제 직접노동시간은 800시간이었다. 변동제조간접원가 능률차이가 ₩300,000(불리)이라면 고정제조간접원가 조업도차이는 얼마인가? **(CPA, 2005)**

① ₩1,200,000 유리 ② ₩1,200,000 불리 ③ ₩2,000,000 유리
④ ₩2,000,000 불리 ⑤ ₩3,200,000 유리

21. (주)평화는 표준원가계산을 사용하고 있는데 총제조간접원가를 변동제조간접원가와 고정제조간접원가로 구분하여 다음과 같이 원가차이를 계산하고 있다.

변동제조간접원가(a)	소비차이	능률차이	-
고정제조간접원가(b)	예산차이	-	조업도차이
총제조간접원가(a+b)	㉮ 예산차이	㉯ 능률차이	㉰ 조업도차이

위의 총제조간접원가 중 ㉮ 예산차이, ㉯ 능률차이, ㉰ 조업도차이를 다음 자료를 이용하여 구하면 각각 얼마인가? **(CPA, 2006)**

	고정예산 (static budget)	실제 (actual results)
a. 생산 및 판매수량	30,000	23,000
b. 배치크기(batch size)	250	230
c. 배치수(a÷b)	120	100
d. 배치당 작업준비시간	5	5.5
e. 작업준비시간당 변동제조간접원가	₩5,000	₩4,000
f. 작업준비시간 총고정제조간접원가	₩3,600,000	₩3,190,000

	㉮ 예산차이	㉯ 능률차이	㉰ 조업도차이
①	₩960,000(유리)	₩450,000(불리)	₩840,000(불리)
②	₩550,000(유리)	₩250,000(불리)	₩0
③	₩550,000(유리)	₩500,000(불리)	₩600,000(불리)
④	₩410,000(유리)	₩250,000(불리)	₩430,000(불리)
⑤	₩140,000(유리)	₩450,000(유리)	₩840,000(유리)

22. 다음은 (주)한강의 표준원가 및 생산활동 자료이다.

완제품 실제생산량	1,000개
직접재료 표준구매가격	₩64/kg
직접재료 표준사용량	21kg/완성품 1개
직접재료 실제발생원가	₩1,400,000
직접재료수량차이	₩64,000 유리

(주)한강의 직접재료가격차이는 얼마인가? (단, 직접재료와 재공품, 제품의 기초 및 기말재고는 없는 것으로 가정한다.) **(CPA, 2008)**

① ₩0　② ₩120,000 불리　③ ₩120,000 유리

④ ₩130,000 불리　⑤ ₩130,000 유리

23. 대한공업은 재료 A, 재료 B, 재료 C를 배합하여 단일제품을 생산하고 있으며, 표준원가계산을 채택하고 있다. 다음 자료를 이용하여 재료수량차이를 배합차이와 수율차이로 구분하시오. **(CTA, 2003)**

(1) 제품 1단위를 생산하기 위한 원가표준

	가격표준	물량표준(표준소비량)
재료 A:	₩200/재료 1단위	25단위/제품 1개
재료 B:	₩100/재료 1단위	15단위/제품 1개
재료 C:	₩300/재료 1단위	10단위/제품 1개

(2) 당기제품생산량: 100개(기초와 기말의 재공품은 없다고 가정)

(3) 당기재료실제소비량(구입량과 실제소비량이 동일하다고 가정)과 실제구입가격

구 분	실제소비량	실제구입가격	실제구입액(소비액)
재료 A	2,800단위	₩220/단위	₩616,000
재료 B	1,600단위	₩90/단위	₩144,000
재료 C	900단위	₩330/단위	₩297,000
합 계	5,300단위	-	₩1,057,000

	배합차이	수율차이
①	₩17,000 불리	₩18,000 불리
②	₩17,000 유리	₩57,000 불리
③	₩40,000 불리	₩17,000 유리
④	₩57,000 유리	₩17,000 불리
⑤	₩17,000 불리	₩57,000 유리

24. 다음은 표준원가를 채택하고 있는 (주)호남의 1월 중 생산자료이다.

> 1) 실제제조간접비 ₩129,000
> 2) 제조간접비 예산은 작업시간을 기준으로 하며 기준조업도는 8,000시간
> 3) 제조간접비 예산공식: ₩80,000 + ₩5 × 작업시간
> 4) 3분법을 이용하여 계산한 제조간접비 예산차이 ₩7,000 불리

실제제조간접비의 60%가 변동비였다. 4분법에 의한 변동제조간접비의 예산차이는?

① ₩35,400 불리 ② ₩35,400 유리 ③ ₩45,100 불리

④ ₩45,100 유리 ⑤ ₩47,800 불리

※ 다음 자료를 이용하여 25번과 26번에 답하시오.

> 20X8년도에 (주)진성은 직접재료 A와 직접재료 B를 배합하여 100개의 단일제품을 생산하였으며 표준원가계산제도를 사용하고 있다. 직접재료의 표준원가 및 관련 자료는 다음과 같다. 단, 기초 및 기말의 재고자산은 없는 것으로 가정한다.

구분	직접재료 A	직접재료 B
표준구입가격	₩100/kg	₩150/kg
표준사용량	25kg/제품 1개	25kg/제품 1개
실제구입가격	₩120/kg	₩130/kg
가격차이	₩48,000(불리)	₩32,000(유리)

25. 직접재료의 수량차이를 배합차이와 수율차이로 구분하면 직접재료 A의 배합차이는 얼마인가? **(CPA, 2009)**

① ₩40,000(불리)　② ₩40,000(유리)　③ ₩20,000(유리)
④ ₩50,000(불리)　⑤ ₩50,000(유리)

26. 직접재료의 수량차이를 배합차이와 수율차이로 구분하면 직접재료 B의 수율차이는 얼마인가? **(CPA, 2009)**

① ₩75,000(유리)　② ₩75,000(불리)　③ ₩125,000(유리)
④ ₩60,000(유리)　⑤ ₩60,000(불리)

27. (주)한산은 표준원가계산을 적용하고 있다. 전기와 당기의 표준원가는 동일하며 직접재료의 표준원가는 다음과 같다.

	수량표준	가격표준	제품단위당 표준원가
직접재료원가	2kg	₩10/kg	₩20

당기에 직접재료를 10,000kg(kg당 구입가격 ₩12) 구입하였으며 9,000kg을 공정에 투입하였다. 기초재공품은 1,000단위(직접재료원가 완성도 80%)이었고 기말재공품은 1,300단위(직접재료원가 완성도 60%)이었다. 당기 중에 완성된 합격품은 3,500단위이었으며 공손품 200단위가 발생하였다. 품질검사는 공정의 종료단계에서 실시한다. 공손품은 모두 비정상공손으로 간주하며 처분가치는 없다. 회사는 비정상공손원가를 계산하여 별도의 계정으로 파악하고 있다. 직접재료원가 수량차이(능률차이)는 얼마만큼 유리(혹은 불리)한가? **(CPA, 2010)**

① ₩16,400 불리　② ₩20,400 불리　③ ₩26,400 불리
④ ₩17,000 유리　⑤ ₩17,400 유리

28. (주)한강의 당기 초 생산활동과 관련된 예산자료는 다음과 같다.

구분	예산
생산량(기준조업도)	1,000단위
고정제조간접원가 총액	₩200,000
단위당 변동제조간접원가	₩125

당기의 실제생산량은 1,100단위이었고 실제제조간접원가 총액은 ₩355,000이었다. 제조간접원가 총차이를 통제가능차이와 조업도차이로 나누어 분석할 때 다음 중 옳은 것은? **(CPA, 2010)**

	통제가능차이	조업도차이
①	₩0	₩1,500 유리
②	₩2,500 유리	₩0
③	₩17,500 불리	₩20,000 유리
④	₩24,500 유리	₩22,500 불리
⑤	₩30,000 불리	₩32,000 불리

29. 표준원가계산을 사용하고 있는 (주)미아의 20X1년도 표준 및 예산수립에 관한 자료는 다음과 같다.

· 제품 단위당 표준직접노무시간은 0.5시간이며, 표준임률은 시간당 ₩1,000이다.
· 제조간접원가 예산액 = ₩30,000 + ₩600 × 표준직접노무시간
· 변동제조간접원가 및 고정제조간접원가 배부기준은 직접노무시간이다.
· 고정제조간접원가 배부를 위한 연간 기준조업도는 제품생산량 150단위이다.

한편, 20X1년 말 원가차이를 분석한 결과는 다음과 같다.

직접노무원가 임률차이	: ₩4,500 불리
변동제조간접원가 능률차이	: ₩6,000 불리
고정제조간접원가 조업도차이	: ₩2,000 유리

제시된 자료에 의할 때, 직접노무원가의 시간당 실제임률은 얼마인가? **(CPA, 2011)**

① ₩1,030 ② ₩1,040 ③ ₩1,050 ④ ₩1,060 ⑤ ₩1,075

30. 동남컨설팅의 모든 컨설팅용역은 책임연구원 1명과 보조연구원 2명이 수행하고 있다. 동남컨설팅의 컨설팅용역 수행에 관한 20X1년 1월과 2월의 예산과 실제 자료는 다음과 같다.

구분	책임연구원 1명당	보조연구원 1명당
시간당 예산공헌이익	₩100,000	₩50,000
매월 예산투입시간	140시간	180시간
1월 실제투입시간	?	171시간
2월 실제투입시간	?	153시간

동남컨설팅의 모든 연구원이 컨설팅용역을 수행하는 데 실제 투입한 총시간은 20X1년 1월과 2월에 각각 450시간씩인 것으로 파악되었다. 컨설팅용역 수행에 투입된 시간에 의할 경우, 공헌이익을 기준으로 계산한 책임연구원과 보조연구원의 1월과 2월 매출배합차이는 각각 얼마인가? **(CPA, 2011)**

	20X1년 1월		20X1년 2월	
	책임연구원	보조연구원	책임연구원	보조연구원
①	₩1,800,000 불리	₩900,000 유리	₩1,800,000 유리	₩900,000 불리
②	₩900,000 불리	₩1,800,000 유리	₩900,000 불리	₩1,800,000 유리
③	₩1,800,000 유리	₩900,000 불리	₩1,800,000 불리	₩900,000 유리
④	₩900,000 유리	₩1,800,000 불리	₩900,000 유리	₩1,800,000 불리
⑤	₩1,800,000 유리	₩900,000 유리	₩1,800,000 불리	₩900,000 불리

정답 및 해설

1. ③ 정상적인 원가차이는 금액이 중요하지 아니하면 매출원가에 가감하며, 만약 금액이 중요하면 매출원가, 기말제품재고, 기말재공품재고에 안분하여야 한다.

2. ①

$$\text{시간당변동제조간접비} = \frac{₩5{,}000{,}000}{10{,}000\text{개}\times 5\text{시간}} = ₩100/\text{시간}$$

능률차이 = (허용시간−실제시간)×시간당변동제조간접비

= (8,000개×5−30,000)×100 = 1,000,000(유리)

3. ⑤

AQ×AP	AQ×SP	SQ×SP
416×12.5 =5,200	416×10 =4,160	100×5×10 =5,000

가격차이 (AQ×AP − AQ×SP): 1,040(불리)

능률차이 (AQ×SP − SQ×SP): 840(유리)

총차이: 200(불리)

4. ② 배부차이=배부액−제조간접비발생액

$$=420{,}000\times\frac{1{,}020{,}000}{400{,}000}-1{,}080{,}000=-9{,}000(\text{과소배부})$$

5. ③

실제시간에 근거한 변동제조간접원가	표준시간에 근거한 변동제조간접원가
77,000×1.5=115,500	250×300×1.5=112,500

₩3,000(불리)

6. ②

7. ②

실제작업시간: 8,000시간 – 4,800,000/10,000 = 7,520시간

임률차이: (9,500–10,000) × 7,520시간 = (3,760,000)유리

8. ⑤

변동제조간접비 실제발생액: 15,000–7,200=7,800

변동제조간접비 소비차이 = 실제발생액–실제조업도 대비 예산

= 7,800–3,500시간×2.5 = (950)유리

9. ①

실제투입량의 계를 X라고 하면,

AQ×SP

실제투입량계×실제배합비율×표준가격 실제투입량계×표준배합비율×표준가격

A: X×0.5 ×₩130 = 65×X X×0.7 ×₩130 = 91×X

B: X×0.5 ×₩100 = 50×X X×0.3 ×₩100 = 30×X

계 X 115×X X 121×X

배합차이 6×X(유리)

재료원가 변화율 = 6×X/121×X = 약 5% 감소

10. ③

조업도 차이 = (허용시간–실제투입시간)×시간당고정제조간접비배부액

생산량이 향상되면 제품생산에 허용된 표준시간과 실제투입시간의 차이가 줄어들어 조업도차이의 정도는 감소하게 된다.

11. ④

시간당 고정제조간접비배부액 = 8,000,000/1,000=8,000

(허용시간−800)×(3,000,000/1,000)=−150,000

허용시간=750

조업도 차이=(750−1,000)×8,000=−2,000,000(불리)

12. ②

조업도차이=배부액−고정제조간접비예산 $= 15{,}000 \times \dfrac{54{,}000}{12{,}000} - 54{,}000 = 13{,}500$(유리)

13. ③

시간당 고정제조간접비배부율=7.5−2.5=5

조업도차이=배부액−고정제조간접비예산+50,000(유리)=허용시간×5−550,000

허용시간=120,000시간

14. ③

15. ①

- 단위당변동비=$\dfrac{500{,}000-400{,}000}{20{,}000-16{,}000}$=₩15
- 고정비=500,000−(15×20,000)=200,000
- 단위당 고정제조간접비 배부율=$\dfrac{200{,}000}{16{,}000}$=₩12.5

  생산능력: 18,000÷0.9=20,000　　　　기준조업도: 20,000×0.8=16,000
- 고정제조간접비

예산		applied
200,000	↔	18,000×12.5=225,000

조업도차이 25,000(F)

16. ①

AQ×SP	실제투입량에 대한 표준배합	SQ×SP
1,200분×₩400/분=480,000	5,200분×0.3×₩300/분=468,000	500회×₩1,600/회
4,000분×₩1300/분=520,000	5,200분×0.7×₩100/분=364,000	=800,000

배합차이 168,000(불리)

수율차이 32,000(불리)

총차이 200,000(불리)

17. ③

18. ④

19. ①

20. ④

21. ①

22. ②

23. ②

24. ①

(3분법의 예산차이분석에서 실제사용시간을 구한다.)

실제원가		실제시간예산
77,000×1.5		5×실제시간+80,000
=115,500		=122,000

예산차이

₩7,000(불리)

따라서 실제사용시간 : 8,400시간

(4분법의 변동제조간접비의 예산차이)

실제원가		실제시간예산
129,000×60%		5×8,400
=77,400		=42,000

예산차이

₩35,400(불리)

25. ①

실제투입량 표준배합, 표준가격

	AQ×SP	AQ×SP	SQ×SP
A:	2,400×₩100/kg=240,000	2,000×₩100/kg=200,000	2,500×₩100/kg=250,000
B:	1,600×₩130/kg=208,000	2,000×₩150/kg=300,000	2,500×₩150/kg=375,000

배합차이 52,000(유리)

수율차이 125,000(유리)

총차이

수량차이 : 177,000(유리)

26. ①

25번 풀이 참조

27. ①

AQ×SP	SQ×SP
9,000kg×₩10/kg =₩90,000	3,680단위×2kg×₩10/kg =₩73,600

수량차이
₩16,400(불리)

28. ③

제조간접비 2분법 차이분석

실제제조간접비	산출량기준제조간접비예산	제조간접비배부액
355,000	200,000+₩125/단위×1,100단위 =₩337,500	1,100단위×₩325/단위 =₩357,500

예산차이 17,500(불리)
조업도차이 20,000(유리)
총차이 2,500(유리)

29. ③

직접재료비

AQ×AP	AQ×SP	SQ×SP
90시간×1,050=94,500	90시간×1,000=90,000	160×0.5×1,000 =80,000

가격차이 4,500(불리)
능률차이 10,000(불리)

변동제조간접비

AQ×AP	AQ×SP	SQ×SP
	90시간×600=54,000	160×0.5×600 =48,000

능률차이 6,000(불리)

고정제조간접비

AQ×AP	AQ×SP	SQ×SP
	125×0.5×400 =30,000	160×0.5×400 =32,000

조업도차이 2,000(유리)

30. ①

Chapter 8

원가추정 및 학습곡선

1. 원가추정

특정한 변수와 원가간의 관계를 규명하여 원가함수를 추정하고 그 추정된 원가함수를 이용하여 장래에 발생하는 원가를 예측하는 방법이다.

(1) 전통적인 원가함수의 추정

① **산업공학적 방법**: 기술적 분석을 바탕으로 하여 투입과 산출간의 관계를 계량화함으로써 원가함수를 추정한다.

② **계정분석법**: 원가담당자의 전문가적인 판단에 의하여 원가함수를 추정한다.

③ **고저점법**: 일정기간 동안의 최고조업도와 최저조업도 자료를 이용하여 원가함수를 추정하는 방법

$$Y = a + b \cdot X \qquad (Y\text{: 총원가},\ \ X\text{: 조업도})$$

$$b(\text{단위당변동원가}) = \frac{\text{최고조업도에서의 총원가} - \text{최저조업도에서의 총원가}}{\text{최고조업도수준} - \text{최저조업도수준}}$$

$$a(\text{총고정원가}) = \text{최고조업도에서의 총원가} - (\text{단위당변동원가} \times \text{최고조업도})$$

$$\text{최저조업도에서의 총원가} - (\text{단위당변동원가} \times \text{최저조업도})$$

④ **회귀분석법**: 일반적으로 최소자승법을 이용하여 원가함수를 추정함.

상관계수(r) ~ 독립변수와 종속변수의 관계의 정도를 나타내는 지표로서 $-1 \leqq r \leqq 1$의 값을 가진다.

결정계수(r^2) ~ 독립변수가 종속변수의 변동을 얼마나 설명해주는가를 나타내는 지표로서 $0 \leqq r \leqq 1$의 값을 가지며 1에 가까울수록 설명력이 높다.

(2) 활동기준원가계산에서의 원가추정

각각의 활동별로 원가동인을 파악하고 이를 독립변수로 하여 원가함수를 추정한다.

원가 봉인별로 원가함수를 추정하기 위하여 각각의 활동별로 원가동인율을 추정해야 함.

2. 학습곡선

누적생산량이 직전 생산량의 2배씩 증가함에 따라 학습효과에 의해 일정한 비율로 단위당 평균 노동시간이 직전 생산량에 투입된 단위당 평균 노동시간보다 감소함을 가정하고 원가를 추정한다.

(1) 누적평균시간 학습모형

① **특징**: 누적생산량이 2배가 됨에 따라 단위당 평균노동시간(또는 원가)에 일정한 학습률이 적용되는 모형

② **산식**: $y = a \times x^{-b}$

y: 단위당 평균노동시간(또는 원가)

x: 누적생산량

a: 최초 1단위 생산 시 노동시간(또는 원가)

b: 학습지수

③ **총노동시간(또는 원가)의 계산**: 누적생산량 × 단위당 평균노동시간(또는 원가)

(2) 증분단위시간 학습모형

① **특징**: 누적생산량이 2배가 됨에 따라 증분단위시간(또는 원가)에 일정한 학습률이

적용되는 모형

② **산식**: $m = a \times x^{-b}$

m: 증분단위시간(또는 원가)

x: 누적생산량

a: 최초 1단위 생산 시 노동시간(또는 원가)

b: 학습지수

③ **총노동시간(또는 원가)의 계산**: 증분단위시간(또는 원가)의 총합계

기본문제

1. (주)세종완구의 2월부터 6월까지의 원가관련 자료는 다음과 같다.

월	생산량	제 조 원 가
2월	10개	₩ 70,000
3월	20개	₩150,000
4월	40개	₩200,000
5월	50개	₩230,000
6월	60개	₩180,000

위의 자료에 의해 7월 예상 생산량이 60단위인 경우 제조원가를 추정하면 얼마인가? (단, 고저점법을 이용할 것) **(감평, 2005)**

① ₩240,000 ② ₩250,000 ③ ₩260,000
④ ₩270,000 ⑤ ₩280,000

2. 몽실회사는 2012년도의 변동예산을 작성하고 있으며 동력비에 관하여 변동비와 고정비를 분리하고 있다. 다음은 2011년도 6개월(7월 ~ 12월)간의 동력비와 직접노무시간에 대한 자료이다.

월	동 력 비	직접노무시간
7월	₩15,850	3,000시간
8월	13,400	2,050
9월	16,370	2,900
10월	19,800	3,650
11월	17,600	2,670
12월	18,500	2,650
합 계	₩101,520	16,920시간

회사가 고저점법(High-low Points Method)을 사용하여 동력비를 분석한다면 직접노무시간당 변동비는 얼마겠는가? **(감평, 2000)**

① ₩4.00 ② ₩5.42 ③ ₩5.82 ④ ₩6.00 ⑤ ₩6.42

3. 다음은 최근 5개월간의 (주)경북의 원가자료와 관련된 것이다. 고저점법에 의해 총제조간접비를 추정한다고 할 때 만약 12월의 생산단위가 80,000단위로 예상되었다면 총제조간접비는 얼마로 추정되겠는가? **(감평, 2002)**

월	생 산 량	총제조간접비
7월	90,000단위	₩290,000
8월	100,000	340,000
9월	20,000	100,000
10월	40,000	180,000
11월	70,000	278,000

① ₩282,000　② ₩284,000　③ ₩283,000

④ ₩280,000　⑤ ₩285,000

4. 다음은 (주)경북의 조업도 수준에 따른 자료이다.

	조 업 도 수 준	
	낮 음	높 음
생산수량	25,000단위	30,000단위
총제조원가	₩575,000	₩680,000
단위당 직접재료원가	5	5
단위당 직접노무원가	6	6

고저점법을 사용하여 제조간접원가의 원가행태를 분석할 경우 다음 중에서 옳은 것은? **(CTA, 2004)**

① 기간당 ₩50,000　단위당 ₩10

② 기간당 50,000　단위당 21

③ 기간당 50,000　단위당 22

④ 기간당 50,000　단위당 23

⑤ 기간당 347,000　단위당 0.1

5. (주)대구는 자동차 부품 A를 생산하고 있다. 최초 1,000단위의 A를 생산하는 데 250시간의 직접노동시간이 투입되었고, 추가 1,000단위의 생산 시에는 200시간이

투입되었다고 한다. (주)대구의 제조공정에 학습곡선이 적용된다면 몇 %의 학습곡선이 적용되는가? **(감평, 2006)**

① 70% ② 75% ③ 80% ④ 85% ⑤ 90%

6. 대구회사는 신제품을 개발하여 첫 25단위를 생산하였는데 이와 관련된 원가는 다음과 같이 발생하였다.

직접재료원가	₩1,000,000
직접노무원가(500시간, @₩5,000)	2,500,000
변동제조간접원가(직접노무원가의 20%)	500,000
고정제조간접원가	625,000
	₩4,625,000

대구회사는 직접노무시간이 90% 누적평균시간 학습곡선을 따른다고 가정하고 있다. 추가로 75단위를 생산하는 경우 제조원가는 얼마나 더 발생하겠는가? 단, 고정제조간접원가는 추가로 발생하지 않는 것으로 가정한다. **(CTA, 2007)**

① ₩9,500,000 ② ₩9,720,000 ③ ₩10,345,000
④ ₩10,800,000 ⑤ ₩11,100,000

7. 다음 중 원가추정방법에 관한 설명으로 옳지 않은 것은? **(CTA, 2009)**

① 회귀분석법은 결정계수(R^2)가 1에 가까울수록 만족스러운 추정을 달성한다.
② 고저점법은 원가자료 중 가장 큰 원가수치의 자료와 가장 작은 원가수치의 자료를 사용하여 추정하는 방법으로 두 원가수치의 차이는 고정비라 가정한다.
③ 계정분석법을 사용하면 각 계정을 변동원가와 고정원가로 구분하는 데 자의성이 개입될 수 있다.
④ 산업공학분석법(또는 공학분석법)은 간접비 추정에 어려움이 있다.
⑤ 산업공학분석법(또는 공학분석법)은 과거자료 없이 미래원가를 추정하는 데 사용된다.

8. 다음 자료를 이용하여 최초 16단위를 생산할 때 추정되는 누적 총노무시간은 몇 분인가?(단, 노무시간은 누적평균시간모형을 따른다.) **(CTA, 2010)**

누적생산량	누적 총노무시간(분)
1	10,000분
2	18,000분

① 81,920분 ② 98,260분 ③ 104,976분 ④ 112,654분 ⑤130,321분

중급문제

9. (주)세영은 단일제품을 생산·판매하고 있으며, 7월에 30단위의 제품을 단위당 ₩500에 판매할 계획이다. (주)세영은 제품 1단위를 생산하는 데 10시간의 직접노무시간을 사용하고 있으며, 제품 단위당 변동판매비와 관리비는 ₩30이다. (주)세영의 총제조원가에 대한 원가동인은 직접노무시간이며, 고저점법에 의하여 원가를 추정하고 있다. 제품의 총제조원가와 직접노무시간에 대한 자료는 다음과 같다.

	총제조원가	직접노무시간
1월	₩14,000	120시간
2월	17,000	100
3월	18,000	135
4월	19,000	150
5월	16,000	125
6월	20,000	140

(주)세영이 7월에 30단위의 제품을 판매한다면 총공헌이익은 얼마인가? **(CTA, 2012)**

① ₩1,700 ② ₩2,100 ③ ₩3,000 ④ ₩12,900 ⑤ ₩13,800

10. 다음 자료는 지난 몇 달 동안 (주)대구의 총제조간접원가를 기계시간 조업도 수준에 따라 정리한 것이다.

	기 계 시 간	총제조간접원가
7 월	5,000	₩50,620
8 월	8,000	₩90,040
9 월	6,000	₩54,080
10월	9,000	₩63,100

(주)대구는 제조간접원가를 변동원가와 고정원가로 나누기 위하여 원가분석을 한 결과 제조간접원가가 전력요금, 감독자임금, 수선유지비로 구성되어 있다는 것을 알았다. 7월의 실제 제조간접원가가 다음과 같을 경우 10월의 제조간접원가 중에 포함되어 있는 수선유지비를 추정하면 얼마인가?

전 력 요 금 (변동원가)	₩10,500
감독자 임금 (고정원가)	24,000
수선 유지비 (혼합원가)	16,120
합 계	₩50,620

① ₩18,900 ② ₩20,200 ③ ₩24,000 ④ ₩44,200 ⑤ ₩63,100

11. 산격(주)는 단위당 ₩3,400으로 판매될 신제품을 새로 생산할 것을 계획하고 있다. 다음은 첫 해에 생산될 5,000단위에 대한 제조원가 추정치이다.

- 직접재료비 :₩ 6,000,000
- 직접노무비 : ₩2,000,000 (노무비 임률은 시간당 ₩200이다)

신제품에 대한 제조간접비는 단순선형회귀등식을 이용하여 분석된 결과 Y = ₩300,000 + ₩400×X (Y:총제조간접비, X:직접노동시간)로 도출되었다. 신제품에 대한 단위당 예상공헌이익은 얼마인가? **(감평, 2003)**

① ₩1,400 ② ₩1,000 ③ ₩800 ④ ₩700 ⑤ ₩600

12. 36개월간 수선유지비에 대한 원가추정을 한 결과 다음과 같은 두 가지 원가추정방정식을 구하였다.

y=₩3,000,000 + ₩2,625x_1	y = ₩2,900,000 + ₩2,930x_2
단 x_1: 기계작업시간	단 x_2: 직접노동시간
y: 월간 수선유지비	y: 월간 수선유지비
결정계수 = 0.8	결정계수 = 0.6

어느 달의 기계작업시간이 1,500시간이고, 직접노동시간이 1,400시간일 때, 보다 설명력이 높은 원가추정방정식을 이용한 수선유지비의 변동예산액은 얼마인가?

① ₩6,937,500 ② ₩7,002,000 ③ ₩3,937,500

④ ₩6,337,500 ⑤ ₩6,150,000

13. 경북중공업은 거래처로부터 주문을 받아 특수플랜트를 생산하고 있다. 당해 회사가 생산하는 특수플랜트는 단일 종류로 구성되어 있으며, 당해 특수플랜트를 생산하는 작업시간은 증분단위시간 학습곡선모형에 따른다. 누적생산량 및 증분단위시간을 구하면 다음과 같다.

누적생산량	증분단위시간
1	120시간
2	114시간
3	110시간

경북중공업의 학습률과 총 4단위를 생산할 때 단위당 평균작업시간은 얼마인가?(소수점 이하는 절사) **(감평, 2002)**

① 95%, 113시간 ② 95%, 108시간 ③ 96%, 113시간

④ 96%, 108시간 ⑤ 91%, 113시간

14. (주)경북전자는 무전기 600단위에 대한 계약의 입찰에 참여할 것을 고려하고 있다. 동일한 회계연도에 속하는 2개월 전에 동일한 무전기 200단위를 아래와 같은 금액으로 계약체결 및 생산한 바 있다.

직접재료원가	₩5,000
직접노무원가(3,000시간×₩20)	60,000
고정제조간접원가*1	3,000

변동제조간접원가*2	7,500
기타*3	12,000
합계	₩87,500

*1: 고정제조간접원가는 처음 생산량 200단위에 그 원가를 전부 배분하여 보상받았기 때문에 600단위 입찰에는 보상청구하지 않는다.

*2: 변동제조간접원가는 직접노무원가에 비례하여 발생한다.

*3: 기타는 일반관리비 및 이윤보상 목적으로 직접노무원가의 20%를 일정하게 설정한다.

(주)경북전자는 90%의 학습곡선을 사용하고 있다고 가정할 경우 600단위의 계약에 입찰하기 위해 제시할 예상금액은 얼마인가? **(CTA, 2002)**

① ₩371,160 ② ₩193,080 ③ ₩196,080

④ ₩208,185 ⑤ ₩190,000

15. (주)써니는 지난 5년 동안 연구개발비에 투자하여 신제품 개발에 성공하였다. 3월중 본격적인 생산에 착수하여 총 4대의 신제품을 생산하였으며, 그 생산 및 원가자료는 다음과 같다.

- 제품 단위당 직접재료비는 ₩1,600,000이다.
- 직접노무비는 직접노동시간당 ₩20,000이다.
- 노동시간이 누적평균학습곡선을 따른다고 할 때 생산결과 첫 번째 단위의 누적총시간은 90시간이었으며, 최초의 4단위 생산에 소요된 총직접노동시간은 291.6시간이다.
- 제조간접비는 직접노동시간당 ₩4,000과 직접재료비의 20%를 배부한다.

회사는 4월중 4대의 제품을 추가로 생산하였다. 3월중 생산한 4단위의 단위당 평균제조원가와 4월에 추가 생산한 4단위의 단위당 평균제조원가를 비교하면?

① 4월 제품의 단위당 평균제조원가가 3월 제품보다 ₩174,960만큼 더 많다.

② 4월 제품의 단위당 평균제조원가가 3월 제품보다 ₩174,960만큼 더 적다.

③ 4월 제품의 단위당 평균제조원가가 3월 제품보다 ₩2,269,920만큼 더 적다.

④ 4월 제품의 단위당 평균제조원가가 3월 제품보다 ₩349,920만큼 더 적다.

⑤ 4월 제품의 단위당 평균제조원가가 3월 제품보다 ₩349,920만큼 더 많다.

16. (주)산격의 지난 2개월간의 생산량과 총제조원가는 다음과 같다.

월	생산량	총제조원가
7월	1,000개	₩50,000,000
8월	2,000개	₩70,000,000

7월과 8월에는 고정원가와 단위당 변동원가가 일정하였으며 9월에는 고정원가가 30%증가하고 단위당 변동원가는 25% 감소할 것으로 예상되고 있다. 9월에 2,500개를 생산한다면 총제조원가는 얼마로 추정되는가?

① ₩80,000,000 ② ₩67,500,000 ③ ₩76,500,000

④ ₩89,000,000 ⑤ ₩90,000,000

17. 사업개시 후 2년간인 2011년과 2012년의 손익자료는 다음과 같다.(단위: 만원)

	2011년	2012년
매출액	100	300
직접재료원가	40	120
직접노무원가	10	22.4
제조간접원가	20	50
판매관리비	15	15
영업이익	15	92.6

2011년부터 2013년까지의 단위당 판매가격, 시간당 임률, 단위당 변동제조간접원가, 총고정제조간접원가, 총판매관리비는 일정하다. 직접노무시간에는 누적평균시간 학습모형이 적용된다. 매년 기초 및 기말재고는 없다. 2013년의 예상매출액이 400만원이라면 예상영업이익은 얼마인가? **(CPA, 2012)**

① ₩1,327,700 ② ₩1,340,800 ③ ₩1,350,300

④ ₩1,387,700 ⑤ ₩1,398,900

정답 및 해설

1. ④

(1) y = a + bx (y: 제조원가, x: 생산량)

$$b = \frac{₩230,000 - ₩70,000}{50개 - 10개} = ₩4,000/개$$

a = ₩70,000 - ₩4,000×10개 = ₩30,000

(2) 7월의 제조원가: ₩30,000 + ₩4,000×60단위 = ₩270,000

2. ①

최고조업도 수준: 10월 3,650직접노무시간 동력비 ₩19,800

최저조업도 수준: 8월 2,050직접노무시간 동력비 ₩13,400

직접노무시간당 변동비: $\frac{₩19,800 - ₩13,400}{3,650 - 2,050}$ = ₩4

3. ④

(1) y = a + bx에서 (y: 총제조간접비, x: 생산량)

$$b = \frac{₩340,000 - ₩100,000}{100,000 - 20,000} = ₩3/개$$

a = ₩340,000-₩3×100,000=₩40,000

(2) 12월의 총제조간접비: ₩40,000 + ₩3×80,000단위 = ₩270,000

4. ②

y = a + bx에서 (y: 총제조원가, x: 생산량)

$$b = \frac{₩680,000 - ₩575,000}{30,000 - 25,000} = ₩21/개$$

a = ₩680,000 - ₩21×30,000 = ₩50,000

5. ⑤

누적평균시간 학습곡선이 주어졌으므로 단위당 평균노동시간에 학습률이 적용된다.

누적생산량	단위당 평균노동시간		총노동시간		증분노동시간
1lot(1,000단위)	250시간		250시간		250시간
2lot(2,000단위)	450시간/2lot=225	←	450시간	←	200시간

따라서 학습률 = 225시간 /250시간 = 90%

6. ②

(1) 학습효과 분석 (1lot = 25단위)

누적생산량	누적생산량 단위당 평균노동시간(90%)	총노동시간	증분노동시간
1lot	500시간	500시간	500시간
2lot	500시간 × 90% = 450시간	900시간	400시간
4lot	450시간 × 90% = 405시간	1,620시간	720시간

따라서 75단위(3lot) 추가 생산에 필요한 노동시간: 400시간 + 720시간 = 1,120시간

(2) 75단위 추가생산에 대한 제조원가

직접재료원가: ₩1,000,000/25×75 = ₩3,000,000

직접노무원가: 1,120시간×₩5,000 = ₩5,600,000

변동제조간접원가: ₩5,600,000×20% = ₩1,120,000

₩9,720,000

7. ②

8. ③

누적생산량	누적생산량 단위당 평균노동시간(90%)	총노동시간
1개	10,000분	10,000분
2개	10,000분 × 90% = 9,000분	18,000분
4개	9,000분 × 90% = 8,100분	32,400분
8개	8,100분 × 90% = 7,290분	58,320분
16개	7,290분 × 90% = 6,561분	104,976분

9. ②

$$b = \frac{₩19,000 - 17,000}{150 - 100} = ₩40/\text{직접노무시간}$$

총공헌이익 = 30개 × (₩500 - 10×40 - 30) = ₩2,100

10. ②

단위당 전력요금: ₩10,500 / 5,000기계시간 = ₩2.1

10월의 총제조간접비 분석(9,000기계시간)

전력요금	9,000시간 × ₩2.1	= ₩18,900
감독자임금		= ₩24,000
수선유지비		x
합 계		₩63,100

따라서 x = ₩20,200

11. ②

판매가격: ₩3,400

변동비:	직접재료원가	₩6,000,000 / 5,000단위	= ₩1,200
	직접노무원가	₩2,000,000 / 5,000단위	= ₩400
	변동제조간접비	₩400 × 2시간*	= ₩800

(* 단위당 직접노동시간: ₩400/₩200 = 2시간)

단위당 공헌이익: ₩3,400 - ₩2,400 = ₩1,000

12. ①

결정계수가 1에 가까울수록 회귀식의 설명력이 높아진다.

따라서 기계작업시간을 이용하여 원가를 추정한다.

수선유지비 변동예산액: ₩3,000,000 + ₩2,625 × 1,500시간 = ₩6,937,500

13. ①

증분단위시간 학습곡선이 주어졌으므로 증분모형을 적용한다.

(1) 학습률: 114/120 = 95%

(2) 4단위 생산시 단위당 평균작업시간

누적생산량	단위당 평균작업시간	총작업시간	증분작업시간(95%)
1	120시간	120시간	120시간
2	(120+114) / 2 =117시간	234	120×95% = 114시간
3	(120+114+110) / 3 = 114.7	344	110시간
4	452 / 4 = 113	452	114×95% =108.3시간

14. ②

(1) 학습효과 분석(1lot = 200단위)

누적생산량	누적생산량 단위당 평균노동시간	총노동시간	증분노동시간
1lot	3,000시간	3,000시간	3,000시간
2	3,000시간 × 90% = 2,700시간	5,400	2,400
4	2,700시간 × 90% = 2,430시간	9,720	4,320

따라서 600단위 생산에 필요한 직접노동시간: 2,400시간 + 4,320시간 = 6,720시간

(2) 입찰액 결정

직접재료원가	₩5,000 / 200 × 600	=	₩15,000
직접노무원가	6,720시간 × ₩20	=	₩134,400
변동제조간접원가	₩7,500/₩60,000×₩134,400	=	₩16,800
기타	₩134,400 × 20%	=	₩26,880
합계			₩193,080

15. ④

(1) 학습효과 분석

학습률을 x라고 하면,

누적생산량	누적생산량 단위당 평균노동시간	총노동시간	증분노동시간
1	90시간	90시간	90시간
2			
4	90시간 × x^2 = 72.9시간	291.6시간	
8	72.9시간×90%* = 65.61	524.88	233.28시간

(* x^2 = 72.9/90 = 0.81이므로 x = 90%)

(2) 3월, 4월의 제조원가(각 월 4대)

	3월	4월
직접재료비	₩6,400,000	₩1,600,000×4단위 = ₩6,400,000
직접노무비	291.6×20,000 = ₩5,832,000	233.28×20,000 = ₩4,665,600
제조간접비	6,400,000×20%+291.6×4,000 = ₩2,446,400	6,400,000×20%+233.28×4,000 = ₩2,213,120
총원가	₩14,678,400	₩13,278,720
단위당원가	₩14,678,400 / 4대 = ₩3,669,600	₩13,278,720/4대 = ₩3,319,680

차이 ₩349,920만큼 4월이 더 적음

16. ③

(1) 원가 분석

총제조원가(y) = a + bx (x: 생산량)

$$b = \frac{70,000,000 - 50,000,000}{2,000 - 1,000} = ₩20,000$$

a = 50,000,000 - 20,000 × 1,000 = ₩30,000,000

(2) 9월의 원가 추정

₩30,000,000(1 + 30%) + 2,500개 × 20,000(1 - 25%) = ₩76,500,000

17. ②

(1) 직접노무원가

	누적매출액	증분매출액	lot단위당 평균 직접노무원가	총노무원가	증분노무원가
11년	1lot(100)	100	10	10	10
12년	2lot(200)	100	10 × 90% = 9	18	8
12년	4lot(400)	200	9 × 90% = 8.1	32.4	14.4
13년	8lot(800)	400	8.1 × 90% = 7.29	58.32	25.92

(2) 제조간접원가

변동제조간접원가율: (50−20) ÷ (300−100) = 0.15

고정제조간접비: 20 − 100 × 0.15 = 5

2013년 예상 손익계산서

매출액	400
직접재료원가	160
직접노무원가	25.92
변동제조간접원가	60 (= 400 × 0.15)
고정제조간접원가	5
판매관리비	15
영업이익	134.08만원

Chapter 9

CVP분석

1. CVP분석의 개념과 기본가정

(1) CVP(원가-조업도-이익)분석의 개념

CVP분석이란 조업도의 변동에 따라 기업의 수익, 원가, 이익에 미치는 영향을 분석하는 기법이다. 이러한 분석은 기업이 경영 계획을 수립하거나 가격정책의 결정, 판매전략의 수립, 특별주문 수락에 관한 의사결정 등 여러 가지 다양한 의사결정에 유용하게 사용된다. CVP분석은 대부분 변동원가계산을 이용하여 적용되며 그 이유는 변동원가계산에서는 원가를 변동원가와 고정원가로 구분하므로 조업도의 변화가 원가와 이익에 미치는 영향을 쉽게 파악할 수 있기 때문이다.

변동원가 손익계산서	
매출액(판매가격×판매수량)	xxx
변동원가(판매가격×단위당 변동원가)	xxx
공헌이익	xxx
고정원가(고정제조간접원가+고정판관비)	xxx
영업이익	xxx

(2) 기본가정

① 원가와 수익의 행태는 결정되어 있고, 관련범위 내에는 선형

- 관련범위 내에서 단위당 판매가격, 단위당 변동원가, 고정원가가 일정함

② 모든 원가는 변동원가와 고정원가로 구분할 수 있다.

③ 조업도만이 원가에 미치는 유일한 요인이다.

④ 재고는 불변이므로 생산량 = 판매량

⑤ 분석기간은 단기 – 화폐의 시간가치는 고려하지 않음

⑥ 확실성하의 모형이고 발생주의에 의한 분석이다.

(3) 기본식

① 총수익 = 매출액

= 단위당 판매가격(p) × 판매수량(Q)

② 총비용 = 변동원가 + 고정원가

= 단위당 변동원가(b) × 판매량(Q) + 고정원가(a)

③ 공헌이익 = 매출액 – 변동원가

= (p – b) × Q

= 단위당 공헌이익 × 판매량 또는 공헌이익률 × 매출액

④ 단위당 공헌이익 = p – b

= 1단위 판매 시 이익의 증가분

따라서 이익증가분 =(p – b) × 판매량 증가분

⑤ $$공헌이익률 = \frac{공헌이익}{매출액} = \frac{단위당\ 공헌이익(=p-b)}{단위당\ 판매가격(=p)} = 1 - \frac{b}{p}(변동비율)$$

= 매출액 1원 증가 시 이익의 증가분

⑥ 영입이익

• 세전이익 = 매출액 – 변동원가 – 고정원가

= 단위당 공헌이익 × 판매량 – 고정원가

= 공헌이익률 × 매출액 – 고정원가

• 세후이익 = 세전이익 × (1 – 법인세율)

⑦ 손익분기점

$$손익분기점\ 판매량(BEQ) = \frac{고정원가}{단위당\ 공헌이익}$$

$$손익분기점\ 매출액(BES) = \frac{고정원가}{공헌이익률}$$

- 손익분기점에서는 이익이 0가 되므로 세전이익이나 세후이익이 모두 0이다. 따라서 법인세를 고려하나 고려하지 않으나 손익분기점에 영향이 없다.
- 변동원가계산에서의 이익은 판매량에만 영향을 받으므로 생산량의 변화에도 불구하고 손익분기점은 영향이 없다.

⑧ 안전한계판매량 = 판매량 − 손익분기점 판매량 또는 매출액 − 손익분기점 매출액

안전한계(M/S)란 예산(실제)매출액이 손익분기점의 매출액을 초과하는 부분으로서 손실을 발생시키지 않으면서 허용할 수 있는 매출액의 최대 감소액을 의미한다. 따라서 안전한계가 클수록 회사는 많은 영업이익이 발생하고 있어 안전하다는 것을 의미하며 안전한계가 낮으면 매출액이 조금만 감소하여도 바로 손실로 전환될 가능성이 높으므로 안전성이 취약하다는 것을 알려준다.

$$안전한계율(M/S비율) = \frac{매출액-손익분기점매출액}{매출액} = \frac{안전한계판매량(또는\ 매출액)}{판매량(또는\ 매출액)}$$

$$= \frac{영억이익}{공헌이익} = \frac{1}{영업레버리지도}$$

$$안전한계율 \times 공헌이익률 = \frac{안전한계매출액}{매출액} \times 공헌이익률$$

$$= \frac{이익}{매출액} \times 매출액이익률$$

안전한계판매량 × 단위당 공헌이익 = (영업)이익

이익은 안전한계 범위에서 발생한다.

2. 기본가정 하의 CVP분석

(1) 손익분기점

① 손익분기점 판매량(BEQ)

② 손익분기점 매출액(BES)

(2) 목표이익 달성을 위한 판매량 또는 매출액

① 세전목표이익

$$판매량 = \frac{세전목표이익+고정원가}{단위당\ 공헌이익} \qquad 매출액 = \frac{세전목표이익+고정원가}{공헌이익률}$$

② 세후목표이익

$$판매량 = \frac{\left(\frac{세후목표이익}{1-법인세율}\right)+고정원가}{단위당공헌이익} \qquad 매출액 = \frac{\left(\frac{세후목표이익}{1-법인세율}\right)+고정원가}{공헌이익률}$$

③ 세전이익에 따라 적용되는 세율이 다른 경우

- 1법: 세후목표이익을 달성하기 위한 법인세율을 이용하는 방법
- 2법: 세후목표이익을 달성하기 위한 세전이익을 이용하는 방법

(3) 복수제품의 CVP분석

① 각 제품의 판매량을 구할 경우

- 세트(Set)당 공헌이익(=결합공헌이익)을 계산한 후
- 이익 = 세트당 공헌이익 × 세트 판매량 - 고정원가이므로

목표이익(또는 손익분기점) 세트당 판매량 = $\frac{목표이익(또는\ 0) - 고정원가}{세트당\ 공헌이익}$ 을

계산한 후 각 제품별 판매량을 도출

- 제품별 판매량 = 세트당 판매량 × 1세트 내에 포함되는 각 제품별 수량

② 각 제품의 매출액을 구할 경우

- 가중평균공헌이익률을 계산

  가중평균공헌이익률 = Σ(각 제품의 공헌이익률 × 각 제품의 매출액 배합비율)

- 기업전체의 총매출액 계산

  이익 = 가중평균공헌이익률 × 기업전체 총매출액 - 고정원가

$$\text{기업전체 총매출액} = \frac{\text{이익(손익분기점계산시는 0)+고정원가}}{\text{가중평균공헌이익률}}$$

- 각 제품별 매출액 = 기업전체 총매출액 × 각 제품의 매출액 배합비율

(4) 기타 CVP분석

① 비선형함수하의 CVP분석

② 전부원가계산하의 CVP분석

③ 활동기준원가계산하의 CVP분석

④ 불확실성하의 CVP분석

⑤ 서비스업의 CVP분석 등

기본문제

1. 레버리지 분석에 관한 설명으로 옳지 않은 것은? **(CTA, 2009)**

   ① 영업레버리지도가 높아지면 매출액의 변동에 따른 영업이익의 변동폭이 커진다는 것을 의미하기 때문에 영업레버리지도는 매출액의 변동에 대한 영업이익의 불확실성을 나타낸다.

   ② 재무레버리지도가 높아지면 영업이익의 변동에 따른 당기순이익의 변동폭이 커지므로 당기순이익의 불확실성 정도가 커진다.

   ③ 경기가 나빠질 것으로 예상됨에도 불구하고 자기자본의 조달 없이 차입금만으로 자금을 조달하면 재무레버리지도가 높아져 기업위험은 증가할 수 있다.

   ④ 기업의 부채비율이 높아진다 하더라도 이자보상비율이 100% 이상이라면, 재무레버리지도에는 영향을 미치지 않는다.

   ⑤ 고정원가가 높고 단위당 변동원가가 낮은 구조를 갖는 기업은 영업레버리지도가 높게 나타나며, 단위당 판매가격이 일정할 때 영업레버리지도가 높은 기업은 공헌이익률도 높게 나타난다.

2. 손익분기점 분석의 기본가정과 한계에 관한 설명으로 옳지 않은 것은? **(CTA, 2009)**

   ① 단위당 판매가격은 수요, 공급의 원리에 따라 판매량을 증가시키기 위해서는 낮추어야 한다는 것을 가정한다.

   ② 모든 원가는 고정비와 변동비로 나누어질 수 있으며 고정비는 매출수량의 증가에 관계없이 관련범위 내에서 일정하고, 변동비는 매출수량의 증가에 정비례하는 것을 가정한다.

   ③ 의사결정이 이루어지는 관련범위 내에서 조업도만이 원가에 영향을 미치는 유일한 요인이라고 가정한다.

   ④ 원가요소, 능률, 생산성은 일정범위 내에서 변동하지 않으며, 생산, 관리, 판매의 효율성에도 변동이 없다고 가정한다.

   ⑤ 대부분의 원가요소는 기간이 매우 길 경우에는 변동비가 되며, 기간이 매우 짧을 경우에는 고정비가 될 것이므로 원가와 원가동인의 관계가 지속적으로 성립될

것으로 기대되는 예측가능한 범위를 정하여야 한다.

3. (주)세영은 냉장고를 구입하여 판매하는 회사이다. 2012년 냉장고의 단위당 판매가격은 ₩10,000이며, 변동비율은 80%이다. 판매량이 5,000대 이하인 경우 고정판매비는 ₩8,500,000이며, 판매량이 5,000대 초과한 경우 고정판매비는 ₩11,000,000이다. (주)세영은 세후순이익 ₩1,450,000을 달성하기 위해서는 몇 대의 냉장고를 판매하여야 하는가?(단, (주)세영의 법인세율은 세전이익 ₩1,000,000 이하까지는 25%이며, ₩1,000,000 초과분에 대해서는 30%이다.) **(CTA, 2010)**

① 4,250대 ② 4,500대 ③ 4,750대 ④ 5,250대 ⑤ 6,500대

4. (주)경북의 차기 연간 경영활동에 관한 자료가 다음과 같다.

단위당 판매가격	1,000원
총고정원가(감가상각비 2,000,000원 포함)	5,000,000원
단위당 변동원가	500원
예상판매량	10,000개

법인세율이 20%일 경우 현금분기점 판매량은 몇 개인가?(단, 감가상각비를 제외한 나머지 수익과 비용은 모두 현금거래로 이루어진 것이며, 손실이 발생할 경우 법인세가 환급된다고 가정한다.) **(CTA, 2010)**

① 4,900개 ② 5,000개 ③ 5,100개 ④ 5,200개 ⑤ 5,300개

5. 작년도에 경주(주)는 ₩750,000의 매출(25,000단위)로부터 ₩25,000의 영업이익을 달성하였다. 손익분기점에서의 총공헌이익은 ₩500,000이다. 이와 같은 상황에서 다음 중에서 옳은 것은? **(CTA, 2004)**

① 공헌이익률은 40%이다.

② 손익분기점은 24,000단위이다.

③ 단위당 변동비는 ₩9이다.

④ 변동비는 매출액의 60%이다.

⑤ 정답 없음

6. 나주(주)의 손익분기점 매출액은 ₩360,000이고 공헌이익률은 30%이다. 이 회사가 ₩84,000의 영업이익을 달성하고자 한다면 총매출액은 얼마이어야 하는가? **(CTA, 2004)**

① ₩280,000　　② ₩640,000　　③ ₩480,000

④ ₩560,000　　⑤ ₩660,000

7. 우진회사의 내년 예상손익자료는 다음과 같다.

단위당 판매가 ₩20 단위당 변동비 ₩8 총고정비 ₩69,000 (임차료 ₩15,000　급여 ₩44,000　광고비 및 기타 ₩10,000)

만약 현재 예상된 고정급여를 연간 ₩30,000으로 삭감하고 그 대신 매출액의 5%를 성과급으로 판매사원에게 지급한다면, 손익분기판매량은 어떻게 변화하고, 또한 급여 방식의 변화 전과 후에 기업의 이익이 같아지게 하는 판매량은 얼마인가? **(CTA, 2005)**

	손익분기점 변화	동일이익판매량
①	750단위 감소	14,000단위
②	500단위 증가	12,000단위
③	650단위 감소	10,000단위
④	800단위 증가	16,000단위
⑤	600단위 감소	20,000단위

8. 대한회사는 제품의 단위당 판매가격을 ₩400으로 설정하였다. 제품을 생산하여 판매하기까지 발생하는 제품 단위당 변동비는 단위당 판매가격의 70%이며, 총고정비는 판매수량이 50,000개까지는 ₩3,000,000, 50,000개를 초과하여 90,000개까지는 ₩4,500,000, 그리고 90,000개를 초과하여 최대 생산가능량인 130,000개까지는 ₩6,000,000이다. 대한회사가 ₩9,000,000의 이익을 얻으려면 제품을 몇 개나 생산·판매하여야 하는가? **(CTA, 2008)**

① 100,000개　② 50,000개　③ 125,000개　④ 130,000개　⑤ 112,500개

중급문제

9. (주)세영은 단일제품을 생산하고 있으며, 주문받은 수량만을 생산하여 해당 연도에 모두 판매한다. (주)세영의 법인세율은 40% 단일세율이며, 관련 자료는 다음과 같다.

구 분	2011년	2012년
매출액	2,000,000원	2,500,000원
제품단위당 변동원가	600원	720원
총고정원가	400,000원	510,000원

(주)세영의 2011년 세후이익은 ₩240,000이며, 2012년 세후이익은 2011년보다 10% 증가하였다. (주)세영의 2012년 공헌이익률은 얼마인가? **(CTA, 2011)**

① 36% ② 38% ③ 40% ④ 42% ⑤ 44%

10. (주)경북은 세 종류의 제품 A, B, C를 독점하여 생산 및 판매하고 있다. 제품생산을 위해 사용되는 공용설비의 연간 사용시간은 총 80,000시간으로 제한되어 있다. 2011년도 예상 자료는 다음과 같다.

구분	제품 A	제품 B	제품 C
단위당 판매가격	₩1,000	₩1,500	₩2,000
단위당 변동원가	₩300	₩600	₩1,200
단위당 공용설비사용시간	10시간	20시간	16시간
연간 최대시장수요량	2,000단위	3,000단위	2,000단위

위 자료에 근거한 설명으로 옳은 것은?

① 제품단위당 공헌이익이 가장 큰 제품은 A이다.

② 공용설비사용시간 단위당 공헌이익이 가장 큰 제품은 C이다.

③ (주)경북이 2011년에 획득할 수 있는 최대공헌이익은 ₩4,260,000이다.

④ (주)경북이 2011년 공헌이익을 최대화하는 경우, 생산된 총제품수량은 5,500개이다.

⑤ (주)경북이 2011년 공헌이익을 최대화하기 위해서는 제품 C, 제품 B, 제품 A의 순서로 생산한 후 판매하여야 한다.

11. 대한회사는 단위당 ₩50에 제품을 생산·판매한다. 대한회사의 단위당 변동비는 직접재료비 ₩14, 직접노무비 ₩5, 변동제조간접비 ₩3, 변동판매관리비 ₩2이다. 연간 총고정비는 고정제조간접비 ₩55,000, 고정판매관리비 ₩80,200이다. 대한회사가 단위당 판매가를 ₩50에서 ₩48으로 인하할 경우, 기존의 연간 손익분기점 판매량을 유지하려면 연간 총고정비를 얼마나 줄여야 하는가? **(CTA, 2008)**

① ₩10,400 ② ₩13,200 ③ ₩15,300 ④ ₩124,800 ⑤ ₩135,000

12. 대한유통은 4,000단위를 초과하여 판매할 때마다 추가판매 1단위당 ₩200씩 특별판매수당을 지급한다. 그 결과 3월 중 제품 5,000단위를 판매하였으며 ₩1,920,000의 법인세차감후순이익을 달성하였다. 제품의 판매단가는 ₩2,000이며, 월 고정비는 ₩1,400,000이다. 유통업체의 특성상 배송차량의 가동능력이 판매물량을 좌우하며, ₩1,400,000의 월고정비 하에서는 8,000단위가 최대판매수량이다. 법인세율이 법인세차감전이익의 20%인 경우, ₩2,400,000의 법인세차감후순이익을 달성하기 위한 판매수량기준 조업도를 구하시오.(단, 회사의 월초, 월말 재고자산은 없다고 가정한다.) **(CTA, 2003)**

① 60% ② 55% ③ 65% ④ 85% ⑤ 75%

13. 전부원가계산을 채택하고 있는 N회사의 1996년도 예산편성을 위한 자료이다. 손익분기점 판매수량을 구하시오.(단 생산량은 11,000개이다.)

판매단가		₩3,000
제품단위원가		₩1,600
변동원가	₩1,500	
고정원가	₩100	
(기준조업도 10,000개 기준)		
변동판매비		₩500/단위
고정판매비와 관리비		₩1,000,000

① 526개 ② 667개 ③ 1,000개 ④ 2,000개 ⑤ 10,000개

14. K회사는 야구공을 제조하여 개당 ₩10,000에 판매하고 있다. 야구공 제조에 사용되는 변동원가는 개당 ₩5,000이고, 고정원가는 ₩2,000,000이다. K회사는 5월에 ₩1,160,000

의 세후순이익을 얻기 위해서는 몇 개의 야구공을 생산·판매하여야 하는가?(단, 법인세율은 세전이익 ₩1,000,000까지는 18%, ₩1,000,000 초과시에는 32%로 가정) **(CTA, 1995)**

① 400개 ② 500개 ③ 600개 ④ 700개 ⑤ 800개

15. 매출액은 ₩200,000, 변동원가율은 60%, 고정원가는 ₩60,000, 법인세율은 20%일 때, 다음 중 틀린 것은? **(CTA, 1998)**

① 손익분기점 매출액은 ₩150,000이다.

② 안전여유율은 25%이다.

③ 영업레버리지도는 5이다.

④ 세후 당기순이익은 ₩15,000이다.

⑤ 매출액을 10% 증가시키면 당기순이익은 ₩6,400 증가한다.

16. 다음은 원가-조업도-이익(CVP) 분석에 관한 설명이다. 이 중 적합하지 않은 표현은 어느 것인가? **(CPA, 2004)**

① 손익분기점에서는 순이익이 0이므로 법인세가 없다.

② 공헌이익이 총고정원가보다 클 경우에는 이익이 발생한다.

③ 생산량과 판매량이 다른 경우에도 변동원가계산의 손익분기점은 변화가 없다.

④ 총원가 중에서 고정원가의 비중이 클수록 영업레버리지도는 작아진다.

⑤ 안전한계율에 공헌이익률을 곱하면 매출액순이익률이 계산된다.

17. (주)경북은 한 가지 제품만을 생산하며 매월 생산한 제품은 당해 월에 모두 판매한다. (주)경북의 법인세율은 40%의 단일세율이며, 2012년도 1월과 2월의 원가자료는 다음과 같다.

구 분	1월	2월
제품 단위당 판매가격	₩500	₩450
제품 단위당 변동비	300	270
총 고정비	500,000	600,000

(주)경북의 2012년 1월과 2월의 당기순이익이 각각 ₩60,000과 ₩72,000이라면, 1월과 2월의 제품 매출액은 각각 얼마인가? **(CPA, 2009)**

	1월 제품 매출액	2월 제품 매출액
①	₩1,400,000	₩1,680,000
②	₩1,400,000	₩1,800,000
③	₩1,500,000	₩1,680,000
④	₩1,500,000	₩1,800,000
⑤	₩1,500,000	₩2,000,000

※ 다음 자료를 이용하여 [18-19]에 답하시오. 18번과 19번은 서로 독립된 문제이다.

(주)세영은 정밀기계를 위한 특수필터와 가정의 전자제품용 일반필터를 생산하여 판매하고 있다. 2012년도 (주)세영의 제품 생산량과 단위당 자료는 다음과 같다.

구 분	특수필터	일반필터
생산량(개)	2,000	6,000
판매가격(원)	500	300
직접재료비(원)	150	100
직접노무비(원)	60	80
변동제조간접비(원)	90	60
변동판매관리비(원)	50	30

(주)세영의 연간 최대조업도는 21,000기계시간이며, 2012년도 변동제조간접비는 기계시간당 ₩30이었다. (주)세영의 매년 생산량과 판매량은 동일한 것으로 가정한다.

18. (주)세영은 특수필터 제품에 대한 판매활동을 강화하여 특수필터와 일반필터의 매출배합을 2 : 3으로 변경하는 것을 고려하고 있다. 매출배합의 변경은 오직 특수필터 제품의 변동판매관리비에만 영향을 준다. 특수필터와 일반필터의 전체 판매량을 8,000단위로 하고 매출배합을 변경할 경우에 두 제품의 판매로 인한 총공헌이익이 매출배합 변경전과 동일하다면, 특수필터 제품의 단위당 변동판매관리비는 얼마인가? **(CPA, 2009)**

① ₩50　② ₩65　③ ₩75　④ ₩85　⑤ ₩95

19. (주)세영이 연간 최대조업도 하에서 특수필터와 일반필터를 각각 최소한 1,500단위 이상 판매하는 경우, 총공헌이익을 최대화하기 위한 특수필터와 일반필터의 판매량은 얼마인가? **(CPA, 2009)**

	특수필터 판매량	일반필터 판매량
①	4,500단위	6,750단위
②	4,500단위	8,250단위
③	5,000단위	1,500단위
④	6,000단위	1,500단위
⑤	6,500단위	1,500단위

20. (주)세영은 단일 제품을 생산 및 판매하고 있으며, 매 년도 기초와 기말의 재고자산은 없다. 2012년도의 매출 및 원가자료는 다음과 같다.

매출액	₩4,000,000
변동원가	₩2,000,000
공헌이익	₩2,000,000
고정원가	₩1,000,000
영업이익	₩1,000,000

2013년도에도 고정원가와 제품 단위당 판매가격은 2012년도와 같을 것으로 예상된다. 또한 2013년도의 제품 판매량은 2012년도보다 20% 증가하고 2013년도의 손익분기점 매출액은 2012년도보다 255 증가할 것으로 예상된다. 2013년도 (주)세영의 영업레버리지도는 얼마로 예상되는가?(단, 영업레버리지도는 소수점 셋째자리에서 반올림하여 계산하라.) **(CPA, 2011)**

① 1.99　② 2.09　③ 2.19　④ 2.29　⑤ 2.39

정답 및 해설

1. ④

2. ①

3. ⑤

판매량 5,000대일 경우 세후순이익이 ₩1,100,000이므로

세후순이익 ₩1,450,000원을 달성하기 위한 판매량은 5,000대를 초과한다.

세후순이익 ₩1,450,000원을 달성하기 위한 판매량은 6,500대 도출

4. ②

현금분기점 판매량을 X라 하면,

0 = (500원 × X − 5,000,000) × (1 − 20%) + 2,000,000

X = 5,000개

5. ③

고정비는 50,000, 단위당 공헌이익은 21, 판매단가는 30, 단위당 변동비는 9이다.

6. ②

목표이익매출액= 손익분기매출액 + 목표이익 / 공헌이익률

= 360,000+84,000/0.3= 640,000

7. ①

(1) 손익분기점

· 변화 전=69,000/(20−8)=5,750단위

· 변화 후=(₩15,000+₩30,000+₩10,000)/(20−8−20×0.05)=5,000단위

(2) 동일이익판매량(X)

$\underline{(₩20 - ₩8) \times X - ₩69,000}$ = $\underline{(₩20 - ₩9) \times X - ₩55,000}$

변화 전 이익 변화 후 이익

X = 14,000단위

8. ③

(400-280)×X - a = ₩9,000,000: 생산판매구간별 고정비 고려

9. ②

세후순이익: 240,000 × 1.1 = 264,000

매출액이 2,500,000이므로

공헌이익률은 38% 도출

10. ③

11. ①

12. ⑤

세후순이익=(매출액-변동비-고정비)(1-t)

₩1,920,000=(2,000×5,000개-V×5,000개-200×1,000개-1,400,000)(1-0.2)

V=1,200개

₩2,400,000의 법인세차감후 순이익을 달성하기 위한 판매량을 Q라 하면,

₩2,400,000 = {2,000×Q-1,200×Q-(Q-4,000)×200-1,400,000}(1-0.2)

Q=6,000개 판매수량기준조업도는 75%(6,000/8,000개)

13. ③

전부원가계산의 이익 = 변동원가계산이익 + 단위당 고정제조간접원가×(생산량-판매량)

= [단위당 공헌이익×판매량-총고정원가]+단위당 고정제조간접원가×(생산량-판매량)

에서 전부원가계산이익을 0으로 만드는 판매량 산출

X=1,000개

14. ④

세전이익을 R이라 두면,

1,000,000(1-0.18) + (R-1,000,000)(1-0.32) = 1,160,000

R = 1,500,000

X= (세전이익 + 고정원가) / (판매단가 - 단위당 변동비) = 700개

15. ③

80,000/20,000 = 4

16. ④

영업레버리지 = 공헌이익/영업이익 = 공헌이익/(공헌이익-고정비)

17. ④

1월 제품 매출액: $\dfrac{\dfrac{60,000}{1-0.4}+500,000}{0.4}$ = 1,500,000

2월 제품 매출액: $\dfrac{\dfrac{72,000}{1-0.4}+600,000}{0.4}$ = 1,800,000

18. ⑤

19. ④

20. ②

2012년도 : 공헌이익률 = 2,000,000/4,000,000 = 50%

$$\text{손익분기점 매출액} = 1{,}000{,}000/50\% = 2{,}000{,}000\text{원}$$

2013년도

$$\text{손익분기점 매출액} = \frac{1{,}000{,}000}{\text{공헌이익률}} = 2{,}000{,}000 \times 125\% \qquad \text{공헌이익률} = 40\%$$

$$\text{공헌이익} = \text{매출액} \times \text{공헌이익률} = 4{,}000{,}000 \times 120\% \times 40\% = 1{,}920{,}000$$

$$\text{영업이익} = 1{,}920{,}000 - 1{,}000{,}000 = 920{,}000$$

$$\text{영업레버리지도} = \frac{\text{공헌이익}}{\text{영업이익}} = 2.09$$

Chapter 10

관련원가 의사결정

1. 관련원가 분석과 자본예산의 비교

관련원가 분석	자본예산
- 단기적 의사결정 - 화폐의 시간가치를 반영하지 않음 - 이익의 크기만을 중요시함	- 1년 이상의 장기적 의사결정 - 화폐의 시간가치를 고려함 - 현금흐름을 중요시하며 현금흐름의 발생시기와 크기를 고려함

2. 관련원가 분석 방법

(1) 관련원가와 비관련원가

① **관련원가**: 의사결정과 관련된 원가로서 대안들 간에 차이가 있는 미래원가

② **비관련원가**: 대안들 간에 차이를 발생시키지 않는 원가

관련원가	비관련원가
- 기회비용을 고려한 개념 - 대부분의 변동원가 - 고정원가 중 회피가능고정원가 - 기존 시장의 이익감소금액 - 설비의 대체적 사용으로 인한 이익 감소금액	- 기회비용이 아님 - 대안들 간에 차이를 발생시키지 않는 원가 - 과거에 발생한 원가 - 회피가능성이 없는 고정원가

(2) 관련원가 의사결정 방법

① **총액접근법**: 각 대안별로 총이익을 구하여 이익이 가장 큰 대안을 선택하는 방법

② **차액접근법**: 각 대안 간에 차이가 나는 수익과 원가를 고려하여 증분이익을 구한 후 증분이익이 발생하는 대안을 선택하는 방법. 비교적 단순한 관련원가 분석 시 많이 사용되는 방법이다.

② **차액접근법 의사결정**

증분수익		
매출액(또는 공헌이익) 증가분	x x x	
기타 이익 증가분	x x x	
기타 비용 감소분	x x x	x x x
증분비용		
매출액(또는 공헌이익) 감소분	x x x	
기타 이익 감소분	x x x	
기타 비용 증가분	x x x	x x x
증분이익		x x x

3. 상황별 관련원가 분석

(1) 특별주문 수락여부 결정

유의사항: ① 유휴설비가 존재하는지 유무를 확인

② 특별주문을 수락하기 위해 포기해야 하는 기존 시장의 이익 감소분을 고려해야 한다.

(2) 외부구입 또는 자가제조 여부 결정

유의사항: ① 외부구입 시 절감될 수 있는 변동비 및 고정비를 확인

② 유휴설비가 발생할 수 있으므로 유휴설비의 활용으로 인한 추가이익을 고려해야 한다.

(3) 제품LINE 의사결정

유의사항: ① 제품라인 폐쇄 시 유휴설비가 발생할 수 있으므로 유휴설비의 활용으로

인한 추가이익을 고려해야 한다.

(4) 즉시판매 또는 추가가공 여부 결정

유의사항: ① 유휴설비가 존재하는지 유무를 확인

② 회피가능원가를 파악하는 데 특히 유의해야 한다.

(5) 보조부문 운영여부 결정

유의사항: ① 외부에서 구입할 용역량 계산 – 자가사용 용역량 고려

② 보조부문 폐쇄 시 보조부문 원가 절감액 판단에 특히 유의해야 한다.

기본문제

1. 경북직물은 월간 30,000개까지의 단일제품을 생산할 수 있는 설비를 가지고 있다. 거래처와의 계약체결 내용에 따라 경북직물은 다음 달에 25,000개의 제품을 제조하여 판매할 예정이며, 이 경우 제품 1개당 총원가는 ₩2,500으로 예상된다. 그런데 다음 달에 5,000개의 제품을 1개당 ₩1,600에 납품해 달라는 거래처의 추가 주문이 접수되었다. 이 추가 주문을 접수하여 생산량을 증가시킬 경우 제품 1개당 총원가는 ₩2,300으로 감소할 것으로 예상되며, 이 주문을 수락하더라도 기존의 예상 판매량을 달성하는 데는 아무런 문제가 없을 것으로 예상된다. 경북직물이 추가 주문을 수락한다면 영업이익에 어떤 영향을 줄 것인가?(단, 재고는 없는 것으로 가정한다.) **(CTA, 2005)**

   ① ₩2,000,000 감소　② ₩4,000,000 증가　③ ₩1,000,000 증가
   ④ ₩1,000,000 감소　⑤ ₩1,500,000 증가

2. 매월 9,000단위의 제품을 생산하는 경북LCD의 단위당 변동원가는 ₩120, 고정원가는 월 ₩360,000이며, 단위당 판매가격은 ₩180이다. 단위당 ₩160에 1,000개의 특별주문에 대한 의사결정을 함에 있어서 관련 항목은 다음 중 어느 것인가? 단 특별주문을 소화하기 위한 유휴설비능력은 충분하고, 이 특별주문 건의 경우 ₩2,000의 주문처리를 위한 거래비용(예: 원재료 추가구입을 위한 구매부대비, 주문처리를 위한 사무처리비 등)이 발생한다. **(CPA, 2001)**

   ① 특별주문 수락 전의 단위당 고정원가 = ₩40
   ② 특별주문 수락 후의 단위당 고정원가 = ₩36
   ③ 추가의 거래비용 = ₩2,000
   ④ 특별주문가 - 단위당 변동원가 - 단위당 거래처리비용 = ₩38
   ⑤ 특별주문가 - 단위당 변동원가 = ₩40

3. (주)경북베터리는 건전지를 생산·판매하고 있다. 이 회사의 월간자료는 다음과 같다.

(1) 월간 최대생산량은 22,000단위이다. (2) 정상적 판매단가는 ₩1,000이다. (3) 현재의 조업도에서는 변동제조원가가 ₩400, 단위당 고정제조원가가 ₩200이다.

현재 20,000단위를 생산·판매하고 있는데, 복현상사로부터 2,000단위의 주문을 단위당 ₩500에 제의받았다. 이 회사는 특별주문으로 인하여 전담 직원을 임시로 고용해야 하는데, 이로 인한 추가적 원가부담이 단위당 ₩80씩 소요될 것으로 추정된다. 단 특별주문으로 인한 기타의 비용 추가나 정상 판매에는 영향을 주지 않는 것으로 판단된다. 이 회사가 특별주문을 수락할 경우 영업이익에 어떤 영향을 미칠 것인지 답하시오. **(감평, 2001)**

① ₩40,000 감소 ② ₩200,000 감소 ③ ₩360,000 감소
④ ₩200,000 증가 ⑤ ₩40,000 증가

4. 린도회사의 2008년도 특정 제품의 1단위당 제조원가 및 가격결정과 관련된 기타 사항은 다음과 같다.

직접재료원가	₩500
직접노무원가	800
변동 제조간접원가	400
고정 제조간접원가	200
변동 판매관리비	50
고정 판매관리비	50

이 회사의 평상시 판매가격은 원가가산(cost plus) 기준에 의거 결정하며 이윤은 총원가의 10%라고 할 때 첫째, 정상판매단가와 둘째, 만약 현재 80%의 조업수준으로 생산여유분만큼의 범위 내에서 시장확대를 위해 특별주문(주문의 이행에 따른 판매관리비는 전혀 발생하지 않으므로 추가 부담이 없으며 가격차별화로 인한 시장교란도 없음)을 수락하기 위한 최저한의 판매단가를 각각 얼마로 하는 것이 적당한가? **(감평, 2001)**

	정상판매단가	최저한의 판매단가
①	₩2,200	₩1,750
②	₩2,000	₩1,300
③	₩2,090	₩1,430
④	₩2,200	₩1,700

⑤	₩2,090	₩1,870

5. 경북기계는 연간 1,000단위의 부품을 생산한다. 이 부품의 단위당 원가는 다음과 같다.

변 동 제 조 원 가	₩12
고 정 제 조 원 가	9
단위당 제 조 원 가	₩21

이 부품은 외부에서 단위당 ₩20에 구입할 수 있다. 그러나 부품을 외부에서 구입하더라도 단지 고정제조원가의 2/3만이 절약될 수 있다. 부품을 외부에서 구입할 경우 이익에 미치는 영향은 얼마인가? **(CTA, 2004)**

① ₩1,000 증가　② ₩1,000 감소　③ ₩5,000 증가
④ ₩5,000 감소　⑤ ₩2,000 감소

6. 경북음료는 A, B, C 주스를 생산한다. 각 제품의 상자당 자료는 다음과 같다.

	A	B	C
판매가	₩2,600	₩2,200	₩2,500
변동비	1,400	1,200	1,420
재료사용량	3kg	2kg	2.4kg

재료 총공급량이 18,000kg으로 제한되어 있고, 각 제품의 최대 판매량은 3,000상자이다. 이익을 최대화하기 위해 각 제품을 몇 상자씩 판매하여야 하는가? **(CTA, 2007)**

	A	B	C
①	3,000상자	650상자	3,000상자
②	3,000	3,000	1,250
③	3,000	3,000	1,450
④	2,000	3,000	3,000
⑤	1,600	3,000	3,000

7. 복현기계는 두 가지 공정을 거쳐 제품을 생산하는 회사이며, 관련 자료는 다음과 같다.

	제1공정	제2공정
연간 최대생산능력	1,000단위	600단위
연간 고정원가	₩2,000	₩1,000
단위당 변동원가	₩30	₩10

제품은 단위당 ₩60에 판매되며, 생산된 제품은 생산량에 관계없이 판매가 가능하다고 가정한다. 제2공정에 연간 리스료가 ₩1,000인 기계장치 1대를 리스하여 투입하면, 연간 100단위의 제품을 추가로 생산할 수 있다. 동 기계장치 1대를 리스할 경우 증분손익은 얼마인가? **(CPA, 2005)**

① 증분이익 ₩500 ② 증분손실 ₩500 ③ 증분이익 ₩1,000
④ 증분이익 ₩5,000 ⑤ 증분이익 ₩9,000

8. 경북회사의 연간 제조능력은 30,000단위이다. 2007년 12월 31일로 종료한 회계연도의 영업결과는 다음과 같다.

매 출 액 (18,000단위, @₩100)	₩1,800,000
변동 제조 및 변동판매비	990,000
공헌이익	810,000
고정비	495,000
영업이익	₩315,000

2008년도에 외국의 한 업체가 회사의 제품을 단위당 ₩90에 15,000단위를 구매하겠다는 제안을 하였다. 2008년도의 회사의 모든 비용은 2007년도와 동일한 행태를 보일 것으로 기대된다. 2008년도에 이 회사가 상기 제안을 받아들여 회사의 제조능력이 30,000단위를 넘지 않기 위해서 기존의 정규판매량을 축소한다면 이때 영업이익은 얼마이겠는가? **(감평, 2000)**

① ₩390,000 ② ₩600,000 ③ ₩705,000
④ ₩840,000 ⑤ ₩855,000

9. (주)세영은 연간 최대생산량이 10,000단위인 생산설비를 보유하고 있으며, 당기에 제품 단위당 ₩500의 판매가격에 8,000단위의 제품을 판매할 수 있을 것으로 예상하고 있다. 현재의 생산설비에 의한 (주)세영의 제품 단위당 변동제조원가는 ₩300이다. (주)세영이 당기에 예상판매량을 1,000단위 줄이고 제품 3,000단위를 판매할 수 있는 특별주문을 고려한다면, 이러한 특별주문 제품의 단위당 최저판매가격은 얼마인가? 단, (주)세영이 판매하는 모든 제품의 변동판매관리비는 단위당 ₩80이다. **(CPA, 2009)**

① ₩500 ② ₩420 ③ ₩400 ④ ₩380 ⑤ ₩300

중급문제

※ 다음은 문제 10~11과 관련된 자료이다.

(주)경북은 휴대폰에 장착되는 전지를 생산한다. 회사는 현재 생산시설용량(월 8,000 직접노무시간)의 75%를 가동하고 있다. 최근 회사는 (주)대구전자로부터 개당 ₩700에 5,000개의 전지를 1개월 안에 납품해달라는 특별주문을 받았다. 전지의 개당 제조원가는 다음과 같다.

직 접 재 료 원 가	₩200
직 접 노 무 원 가 (개당 0.5 직접노무시간)	300
제 조 간 접 원 가	200
개 당 제 조 원 가	₩700

(주)경북의 직접재료원가와 직접노무원가는 변동원가이다. 제조간접원가 중 변동제조간접원가는 직접노무시간당 ₩240이다. (주)경북은 향후 수개월 동안 월 6,000직접노무시간(8,000직접노무시간 × 75%)의 조업도를 유지하기에 충분한 경상주문을 받아놓고 있다. 경상주문품의 판매가격은 개당 ₩1,000이다.

10. (주)경북이 5,000개의 특별주문을 수락할 경우, 일부 경상주문을 포기함으로 인한 기회비용(opportunity cost)은 얼마인가? **(CPA, 2007)**

① ₩500,000 ② ₩380,000 ③ ₩300,000

④ ₩190,000 ⑤ ₩150,000

11. (주)경북이 5,000개의 특별주문을 수락할 경우 증분손익은 얼마인가? **(CPA, 2007)**

① 증분손실 ₩300,000 ② 증분손실 ₩150,000 ③ 증분이익 ₩0

④ 증분이익 ₩210,000 ⑤ 증분이익 ₩20,000

12. (주)영진의 복사 능력은 시간당 1,800부이다. 준비시간 및 용지 재공급시간으로 인해 하루 실제 가동시간은 7시간이다. 대학주변에 난립되어 있는 복사집들간의 경쟁은 극심한 편이다. 따라서 고객이 원하는 시간 준수는 필수사항이다. 이 복사집의 1일 복사수용량은 10,000부이다. 가격은 1부당 ₩40이고, 총변동원가는 ₩16이다. 그런데 한 고객이 하루의 업무시작시점에 찾아와서 5,000부의 복사물을 업무마감시간까지 1부당 ₩32에 복사해 달라고 요구하였다. 이 특별주문의 수락 또는 기각 여부와 관련하여 예상되는 순이익의 효과는? **(CTA, 2001)**

① 기각하는 경우와 수락하는 경우에 순이익의 차이는 없다.

② 기각하는 경우가 ₩62,400의 순이익이 작다.

③ 기각하는 경우가 ₩62,400의 순이익이 크다.

④ 수락하는 경우가 ₩22,400의 순이익이 작다.

⑤ 수락하는 경우가 ₩22,400의 순이익이 크다.

13. (주)대한은 다음과 같은 3가지 제품을 동일한 생산라인에서 기계작업을 통하여 생산 및 판매하고 있다. 생산과 판매 자료는 다음과 같다.

	A제품	B제품	C제품
단위당 판매가격	500원	350원	500원
단위당 변동원가	200원	100원	100원
단위당 기계소요시간	2시간	1시간	2시간
월간 시장수요	150개	270개	40개

(주)대한의 월간 최대기계가동시간은 450시간이며 월 ₩40,000의 고정원가가 발생한다. 현재 (주)대한은 기계를 가장 효율적으로 가동하고 있으며, 새로운 D제품을 생산라인에 추가할지를 고려하고 있다. D제품의 단위당 변동원가는 ₩300이며 단위당 기계소요시간은 4시간이다. (주)대한이 생산한 제품은 모두 판매할 수 있으며, D제품을

추가하여도 판매가격과 원가의 변동은 없다. D제품을 생산라인에 추가하여서 영업이익을 증가시키고자 한다면, D제품의 단위당 판매가격은 최소한 얼마를 초과하여야 하는가? **(CTA, 2009)**

① ₩700　② ₩800　③ ₩900　④ ₩1,000　⑤ ₩1,100

14. (주)부산은 2011년에 제품 A 100,000단위를 생산하여 모두 판매하였다. 2011년의 제품단위당 판매가격은 ₩5이었으며, 제품 A의 생산과 관련하여 투입된 제조원가는 다음과 같다.

항목	금액	단위당 원가
직접재료원가	120,000원	1.2원
직접노무원가	150,000원	1.5원
고정제조간접원가	200,000원	2.0원
합계	470,000원	4.7원

(주)부산의 경영자는 2012년에 단위당 원가가 ₩1인 직접재료로 교체하고, 판매단가를 ₩4으로 인하하면 판매량이 40,000단위 증가할 것으로 예상하고 있다. 기본원가(prime costs)는 변동원가이며, 제조간접원가는 모두 고정원가라고 가정한다. 경영자의 예상을 따른다면 2012년의 이익은 2011년의 이익에 비하여 얼마만큼 증가(혹은 감소)하는가?(단, 2011년과 2012년 모두 기초 및 기말 재고자산은 없으며, 제조원가 이외의 원가는 고려하지 않는다.) **(CTA, 2010)**

① ₩48,000 증가　② ₩25,000 감소　③ ₩20,000 감소
④ ₩15,000 증가　⑤ ₩10,000 증가

15. (주)세영은 야구공을 생산 및 판매하고 있으며, 월간 최대생산능력은 30,000단위이다. (주)세영이 생산하는 야구공의 단위당 원가자료는 다음과 같다.

직접재료원가	₩200
직접노무원가	100
변동제조간접원가	50
고정제조간접원가	100
변동판매비와 관리비	25
고정판매비와 관리비	30

(주)세영은 현재 정상주문에 대해 단위당 ₩500의 가격으로 판매를 하고 있는데, 최근 해외사업자로부터 할인된 가격으로 3,000단위를 구입하겠다는 특별주문을 받았다. (주)세영이 이 주문을 수락할 경우에는 생산능력의 제한으로 인하여 기존 정상주문 중 1,200단위의 판매를 포기해야 한다. 그러나 특별주문 수량에 대한 단위당 변동판매비와 관리비는 ₩5만큼 감소할 것으로 예상하고 있다. (주)세영이 해외사업자의 특별주문에 대하여 제시할 수 있는 단위당 최저 판매가격은 얼마인가? **(CTA, 2012)**

① ₩370 ② ₩375 ③ ₩420 ④ ₩425 ⑤ ₩500

16. 선풍기 제조회사인 (주)지은은 소형모터를 자가제조하고 있다. 소형모터 8,000개를 자가제조하는 경우, 단위당 원가는 다음과 같다.

직접재료원가	7
직접노무원가	3
변동제조간접원가	2
특수기계 감가상각비	2
공통제조간접원가 배부액	5
제품원가	₩19

(주)JS가 (주)지은에게 소형모터 8,000개를 단위당 ₩18에 공급할 것을 제안하였다. (주)지은이 (주)JS의 공급제안을 수용하는 경우, 소형모터 제작을 위해 사용하던 특수기계는 다른 용도로 사용 및 처분이 불가능하며, 소형모터에 배부된 공통제조간접원가의 40%를 절감할 수 있다. (주)지은이 (주)JS의 공급제안을 수용한다면, 자가제조하는 것보다 얼마나 유리 또는 불리한가? **(CTA, 2011)**

① ₩24,000 불리 ② ₩32,000 불리 ③ ₩24000 유리
④ ₩32,000 유리 ⑤ 차이 없음

17. (주)경북은 두개의 지원부서, 즉 엔지니어링부서와 전산부서를 운영하고 있다. 개별 지원부서 가동시간 중 70%는 제품생산부서를 위해 사용되고, 나머지 30%는 타 지원부서를 위해 사용된다. 엔지니어링부서와 전산부서의 변동원가는 가동시간당 각각 ₩10과 ₩15이고, 고정비용은 연간 ₩2,000과 ₩3,000이 각각 소요된다. 제품생산부서

는 연간 1,000개의 제품을 생산하고, 이를 위해 두 지원부서로부터 각각 700시간의 지원을 받는다. 따라서 두 지원부서는 연간 1,000시간을 각각 가동한다. 그런데 (주)경북은 엔지니어링 지원업무를 외부 용역업체에 맡기는 방안을 검토하고 있다. 만약 외부 용역업체에 맡긴다면, 기존 엔지니어링부서의 운영에 소요되는 연간 고정비 ₩2,000을 절감할 수 있고, 전산부서는 엔지니어링부서에 지원하던 서비스를 제공하지 않아도 된다. 한 외부 용역업체가 시간당 ₩12에 엔지니어링 용역을 제공하겠다고 제의하였다. (주)경북이 이 제의를 받아들일 경우 증분손익은 얼마인가? **(CPA, 2007)**

① 증분손실 ₩2,000　② 증분이익 ₩0　③ 증분이익 ₩4,500
④ 증분이익 ₩2,000　⑤ 증분이익 ₩5,580

18. 블루상회는 지금까지 일요일에는 영업을 하지 않았는데 경기불황으로 일요일에도 가게를 여는 대안을 고려하고 있다. 만일 일요일에 가게를 연다면 추가로 소요되는 판매원 수당과 전기료를 비롯한 영업비용이 하루 1,000원 발생한다. 일요일 하루 매출액은 10,000원으로 기대되며, 철물점은 구입원가에다가 20%의 이익을 가산하여 판매가격을 결정한다. 만일 일요일 하루 판매액 중 62.5%가 이전의 주중 고객이 일요일로 구매날짜를 변경함으로써 발생한다면 이 철물점은 일요일에 영업을 함으로써 일주일 이익이 얼마나 증감하는가?(단 주중 고객이 구매날짜를 일요일로 변경하더라도 판매원 수당과 전기료 등 주중 영업비용은 변동이 없다.) **(감평, 2006)**

① ₩9,000 증가　② ₩3,750 증가　③ ₩375 감소
④ ₩3,125 감소　⑤ ₩2,750 증가

19. (주)고속모터스는 매달 엔진모터를 800단위씩 단위당 ₩10,000에 외부구입하였다. 그러나 최근 경기하락으로 인상요구를 지속적으로 받아왔다. 따라서 기획실에서는 (주)고속모터스가 자가제조하는 것을 검토하기 위해 다음과 같이 100단위 생산시의 원가자료를 추정하게 되었다.(이에 따르면 100단위에 대한 총원가는 ₩1,840,000, 즉 1단위당 ₩18,400이다.) 자가제조의 경우 시간급 생산근로자를 추가 고용해야 할 것이나, 그 밖의 기계, 작업 공간 또는 감독인원 등은 추가적으로 필요하지 않다.

직접재료원가	₩40,000
직접노무원가(1단위당 1시간)	₩400,000
변동 제조간접원가	₩800,000
고정 제조간접원가(배부액)	₩600,000

* 변동제조간접원가는 직접노동시간에 비례하여 발생하며, 직접노무비의 200%에 해당하는 금액이다
* 생산이 90%의 누적평균시간 학습곡선에 따라 노무비 절감의 개선을 가져오며, 100단위의 제조작업이 측정목적상 최초의 롯트(lot) 또는 배치(batch)라고 하자.

이와 같은 상황에서 (주)고속모터스는 800단위의 외부구매 또는 자가제조 중 어느 쪽이 얼마만큼 원가절감을 할 수 있는가? **(감평, 2001)**

① 외부구매시 단위당 ₩8,400 절감　② 외부구매시 단위당 ₩1,316 절감

③ 자가제조시 단위당 ₩204 절감　④ 외부구매시 단위당 ₩2,400 절감

⑤ 자가제조시 단위당 ₩852 절감

20. (주)세영은 제품 A와 제품 B를 생산 및 판매하고 있으며, 2011년 제품별 손익계산서는 다음과 같다.(단위: 원)

	제품 A	제품 B	제품 C
매출액	100,000	50,000	150,000
매출원가			
직접재료원가	25,000	15,000	40,000
직접노무원가	20,000	13,000	33,000
제조간접원가	11,000	10,000	21,000
합계	(56,000)	(38,000)	(94,000)
매출총이익	44,000	12,000	56,000
판매관리비	(30,000)	(15,000)	(45,000)
영업이익	14,000	(3,000)	11,000

(주)세영의 2011년 제조간접원가 ₩21,000중 ₩9,000은 작업준비원가이며, 나머지 ₩12,000은 공장설비의 감가상각비이다. 작업준비원가는 배치생산횟수에 비례하여 발생하며, 공장설비의 감가상각비는 회피불가능한 원가로서 매출액을 기준으로 각

제품에 배부된다. 각 제품의 판매관리비 중 40%는 변동원가이고 나머지는 회피불가능한 고정원가이다. 만약 제품 B의 생산라인을 폐지하면, 제품 A의 배치생산횟수는 20% 증가할 것으로 기대된다. 2012년에도 제품별 수익 및 비용 구조는 전년도와 동일하게 유지될 것으로 예상된다.

(주)세영이 2012년초에 제품 B의 생산라인을 폐지할 경우 연간 증분이익은 얼마인가? **(CPA, 2012)**

① ₩2,000 ② ₩2,300 ③ ₩2,900 ④ ₩3,200 ⑤ ₩3,600

21. (주)복현은 완제품을 생산하는 데 총 20,000개의 부품을 필요로 한다. 현재는 이 부품을 자체제조하여 사용하고 있는데 생산원가는 다음과 같다.

부품의 단위당 제조원가(20,000개 생산시)	
직접재료원가	₩12
직접노무원가	₩26
고정제조간접원가	₩10

이 부품은 단위당 ₩44에 외부에서 구입할 수 있는데, 외부에서 구입하기로 한다면 고정 제조간접원가의 40%는 회피할 수 있으며 제조설비는 유휴설비로 그대로 남게 된다. 이 회사는 부품을 자체 제조할 것인지 외부구입할 것인지의 의사결정에서 어떤 대안이 유리한가? **(감평, 2005)**

① 자체제조 ₩60,000 유리 ② 외부구입 ₩80,000 유리
③ 외부구입 ₩40,000 유리 ④ 자체제조 ₩80,000 유리
⑤ 자체제조 ₩40,000 유리

22. (주)복현완구는 매년 완구생산에 필요한 부품인 모터 3,000개 중 일부를 자체생산하고, 나머지 부족한 부분은 외주로 충당하고 있다. 자체생산은 모터부서에서 담당하며 연간 총 2,000개의 모터를 생산한다. 모터 1개당 변동제조원가는 ₩55이며, 모터부서의 총고정원가는 연간 ₩150,000이다. 자체생산시 발생하는 모터부서의 총고정원가 중 80%만이 모터부서 폐지시 회피가능한 원가이다. 외주로 조달하는 모터는 연간 총 1,000개이다. 당기초 외주업체는 전격적으로 모터의 판매가격을 모터 1개당 ₩120에서 ₩100으로

인하하였다. 이에 따라 (주)복현완구는 기업내 모터부서를 폐지하고, 모터 3,000개를 전량 외주업체에서 구매할 것을 검토하기 시작하였다. 이에 모터부서는 부서 폐지를 막기 위한 자구방안으로 단위당 변동제조원가 ₩10과 회피가능 고정원가 ₩10,000을 동시에 절감하였다.

만약, (주)복현완구가 외주업체로부터 모터 3,000개 전량을 구입할 경우 (주)복현완구의 순이익에 미치는 영향은 얼마인가? 단, 모터부서의 최대 생산능력은 자구방안과 관계없이 항상 2,000개이다. **(CPA, 2008)**

① ₩0 ② ₩10,000 증가 ③ ₩30,000 증가

④ ₩40,000 증가 ⑤ ₩40,000 감소

23. 복현직업소개소는 현재 연간 6,000건의 직업을 소개해주고 있다. 1건의 직업소개에 소요되는 변동비는 ₩2,000이고 연간 총고정비는 ₩3,000,000으로 추정된다. 그런데 산격직업소개소에서 연간 6,000건 전부에 대한 직업소개를 대행해 주겠다고 제의를 해 왔다. 이와 같이 산격직업소개소의 제의를 수락할 경우에 기존의 연간 총고정비 중 ₩1,400,000이 감소할 것으로 예상된다. 산격직업소개소는 대행수수료로서 연간 ₩13,000,000을 요구해 왔다. 이와 같은 산격직업소개소의 제의를 수락하는 것이 복현직업소개소의 영업이익에 미치는 영향으로 옳은 것은? **(CTA, 2008)**

① ₩600,000 감소 ② ₩600,000 증가 ③ ₩1,000,000 증가

④ ₩1,000,000 감소 ⑤ ₩400,000 증가

24. 경북제지의 11월 약식 손익계산서는 다음과 같다.

	합계	A부문	B부문
매출액	₩200,000	₩80,000	₩120,000
변동 원가	116,000	32,000	84,000
공헌 이익	₩84,000	₩48,000	₩36,000
추적가능고정비용	60,000	20,000	40,000
부문 이익	₩24,000	₩28,000	₩(4,000)
공통 고정비	10,000	4,000	6,000
영업 이익	₩14,000	₩24,000	₩(10,000)

각 부문이 폐쇄된다면 각 부문의 추적가능 고정비용의 3/4는 회피가능하다. 이 회사는 공통고정비를 각 부문의 매출액에 비례하여 배분하고 있다. B부문을 폐쇄할 경우 A부문의 매출이 10% 감소할 것으로 예측하고 있으나, A부문을 폐쇄할 경우 B부문의 매출에는 영향이 없을 것으로 예측하고 있다. 이 회사가 B부문을 폐쇄하기로 결정한다면 회사 전체의 영업이익은 얼마인가? **(CTA, 2004)**

① ₩18,000 ② ₩3,200 ③ ₩13,200 ④ ₩8,000 ⑤ ₩10,000

25. 경북전선은 단일 기계 설비를 이용하여 두 종류의 제품 H와 L을 생산, 판매해 오고 있다. 경북전선의 월간 생산능력은 H제품만 생산할 경우 400개이다. H제품 1개 생산에 소요되는 시간은 L제품의 2배이다. 설비능력 및 시장수요를 감안한 경북전선의 3월 계획은 H제품 300개와 L제품 200개를 생산·판매하는(즉, 기계설비를 100% 가동하는) 것이다. 최근 경북전선은 L제품 100개를 정규가격 이하인 단위당 ₩50에 3월 중 납품해 달라는 특별주문을 받았다. 단위당 원가 및 가격자료는 다음과 같다.

	H제품	L제품
정규판매가격	₩100	₩60
직접재료원가	40	20
직접노무원가(변동원가)	20	15
변동 제조간접원가	10	5
고정 제조간접원가	20	10
합계	₩90	₩50

특별주문을 받아들일 경우 경북전선의 이익은 당초 계획에 비해 어떻게 달라지겠는가? **(CPA, 2003)**

① 이익에 변화 없음 ② ₩1,000 이익 감소 ③ ₩500 이익 감소
④ ₩2,000 이익 감소 ⑤ ₩1,500 이익 감소

26. 경북회사는 세 가지 제품 X, Y, Z를 생산, 판매하고 있다. 매월 이용 가능한 기계시간은 총 20,000시간으로 제한되어 있다. 대한회사의 2007년 4월 중 예상되는 각 제품의 단위당 판매가격, 단위당 변동원가, 단위당 소요되는 기계시간 및 최대 시장수요량은 다음과 같다.

	X	Y	Z
단위당 판매가격	₩20	₩30	₩40
단위당 변동원가	14	18	32
단위당 기계시간	3시간	4시간	2시간
최대 시장수요량	7,000단위	5,400단위	4,000단위

경북회사가 2007년 4월에 예상할 수 있는 최대 공헌이익은 얼마인가? **(CTA, 2007)**

① ₩60,000 ② ₩64,600 ③ ₩67,000

④ ₩68,000 ⑤ ₩69,500

27. 경북하이텍은 판매가격과 단위당 변동원가가 각각 ₩500과 ₩300인 A제품과 ₩1,000과 ₩600인 B제품을 생산, 판매하고 있다. 월간 고정비는 ₩5,000 발생하며, 제조에 관한 자료는 다음과 같다.

월간사용가능 기계시간	제품단위당 사용기계시간		월간사용가능 원재료	제품단위당 사용원재료	
	A제품	B제품		A제품	B제품
120기계시간	2	6	220단위	6	4

최적의 제품생산배합에 의해 얻을 수 있는 최대의 월간 영업이익은 얼마인가? **(CPA, 2002)**

① ₩2,333 ② ₩3,000 ③ ₩5,000 ④ ₩7,333 ⑤ ₩10,000

28. 경북제과에서는 각종 이벤트행사용 선물주머니의 판매로부터 매출총이익을 최대로 하는 배합으로 사탕과 초콜릿을 선물주머니에 담았다고 할 경우 총 1,000개의 선물주머니를 판매하여 얻을 수 있는 최대한의 매출총이익은? 단 선물주머니 1개당 판매단가는 ₩1,000이며, 선물주머니의 내용물 구성과 관련된 조건은 다음과 같다. **(CTA, 2002)**

	사탕	초콜릿	선물주머니의 구성
단위당 무게	24g	12g	360g 이상
수량	?	?	26개 이상
단위당 원가	₩30/개	₩20/개	

① ₩340,000 ② ₩400,000 ③ ₩420,000
④ ₩440,000 ⑤ ₩380,000

29. (주)수연은 두 가지 제품 A, B를 생산·판매하고 있다. A, B제품의 단위당 판매가격은 각각 600원, 700원이며, 단위당 변동원가는 각각 400원씩이다. 한편 이 제품들을 생산하기 위해서는 갑기계와 을기계를 이용해야 한다. A제품 한 단위를 생산하기 위해서는 갑기계와 을기계를 각각 1시간씩 가동해야 한다. 또한 B제품을 한 단위 생산하기 위해서는 갑기계를 4시간, 을기계를 1시간씩 가동해야 한다. 갑, 을 기계의 매월 가동시간은 각각 640시간, 400시간이며, 매월 감가상각비는 갑기계가 40,000원, 을기계가 50,000원이다. 이익(손실)을 최대화(최소화)하려면 제품 A와 B를 각각 매월 얼마나 생산·판매하여야 하는가?(단, 생산한 제품은 모두 판매되며, 기계에 대한 감가상각비는 회피불능원가이다.) **(감평, 2006)**

	A	B
①	0개	0개
②	0개	160개
③	0개	400개
④	320개	80개
⑤	400개	160개

30. 경북전기는 A공정과 B공정을 거쳐 가정용 공구를 생산, 판매한다. 다음은 두 공정의 생산에 관한 자료이다.

	A공정	B공정
월 생산능력	10,000개	15,000개
착수량 단위당 변동원가	₩500	₩100
총 고정원가	₩100,000	₩200,000

A공정에서 작업이 완료된 중간제품은 불량품을 제외하고 전량 B공정으로 대체된다. A공정이 완료된 시점에서 검사한 중간제품 중 10%가 불량품이 되며, 동 불량품은 B공정으로 대체되지 않고 전량 폐기된다. B공정이 완료된 시점에서 검사한 완제품 중 5%는

불량품이 되며, 동 불량품은 전량 폐기된다. B공정을 거친 완제품은 단위당 ₩1,500에 판매되며 수요는 무한하다. 만약 A공정의 불량률을 7%로 낮출 수 있는 새로운 작업방법을 실행하기 위해서는 월 ₩150,000의 추가비용이 필요하다면 새로운 작업방법을 수행하는 것이 회사의 월간 이익을 얼마나 증가 또는 감소시키는가? **(CPA, 2006)**

① ₩150,000 감소 ② ₩427,500 증가 ③ ₩247,500 증가
④ ₩150,000 증가 ⑤ ₩30,000 증가

※ 다음은 문제 31~32에 관련된 자료이다.

경북가구는 기계공정과 마무리공정에서 사무용 의자를 만들고 있다. 이에 관련된 자료는 다음과 같다.

	기계공정	마무리공정
연간 처리능력	1,000단위	800단위
연간 생산수량	800단위	800단위
고정운영원가(직접재료원가제외)	₩8,000,000	₩4,800,000
단위당 고정운영원가	₩10,000	₩6,000

의자는 단위당 ₩90,000에 판매되고, 기계공정 초기에 ₩40,000의 직접재료원가가 투입된다. 이외에 다른 변동원가는 없으며, 생산된 완제품은 모두 판매할 수 있다.

31. 경북가구는 마무리공정의 처리능력을 100단위 증가시킬 수 있는 최신설비를 마무리공정에 설치할 것을 고려하고 있다. 이 최신설비의 연간 원가는 ₩4,000,000이다. 회사가 이 설비를 설치한다면 얼마의 순이익이 추가로 발생하는가? **(CPA, 2004)**

① ₩0 ② ₩1,000,000 ③ (₩4,000,000)
④ ₩4,000,000 ⑤ ₩8,000,000

32. 경북가구는 현재 마무리공정에서 200단위의 불량품을 생산했다. 이 불량품으로 인해 발생하는 증분손실은 얼마인가? **(CPA, 2004)**

① ₩0 ② ₩4,800,000 ③ ₩8,000,000
④ ₩10,000,000 ⑤ ₩18,000,000

33. 복현콘덴서는 최종제품 생산을 위한 부품을 적시생산체제(JIT system)로 자체생산하고 있다. 내년에 10,000개의 부품이 필요한데 이를 위한 부품 자체생산원가를 다음과 같이 예상하고 있다.

총 직 접 재 료 원 가	₩60,000,000
총 직 접 노 무 원 가	₩10,000,000
총 변동 제조간접원가	₩20,000,000
총 고정 제조간접원가	₩70,000,000

변동제조간접원가는 직접재료의 구매주문원가를 포함하고 있고, 모든 변동제조간접원가가 부품생산과 관련되어 있다. 고정제조간접원가 중 회피불가능한 원가는 ₩50,000,000이다. 그런데 이 기업은 부품의 외부주문을 고려하고 있다. 외부구입가는 단위당 ₩10,000이다.

추가로 부품 구매주문을 위해 구매주문 1회당 ₩50,000이 발생한다. 부품재고의 파손, 자금비용 등이 연간 평균 부품재고액의 10%로 추정된다. 연간 주문횟수는 복현콘덴서가 결정할 수 있다. 자체 생산을 중단하면 현재 사용하고 있는 설비를 임대함으로써 연간 ₩10,000,000의 임대료 수익을 발생시킬 것이다. 내년에 부품을 자체 생산하는 대신 외부주문을 한다면 부품관련원가를 최대한 얼마나 절감할 수 있는가? **(CPA, 2000)**

① ₩9,000,000 ② ₩10,000,000 ③ ₩15,000,000

④ ₩19,000,000 ⑤ ₩20,000,000

34. 경북건설은 천안-논산간 신고속도로를 개통하고 통행료를 책정하기 위하여 고속도로 이용자의 입장을 반영하고자 한다. 다음 자료를 이용하여 승용차 운전자의 입장에서 새로운 고속도로 통행료로 지불하려고 하는 최대금액은 얼마인가? **(CTA, 2003)**

- 종전 노선의 천안-논산간 거리: 90km
- 새로 건설한 고속도로의 천안-논산간 거리: 60km
- 승용차 운전자들은 5분의 시간가치를 ₩1,000으로 평가한다.
- 승용차의 연비는 평균 10km/1리터이다.
- 휘발유는 1리터당 ₩1,400이다.
- 승용차의 고속도로상 평균 속력은 시속 100km이다.

① ₩7,200 ② ₩7,000 ③ ₩6,800 ④ ₩7,800 ⑤ ₩8,200

35. 경북회사는 단위당 ₩250에 판매되는 램프를 생산 및 판매하고 있다. 이 제품과 관련된 변동비는 단위당 ₩150이고, 고정비는 매월 ₩35,000이 발생한다. 회사는 현재 단일제품으로 매월 평균 400단위를 생산·판매하고 있다. 경북회사의 판매담당 관리자는 매월 광고비를 ₩10,000만큼 증가시키면 매출액이 매월 ₩30,000만큼 증가할 것으로 기대하고 있다. 매월 광고비를 ₩10,000만큼 증가시킬 때 회사의 영업이익이 매월 얼마만큼 증가될 것으로 예상되는가? **(CTA, 2008)**

① 영업이익 ₩1,000 증가 ② 영업이익 ₩2,000 증가
③ 영업이익 ₩3,000 증가 ④ 영업이익 ₩2,000 감소
⑤ 영업이익 ₩3,000 감소

정답 및 해설

1. ⑤

특별주문 수락 시 관련손익 분석

- 추가주문품에 대한 매출액	5,000개 × ₩1,600 =	₩8,000,000
- 기존 생산품의 원가 감소	25,000개 × (₩2,500 - ₩2,300) =	₩5,000,000
- 추가주문품에 대한 변동원가	5,000개 × ₩2,300 =	(₩11,500,000)
관련이익		₩1,500,000 이익

2. ④

특별주문 수락 시 관련손익 분석

- 특별주문품에 대한 매출액	1,000개 × ₩160 =	₩160,000
- 특별주문품에 대한 변동원가	1,000개 × ₩120 =	(₩120,000)
- 특별주문 처리를 위한 거래비용		(₩2,000)
관련이익		₩38,000 이익

1단위당 관련이익: ₩38,000/1,000개 = ₩38

3. ⑤

특별주문 수락 시 관련손익 분석

- 임시고용에 대한 원가부담	2,000단위 × ₩80 =	(₩160,000)
- 특별주문에 대한 공헌이익 증가	2,000단위 × (₩500 - ₩400) =	₩200,000
관련이익		₩40,000 이익

4. ④

(1) 정상판매단가: (500+800+400+200+50+50) × (1 +10%) = ₩2,200

(2) 특별주문 수락에 따른 단위당 관련원가

- 직접재료원가	₩500
- 직접노무원가	₩800

- 변동 제조간접원가	₩400
합 계	₩1,700

5. ⑤

외부구입 시 관련손익 분석

- 고정제조원가 절감	₩9 × 1,000단위 × 2/3	₩6,000
- 변동제조원가 절감	₩12 × 1,000단위	₩12,000
- 외부구입원가	₩20 × 1,000단위	(₩20,000)
관련이익		(₩2,000) 손실

6. ⑤

	A	B	C
공헌이익	₩1,200	₩1,000	₩1,080
재료사용량	3kg	2kg	2.4kg
재료1kg당 공헌이익	₩400	₩500	₩450
우선순위	3	1	2
재료사용량	(18,000-13,200)kg	6,000kg	7,200kg
생산량	1,600상자	3,000상자	3,000상자

7. ③

기계장치 리스 시 관련손익 분석

- 100단위 추가 생산에 따른 공헌이익 증가	100 × (₩60 - ₩40)	₩2,000
- 리스료		(₩1,000)
관련손익		₩1,000 이익

8. ①

특별주문 수락 시 관련손익 분석

- 기존 판매 감소에 따른 공헌이익 감소	3,000단위 × ₩45	(₩135,000)

- 특별 판매에 따른 공헌이익 증가	15,000단위 × (₩90 - ₩55)	₩525,000
관련손익		₩390,000 이익

9. ②

(1) 정규판매 감소 수량 1,000단위

(2) 증분수익:	매출액 증가분		3,000단위 × p
증분비용:	변동원가 증가분	3,000 × 380원	
	기회비용	120,000원	1,260,000원

(3) 증분이익이 0이 되는 p의 값은 420원

10. ②

현재 사용중인 월간 직접노무시간 : 8,000시간 × 75% = 6,000직접노무시간/월

현재 조업도 : 6,000시간 ÷ 0.5시간 = 12,000개

월간 최대조업도 : 8,000시간 ÷ 0.5시간 = 16,000개

특별주문 수락으로 인해 포기해야 하는 경상주문 = 5,000개 - (16,000개 - 12,000개) = 1,000개

1,000단위 포기에 대한 기회비용 : 1,000개 × [1,000 - (200+300+240×0.5)] = ₩380,000

11. ⑤

특별주문 수락 시 관련손익 분석		
특별주문에 따른 매출 증가	5,000개 × ₩700	₩3,500,000
특별주문에 따른 변동원가 증가	5,000개 × ₩620	(₩3,100,000)
특별주문에 대한 기회비용		(₩380,000)
관련손익		₩20,000 이익

12. ⑤

1일 최대조업도 : 1,800부 × 7시간 =12,600부

현재조업도 : 10,000부

여유조업도 : 2,600부

추가 주문 수량 : 5,000부

포기해야 하는 기존의 주문 : 2,400부

특별주문 수락 시 관련손익 분석		
- 특별주문 수락으로 인한 공헌이익 증가	5,000부 × (₩32 - ₩16)	₩80,000
- 기존 주문에 대한 공헌이익 감소	2,400부 × (₩40 - ₩16)	(₩57,600)
관련손익		₩22,400 이익

13. ③

14. ③

15. ③

16. ②

17. ⑤

외부 지원 용역을 사용할 경우 관련손익 분석		
- 엔지니어링 부서의 고정비 절감		₩2,000
- 엔지니어링 부서의 변동비 절감	1,000시간 × ₩10	₩10,000
- 전산부서의 변동비 절감	300시간 × ₩15	₩4,500
- 외부지원용역 구입비용	910시간* × ₩12	(₩10,920)
(* : 1,000시간 × (1 - 30% × 30%) = 910시간)		
관련손익		₩5,580 이익

18. ③

일요일 영업에 대한 관련손익 분석

- 추가 수당 및 영업비용 (₩1,000)
- 일요일 신규고객 대상 판매에 따른 영업이익 증가

10,000 × (1 − 62.5%) × 0.2/1.2 ₩625

관련손익 (₩375) 손실

19. ⑤

800단위 외부구매시 모터 구입비용	800단위 자가제조시 모터 제작비용
800단위×₩10,000=₩8,000,000	직접재료원가 ₩40,000×800/100 = ₩320,000 직접노무원가 583.2시간×₩400,000/100 = ₩2,332,800 변동제조간접비 583.2×₩800,000/100 = ₩4,665,600
₩8,000,000	₩7,318,400

누적생산량	증분생산량	누적생산량 단위당 평균노동시간	총 노동시간
100	100	1시간	100시간
200	100	1시간 × 0.9 = 0.9시간	180시간
400	200	0.9시간 × 0.9 = 0.81시간	324시간
800	400	0.81시간 ×0.9 = 0.729시간	583.2시간

따라서 자가제작할 경우 단위당 $\frac{₩8,000,000 - ₩7,318,400}{800}$=₩852만큼 원가절감 가능

20. ②

21. ⑤

외부구입 시 부품 구입비용	자체 제조 시 부품 제작비용
구입원가 ₩44 × 20,000개 = ₩880,000 회피가능고정제조간접원가 20,000개 × ₩10 × 40% = (₩80,000)	(₩12+₩26) × 20,000개 = ₩760,000
구입비용 ₩800,000	제조비용 ₩760,000

따라서 자체제조하는 것이 ₩40,000 유리하다.

22. ①

외주업체로부터 2,000개를 구입할 경우 관련 손익 분석

- 변동제조원가 절감	(₩55 - ₩10) × 2,000개 =	₩90,000
- 회피가능고정원가	₩150,000 × 80% - ₩10,000 =	₩110,000
- 외부구입비용	₩100 × 2,000개 =	(₩200,000)
관련손익		₩0

23. ⑤

제의를 수락할 경우 관련손익 분석

- 연간 총 고정비용 감소		₩1,400,000
- 변동비 감소	₩2,000 × 6,000개	₩12,000,000
- 대행수수료 지급		(₩13,000,000)
관련손익		₩400,000 이익

24. ②

B부문 폐쇄 시 관련손익 분석

- B부문의 회피가능고정비	₩40,000 × 3/4	₩30,000
- A부문의 공헌이익 감소	₩48,000 × 10%	(₩4,800)
- B부문의 공헌이익 감소		(₩36,000)
관련손익		(₩10,800) 손실
현재의 영업이익		₩14,000
B부문 폐쇄 후 경북제지의 영업이익		₩3,200

25. ③

먼저 H와 L 중에서 어느 제품 생산을 포기할 것인지 결정해야 하는데, 제약자원(이 문제에서는 생산소요시간)당 공헌이익이 낮은 제품의 생산을 포기하는 것이 회사 입장에서 유리하다.

	H제품	L제품
공헌이익	30	20
생산소요시간비율	2	1
생산소요시간당 공헌이익	15	20

따라서 H제품의 생산을 50단위(L제품 100단위 생산과 맞먹는 H제품 생산량) 줄인다.

특별주문을 수락할 경우 관련손익 분석

- L제품의 공헌이익 증가	100단위 × ₩10	₩1,000
- H제품의 공헌이익 감소	50단위 × ₩30	(₩1,500)
관련손익		(₩500) 손실

26. ④

	X	Y	Z
단위당 공헌이익	₩6	₩12	₩8
단위당 기계시간	3시간	4시간	2시간
기계시간당 공헌이익	₩2	₩3	₩4
우선순위	3	2	1
최대수요량	7,000단위	5,400단위	4,000단위
기계시간사용량	0	12,000시간	8,000시간
총공헌이익	0	₩36,000	₩32,000

27. ③

Max Z = ₩200A + ₩400B − ₩5,000

s.t $2A + 6B \le 120$ ---- ①

$6A + 4B \le 220$ ---- ②

by ①, ②

(A, B) = (30, 10)

(A, B)	Max Z	= 5,000
(30, 10)	5,000	선택

(36.67, 0)	2,333
(0, 20)	3,000

28. ④

사탕을 A, 초콜릿을 B라고 하면,

Min Z = 30A + 20B

s.t 24A + 12B ≥ 360 ---- ①

A + B ≥ 26 ---- ②

by ①, ② (A, B) = (4, 20)

(A, B)	Min Z	= 560
(4, 22)	560	선택
(26, 0)	780	
(0, 26)	600	

따라서 매출총이익은 1,000개 × (₩1,000 － ₩560) = ₩440,000

29. ④

Max Z = 200A + 300B

s.t A +4B ≤ 640 ---- ①

A + B ≤ 400 ---- ②

by ①, ② (A, B) = (320, 80)

(A, B)	Max Z	= 88,000
(320, 80)	88,000	선택
(0, 160)	48,000	
(400, 0)	80,000	

30. ③

추가검사 수행 시 관련손익 분석

－완제품 생산량 증가분에 대한 매출액 증가　285개* × ₩1,500　₩427,500

(* : 10,000개 × (10% − 7%) × (1 − 5%) = 285개)

− B공정으로 대체되는 A공정 완제품 증가분에 대한 변동원가 증가분

300개* × ₩100 (₩30,000)

(* : 10,000개 × (10% − 7%) = 300개)

− 새 작업비용 증가 (₩150,000)

관련손익 ₩247,500 이익

31. ②

최신설비 도입 시 관련손익 분석

− 의자 추가 생산에 대한 공헌이익 증가 100단위 × (₩90,000 − ₩40,000) ₩5,000,000

− 최신설비 구입 원가 (₩4,000,000)

관련손익 ₩1,000,000 이익

32. ⑤

불량품 생산에 대한 기회비용은 매출감소가 된다.

2,000단위 × ₩90,000 = ₩18,000,000

33. ④

부품을 외부 주문할 경우 관련손익 분석

− 설비 임대료 수익 발생 ₩10,000,000

− 변동제조원가 절감 ₩60,000,000+₩10,000,000+₩20,000,000 ₩90,000,000

− 회피가능한 고정제조간접원가 ₩70,000,000 − ₩50,000,0000 ₩20,000,000

− 부품 구매주문비용 발생 10,000/1,000* × 50,000 (₩500,000)

(* 경제적 주문량 모형을 적용한다면 Q = $\sqrt{\frac{2 \times 10,000 \times 50,000}{1,000}}$ =1,000개)

− 외부 구입가격 (₩100,000,000)

− 재고부족원가 1,000/2 × ₩10,000 × 0.1 (₩500,000)

관련손익 ₩19,000,000 이익

34. ④

구분	기존도로 이용시 총비용	신고속도로 이용시 총비용
시간가치 연료비	90/100×60분 ÷5분×₩1,000 = ₩10,800 90/10 × ₩1,400 = 12,600	60/100×60 ÷5×1,000 = ₩7,200 60/10 × ₩1,400 = 8,400
통행료	0	X
합계	₩23,400	₩15,600 + X

따라서 통행료의 최대지급가능액은 ₩23,400 − ₩15,600 = ₩7,800이 된다.

35. ②

판매수량 증가 : 30,000 ÷ 250 = 120단위

광고비 증가에 따른 관련손익 분석

- 판매 증가에 따른 매출 증가		₩30,000
- 판매 증가에 따른 변동비 증가	₩150 × 120단위	(₩18,000)
- 광고비 증가		(₩10,000)
관련손익		₩2,000 증가

Chapter 11

대체가격 의사결정

1. 대체가격

대체가격이란 분권화된 기업내부의 사업부 간에 행해지는 대체거래에서 재화나 용역의 내부거래 시에 부여되는 가격을 의미한다.

대체가격이 얼마로 결정되느냐에 따라 각 사업부의 이익은 영향을 받지만 회사 전체의 이익에 미치는 영향은 없다. 분권화된 기업에서는 각 사업부를 이익중심점이나 투자중심점으로 운영하기 때문에 각 사업부의 성과평가를 위해서는 대체가격의 수준이 얼마로 결정되느냐가 각 사업부의 성과평가에 영향을 미치게 된다.

- 각 사업부의 관점: 각 사업부의 성과를 최대화하는 것이 목표
- 회사 전체의 관점: 회사 전체의 이익을 극대화하는 것이 목표
- 대체가격의 결정: 목표일치성이 달성되도록 대체가격이 결정되어야 한다.

(1) 대체가격 결정시 고려기준

① **목표일치성 기준**

각 사업부 경영자의 목표뿐만 이니라 기업 전체의 목표도 극대화될 수 있도록 대체가격을 결정하여야 한다는 기준. 목표일치성 기준이 준수되는 경우 준최적화 현상이 발생하지 않는다.

② **동기부여 기준**

각 사업부에게 적절한 관리를 할 수 있게 유도하는 수준의 대체가격을 결정하는

방법

③ **자율성 기준**

각 사업부 경영자가 자율적으로 대체가격을 결정하여야 한다는 기준으로 준최적화 현상이 발생할 수 있다.

④ **성과평가 기준**

각 사업부의 성과가 공정하게 평가될 수 있고 하나의 사업부의 능률, 비능률이 다른 사업부의 성과평가에 반영되지 않도록 대체가격을 결정하여야 한다는 기준

⑤ **재정관리 기준**

공공기관 등이 기업에 미칠 수 있는 불리한 영향을 최소화할 수 있도록 대체가격을 결정하여야 한다는 기준

(2) 대체가격 결정방법

① **직접 중재**

최고경영자가 직접 대체가격을 결정하여 통보하는 방법

장점: 기업 전체의 이익 극대화 방향과 일치

단점: 사업부의 자율성 저해 가능성이 있음

② **시장가격 기준**

공급사업부와 구매사업부를 독립된 실체로 보아 대체거래를 일종의 시장거래로 간주하여 객관적으로 사용되는 시장가격을 대체가격으로 하는 방법

장점: 대체되는 재화나 용역이 완전경쟁시장을 형성하고 있는 경우에는 가장 이상적인 대체가격이 된다. 따라서 성과평가의 공정성을 확보할 수 있고 목표일치성과 자율성을 달성할 수 있다.

단점: 중간거래시장이 존재하지 않거나 불완전경쟁시장 거래 품목인 경우 적용하기 어렵다.

③ **원가 기준**

원가에 일정 비율의 이익을 가산하는 방법으로 대체가격을 결정하는 것.

이때의 원가는 변동원가를 기준으로 하거나 전부원가를 기준으로 할 수 있다.

장점: 적용이 쉽고 이해가 쉽다.

단점: 공급사업부의 비능률을 구매사업부로 전가할 수 있으므로 공급사업부의 원가통제에 대한 유인이 없으며 동기부여를 하지 못하게 된다(표준원가를 이용하도록 유도). 또한 준최적화 현상이 발생할 가능성이 있다.

④ **협상가격 기준**

각 사업부 간의 자율성이 최대한 보장되는 방법으로, 목표일치성 달성이 가능하나 협상에 시간과 비용이 많이 소모되며 각 사업부의 이익이 협상능력에 따라 달라질 수 있는 단점이 있다.

⑤ **이중대체가격 기준**

목표일치성을 달성할 수 있도록 공급사업부와 구매사업부의 대체가격을 달리하여 적용하는 방법

장점: 목표일치성 달성 가능

단점: 공급사업부의 원가통제에 대한 유인이 없으며 동기부여 가능성이 낮아진다.

2. 대체가격결정 모형

(1) 대체가격의 범위

최소대체가격(공급사업부) ≦ 대체가격 ≦ 최대대체가격(구매사업부)

(2) 공급사업부(공급자)

① **최소대체가격**: 한 단위 대체시 증분지출원가 + 한 단위 대체시 기회비용

= 한 단위 대체시 변동원가 증가분 = 외부시장판매분의 이익감소분 +유휴생산능력의 대체적 용도를 통한 이익 상실분(기회비용)

② **수용 범위**: 최소대체가격 ≦ 대체가격

(3) 구매사업부(수요자)

① **최대대체가격**: Min(㉠ ㉡)

㉠ 외부구입가격 ± 구매사업부의 원가증감액

㉡ 최종제품 판매가격 - 추가투입원가 - 판매비 = 중간제품의 순실현가치

② **수용 범위**: 대체가격 ≦ 최대대체가격

기본문제

1. 다음 중 내부대체가격의 결정방법에 관한 설명으로 가장 타당하지 않은 것은 어느 것인가? **(CPA, 2011)**
   ① 내부대체가격은 공급부문과 구매부문의 성과평가에 영향을 미치며, 각 부문의 자율적인 내부대체가격의 결정은 기업전체의 이익을 최대화하지 못하는 결과를 초래할 수 있다.
   ② 전부원가를 기준으로 하는 경우에 공급부문의 이익을 보고할 수 있도록 하기 위해서는 전부원가에 제품의 단위당 공헌이익을 가산하여 내부대체가격을 결정하여야 한다.
   ③ 제품의 원가를 기준으로 내부대체가격을 결정하는 경우에는 제품원가의 계산방법과 공급부문의 유휴생산능력 등을 고려할 필요가 있다.
   ④ 공급부문에 유휴생산능력이 없고 외부시장이 완전경쟁적일 경우에는 제품의 시장가격이 기업 전체의 이익을 최대화할 수 있는 내부대체가격이 될 수 있다.
   ⑤ 공급부문에 충분한 유휴생산능력이 있는 경우에는 기업 전체의 이익을 최대화하기 위하여 제품의 표준변동원가를 내부대체가격으로 사용할 수 있다.

2. 다음 중 분권화된 조직에서의 책임회계제도, 대체가격, 투자중심점, 성과평가 등과 관련한 설명으로 옳지 않은 것은? **(CTA, 2005)**
   ① 책임회계제도는 조직의 자원이 어느 기능을 위하여 사용되었는가보다는 누가 사용하였는가에 관심을 둔다.
   ② 이익중심점이란 수익과 비용 모두에 대하여 책임이 부여된 조직의 하위단위 또는 부문을 말한다.
   ③ 잔여이익(residual income)이란 투자중심점이 사용하는 영업자산으로부터 당해 투자중심점이 획득하여야 하는 최소한의 이익을 초과하는 영업이익을 말한다.
   ④ 조직의 하위부문 사이에 재화를 주고받을 경우 각 하위부문에 대한 공정한 성과평가를 하려면 공급부문의 변동원가에 근거하여 대체가격을 설정하는 것이 바람직하다.
   ⑤ 투자수익률(return on investment)이란 수익성지표의 일종으로서 이는 투하된 자본

금액에 대한 이익의 비율을 나타낸다.

3. 다음 중 사내대체가격을 결정하는 원칙으로 옳지 않은 것은?
   ① 공급부서의 최소대체가격은 변동원가이다.
   ② 사업부간 관련성이 적은 경우는 보통 시장가격이 최대대체가격이 된다.
   ③ 공급부서에 유휴설비가 존재하는 경우에 대체거래 시 처음에는 변동원가만을 고려하여 시작한다.
   ④ 사업부간 경쟁이 심한 경우에는 시장가격이 대체가격이 된다.
   ⑤ 기업 전체의 관점에서 본 관련원가와 기업의 사업부 관점에서 본 대체가격의 경제성을 고려하여 결정한다.

4. (주)경북은 분권화된 사업부 甲과 乙을 이익중심점으로 설정하고 있다. 사업부 甲에서 생산되는 제품 A는 사업부 乙에 대체하거나 외부시장에 판매할 수 있으며, 관련원가자료는 다음과 같이 제시되어 있다. 사업부 乙은 제품 A를 주요부품으로 사용하여 완제품을 생산하고 있으며, 공급처는 자유로이 선택할 수 있다. 현재 사업부 甲은 100,000단위의 제품 A를 생산하여 전부 외부시장에 판매하고 있으며, 사업부 乙에서는 연간 50,000단위의 제품 A를 단위당 ₩42의 가격으로 외부공급업자로부터 구입하고 있다. 만일 사업부 甲이 제품 A를 사업부 乙에 사내대체한다면 단위당 ₩8의 판매비와 관리비를 절감할 수 있다고 할 때, 제품 A의 사내대체가격은 어느 가격 범위에서 결정되어야 하겠는가? **(CTA, 2001)**

단위당 외부판매가격	₩45
단위당 변 동 원 가	₩30(변동판매비와 관리비 포함)
연 간 고 정 원 가	₩1,000,000
연 간 최대생산능력	100,000 단위

   ① ₩15과 ₩22 사이　② ₩22과 ₩30 사이　③ ₩30과 ₩37 사이
   ④ ₩37과 ₩42 사이　⑤ ₩42과 ₩45 사이

5. 경북산업은 A사업부에서 중간재를 생산하고 B사업부에서 완제품을 생산하고 있다.

A사업부는 중간재를 외부에 판매하거나 B사업부에 대체할 수 있다. 관련 자료는 다음과 같다.

A사업부의 중간재 제조원가	₩900
B사업부의 추가변동원가	₩600

A사업부의 경영자는 다음의 두 가지 대안을 고려 중이다. 대안 1은 중간재 1,000단위를 단위당 ₩1,400에 전량 외부판매하는 것이고, 대안 2는 중간재 600단위를 단위당 ₩1,600에 외부판매하고 나머지 400단위를 B사업부에 적절한 가격으로 대체하는 것이다. A사업부의 경영자가 두 가지 대안을 동일하게 판단할 수 있도록 하려면 B사업부에의 대체가격은 얼마가 되어야 하는가? **(감평, 2005)**

① ₩1,050 ② ₩1,100 ③ ₩1,200 ④ ₩1,250 ⑤ ₩1,300

6. 경북회사의 부품 생산부문은 최대생산량인 360,000단위를 생산하여 외부시장에 전량 판매하고 있다. 부품생산 부문의 관련 정보는 다음과 같다.

단위당 외부판매가	₩100
단위당 변동제조원가	58
단위당 변동판매비	8
단위당 고정제조원가	14
단위당 고정관리비	10

단위당 고정비는 최대생산량 360,000단위 기준의 수치이다. 부품 생산부문의 이익을 극대화시키기 위해 사내대체를 허용할 수 있는 단위당 최소 사내대체가격은 얼마인가? (단, 사내대체물에 대해서는 변동판매비가 발생하지 않음) **(CTA, 2008)**

① ₩58 ② ₩66 ③ ₩90 ④ ₩92 ⑤ ₩100

중급문제

7. (주)세영은 무선비행기생산부문과 엔진생산부문으로 구성되어 있다. 엔진생산부문에

서는 무선비행기 생산에 사용되는 엔진을 자체생산하며, 엔진 1개당 ₩100의 변동비가 발생한다. 외부업체가 (주)세영의 무선비행기생산부문에 연간 사용할 20,000개의 엔진을 1개당 ₩90에 납품하겠다고 제의했다. 이 외부 납품 엔진을 사용하면 무선비행기 생산부문에서는 연간 ₩100,000의 고정비가 추가로 발생한다. 엔진생산부문은 자체 생산 엔진을 외부에 판매하지 못한다. 각 부문이 부문이익을 최대화하기 위하여 자율적으로 의사결정을 한다면 사내대체가격의 범위에 대한 설명으로 옳은 것은? **(CTA, 2009)**

① 사내대체가격이 ₩85에서 ₩100 사이에 존재한다.

② 사내대체가격이 ₩90에서 ₩100 사이에 존재한다.

③ 사내대체가격이 ₩95에서 ₩100 사이에 존재한다.

④ 사내대체가격의 범위는 존재하지 않는다.

⑤ 엔진생산부문 사내대체가격의 하한은 ₩195이다.

8. (주)세영은 분권화된 사업부 1과 사업부 2를 이익중심점(이익책임단위)으로 설정하고 있다. 사업부 1은 반제품 A를 생산하여 사업부 2에 이전(대체)하거나 외부시장에 판매할 수 있다. 사업부 2가 제품 B를 생산하려면, 반제품 A를 사업부 1로부터 구입하여야 하며 외부시장에서 구입할 수는 없다. 반제품 A와 B에 관한 단위당 자료는 다음과 같다.

사업부 1: 반제품 A의 생산 및 판매	사업부 2: 제품 B의 생산 및 판매
- 외부판매가격: ₩25 - 변동원가: ₩10	- 외부판매가격: ₩80 - 변동가공원가: ₩30 - 변동판매관리비: ₩5

만약 사업부 1이 유휴생산능력을 보유하고 있지 않다면, 두 사업부간 이전거래(대체거래)가 이루어지는 반제품 A의 단위당 사내이전가격(사내대체가격)은 얼마인가? **(CPA, 2012)**

① ₩10과 ₩15 사이　　② ₩10과 ₩25 사이　　③ ₩10과 ₩45 사이

④ ₩25과 ₩35 사이　　⑤ ₩25과 ₩45 사이

9. (주)경북은 서로 독립적으로 운영되는 중간사업부와 최종사업부로 이루어져 있다. 중간사업부는 중간제품을 생산해 이를 최종사업부에 공급하거나 경쟁적인 외부시장에 판매한다. 최종사업부는 중간제품을 가공하여 이를 외부시장에 판매한다. 회사의 최고경영자는 사업부의 자율경영을 촉진하기 위해 중간제품에 대한 내부 이전가격(transfer pricing)제도의 도입을 검토 중이다. 이와 관련된 다음 설명 중 적절하지 않은 것은? **(CPA, 2007)**

① 회사가 중간사업부를 이익중심점 또는 투자중심점으로 설정하기 위해서는 내부 이전가격제도의 도입이 필요하다.

② 중간제품에 대한 경쟁적인 외부시장이 있을 경우에는 원칙적으로 외부 시장가격을 이전가격으로 채택하는 것이 장기적으로 회사의 이익 증대에 유리하다.

③ 이익중심점인 중간사업부로 하여금 공정개선 및 기술혁신을 통한 원가절감을 이루도록 하기 위해서는 시장가격보다 고정원가를 포함한 단위당 제품원가를 이전가격으로 채택하는 것이 효과적이다.

④ 회사 전체에 이익이 되도록 이전가격제도를 운영하기 위해서는 최종사업부가 중간제품을 외부로부터 구입하는 것을 허용해야 한다.

⑤ 이전가격제도를 도입하게 되면 각 사업부의 경영자는 회사 전체의 성과보다는 자신의 사업부의 성과를 극대화하고자 할 수 있다.

10. 이전가격 결정방법의 선택에는 아래와 같은 5가지의 요소들이 고려된다. 각 요소의 특성이 3가지의 이전가격 결정방법별로 모두 올바르게 기술된 것은? **(CPA, 2002)**

	이전가격결정방법		
고려요소	시장가격 이전가격	원가기준 이전가격	협상기준 이전가격
① 경영노력 동기부여	동기부여	예산원가에서 가능	동기부여
② 목표일치성	경쟁시장에서 가능	항상 가능	가능
③ 하위단위 성과평가	경쟁시장에서 가능	유용	협상력의 영향
④ 하위단위 자율성유지	경쟁시장에서 가능	불가능	불가능
⑤ 적용 용이성	시장유무에 따라 상이	용이	용이

11. (주)복현은 분권화된 사업부 A와 B를 이익중심점으로 설정하고 있다. 사업부 A는 중간제품을 생산하고 있는데, 연간 생산량의 20%를 사업부 B에 대체하고, 나머지는 외부시장에 ₩750에 판매하고 있다. 현재 사업부 A의 연간 최대생산능력은 10,000단위로서 전량을 외부시장에 판매할 수도 있다.

사업부 A에서 생산되는 중간제품의 변동제조원가는 단위당 ₩450이며, 외부판매와 관련된 변동판매관리비는 단위당 ₩10이 발생한다. 고정원가는 생산량과 판매량에 관계없이 항상 일정한 금액으로 유지된다.

사업부 B는 그동안 사업부 A에 대체받아 오던 2,000단위의 중간제품을 내년도부터 단위당 ₩820의 가격으로 구입할 수 있다. 회사는 사업부 경영자들에게 판매처 및 공급처를 자유로이 선택할 수 있는 권한을 부여하고 있다.

만일 사업부 A가 사업부 B에 대체해 오던 중간제품 2,000단위를 외부시장에 판매하고, 사업부 B는 외부공급업자로부터 구입한다면, 기존의 정책에 비하여 회사 전제의 입장에서는 어떤 변화가 초래되겠는가? **(CTA, 2000)**

① ₩140,000의 이익 감소를 초래한다.

② ₩160,000의 이익 감소를 초래한다.

③ ₩160,000의 이익 증가를 초래한다.

④ ₩140,000의 이익 증가를 초래한다.

⑤ 개별 사업부의 이익수치가 달라질 뿐 회사 전체의 이익에는 변동이 초래되지 않는다.

12. (주)경북은 甲부분과 乙부문으로 구성되어 있다. 甲부문에서 생산하는 부품 1단위의 생산 및 외부판매에 소요되는 원가는 아래와 같다.

제조원가	
변동제조원가	₩300
고정제조원가	100
판매비	
변동 판매비	₩30
고정 판매비	50

甲부문이 생산하는 부품의 외부판매가격은 단위당 ₩600이고, 동 생산부품을 乙부문에 내부판매할 경우 변동판매비 ₩30을 모두 절약할 수 있다. 乙부문은 필요한 부품을 甲부문이나 외부에서 항상 일정한 가격으로 구입할 수 있는바, 외부에서 구입할 경우 단위당 ₩640이 소요된다. 각 부문이 이익중심점이라는 가정하에 다음 설명 중 가장 옳지 않은 것은? **(CPA, 2006)**

① 甲부문이 제조할 수 있는 부품을 전량 외부에 판매할 수 있다면 甲부문의 최소대체가격제시액은 ₩570이다.

② 甲부문에 유휴생산설비가 존재하는 경우 甲부문의 최소대체가격 제시액은 ₩300이다.

③ 乙부문이 지급하고자 하는 최소대체가격 제시액은 ₩610이다.

④ 甲부문과 乙부문의 내부대체거래가 이루어지지 않을 경우 기업 전체 관점에서 단위당 ₩70에서 ₩340의 손실이 발생한다.

⑤ 甲부문과 乙부문의 내부대체거래가 이루어지지 않을 경우 기업 전체 관점에서 단위당 손실금액은 甲부문의 유휴생산설비 보유 여부에 영향을 받는다.

13. 대한회사는 분권화된 사업부 1과 사업부 2를 이익중심점으로 설정하여 운영하고 있다. 그동안 사업부 1은 부품 A를 생산하여 단위당 ₩110으로 사업부 2에 공급해왔다. 그런데 최근에 사업부 2는 외부공급업체로부터 부품 A를 단위당 ₩90에 공급해주겠다는 제안을 받고 있다. 사업부 1은 생산하고 있는 부품 A를 사업부 2 이외에는 판매할 수 없으며, 부품 A의 단위당 제조원가 자료는 다음과 같다.

직접재료원가	₩40
직접노무원가	28
변동 제조간접원가	12
고정 제조간접원가	24
합계	₩104

사업부 1의 고정제조간접원가는 부품 A의 생산 여부에 관계없이 계속 발생한다. 다음 설명 중 옳지 않은 것은? **(CTA, 2007)**

① 사업부 2의 경영자는 사업부 1에 대하여 현재의 사내이전가격을 ₩90 이하로

낮추어 줄 것을 요구할 것이다.

② 사업부 1이 현재의 사내이전가격을 그대로 유지하고자 한다면 사업부 2의 경영자는 부품 A의 공급자를 외부공급업자로 변경하는 것이 유리하다.

③ 사업부 1이 요구할 수 있는 최소한의 내부이전가격은 ₩90이다.

④ 사업부 1은 부품 A를 단위당 ₩90으로 사업부 2에 공급하면 단위당 ₩10만큼의 공헌이익이 발생하게 된다.

⑤ 회사 전체의 입장에서는 부품 A를 자가제조하여 사내 이전하는 것이 단위당 ₩10만큼 유리하다.

14. (주)복현의 남동부문제품과 관련된 자료는 다음과 같다.

중간시장에서의 판매가격	₩50,000
단위당 변동원가	₩36,000
단위당 고정원가	₩6,000
생산능력	1,000개

남동부문은 생산가능한 제품을 모두 중간시장에서 외부고객에게 판매하고 있다. 한편 회사 내 다른 부문인 동서부문은 동일한 제품을 외부공급업자로부터 매기 400개를 대량구매에 따른 가격할인을 받아 개당 ₩48,000에 구입하고 있다. 남동부문이 동서부문에 판매를 하게 되면 제품단위당 ₩6,500의 판매수수료 및 운송비용을 절감할 수 있다. 회사전체적 입장에서 가능한 대체가격의 하한선과 이러한 대체거래로 인한 매기 회사전체이익의 증가분은 얼마인가?

	대체가격 하한선	이익 증가분
①	₩36,000	₩1,800,000
②	₩43,500	₩1,800,000
③	₩43,500	₩2,600,000
④	₩48,000	₩1,800,000
⑤	₩48,000	₩2,600,000

※ 다음 자료를 이용하여 문제 15와 문제 16에 답하시오.

(주)본좌의 분권화된 사업부 A와 사업부 B는 이익중심점으로 설정되어 있다. 사업부 A는 중간제품 P를 생산하고 있다. 사업부 B는 (주)본좌의 전략적 고려에 따라 지역적으로 접근이 어려운 고립지에서 중간제품 P를 이용하여 완제품 Q를 생산하며, 생산한 모든 완제품 Q를 고립지의 도매상에게 납품하고 있다. 사업부 A와 사업부 B의 생산 관련 자료는 다음과 같다.

구분	사업부 A	사업부 B
단위당 변동제조원가	₩20	₩70
총고정제조원가	₩36,000	₩50,000
연간 시장 판매량	12,000개	2,000개
연간 생산 가능량	12,000개	3,000개

사업부 A가 생산·판매하는 중간제품 P의 시장가격은 ₩30이다. 그러나 사업부 B는 지역적으로 고립된 곳에 위치하여 중간제품 P를 지역내 생산업자로부터 1개당 ₩50에 구매하고 있으며, 이 구매가격은 사업부 B의 단위당 변동제조원가 ₩70에 포함되어 있다. 완제품 Q를 1개 생산하기 위하여 중간제품 P는 1개가 사용되며, 두 사업부의 연간 시장판매량은 항상 달성가능한 것으로 가정한다.

15. 최근 (주)본좌는 사업부 B가 위치한 고립지로의 교통이 개선됨에 따라서 중간제품 P의 사내대체를 검토하기 시작하였다. 사업부 A가 사내대체를 위하여 사업부 B로 중간제품 P를 배송할 경우, 중간제품 1개당 ₩8의 변동배송원가를 사업부 A가 추가로 부담하게 된다. 사업부 B가 생산에 필요한 2,000개의 중간제품 P 전량을 사업부 A에서 구매한다고 할 때, 사내대체와 관련된 사업부 A의 기회원가와 사업부 A가 사내대체를 수락할 수 있는 최소 대체가격은 얼마인가? **(CPA, 2008)**

	기회원가	최소대체가격
①	₩0	₩28
②	₩4,000	₩28
③	₩4,000	₩38
④	₩20,000	₩30
⑤	₩20,000	₩38

16. 사업부 B는 사업부간의 협의 끝에 개당 ₩39의 가격으로 최대 3,000개까지 중간제품 P를 사업부 A에서 공급받게 되었다. 이에 따라 지역 내 생산업자로부터의 구매는 중단되었다. 사업부 B가 생산하여 판매하는 완제품 Q의 시장가격은 현재 ₩120이다. 최근 사업부 B는 인근지역의 지방정부로부터 완제품 Q를 ₩100의 가격에 1,000개 구매하고 싶다는 제안을 받았다. 이 특별주문을 수락할 경우, 사업부 B의 영업이익에 미치는 영향과 사업부 B의 기회원가는 각각 얼마인가? **(CPA, 2008)**

	영업이익의 증감	기회원가
①	₩42,000 감소	₩61,000
②	₩41,000 감소	₩61,000
③	₩20,000 감소	₩41,000
④	₩30,000 증가	₩0
⑤	₩41,000 증가	₩0

17. (주)경북은 A부문과 B부문으로 구성되어 있다. A부문이 부품을 생산 및 판매하기 위한 변동제조원가와 변동판매비는 각각 단위당 ₩1,470과 ₩300이다. A부문이 B부문에 부품을 판매할 경우 변동판매비를 단위당 ₩40씩 절감할 수 있다. B부문은 부품을 A부문이나 외부로부터 구입할 수 있으며, 외부구입시 단위당 ₩2,000이 소요된다. 내부대체거래가 이루어지지 않을 경우 유휴생산시설의 유무에 관계없이 기업 전체의 입장에서 동일한 손실이 발생한다. A부문의 부품 단위당 외부판매가격은 얼마인가?

① ₩1,650 ② ₩1,690 ③ ₩1,730 ④ ₩1,770 ⑤ ₩1,960

18. (주)대구는 A, B 두 개의 사업부를 가지고 있다. 사업부 A는 부품을 생산하여 사업부 B에 대체하거나 외부에 판매할 수 있다. 완제품을 생산하는 사업부 B는 부품을 사업부 A에서 매입하거나 외부시장에서 매입할 수 있다. 사업부 A와 B의 단위당 자료는 다음과 같다.

사업부 A		사업부 B	
부품의 외부판매가격	₩9,000	최종제품의 외부판매가격	₩20,000
변동비	6,000	추가변동비	3,000
고정비	2,000	고정비	5,000

A, B 두 사업부 사이의 대체가격결정과 관련된 다음의 설명 중 옳은 것은?

① A사업부는 부품을 외부에 단위당 ₩9,000에 팔 수 있으므로 사업부 B에 ₩9,000 이하로 공급해서는 안 된다.

② A사업부에 유휴생산능력이 있을 때에는 ₩6,000 ~ ₩9,000 범위 내에서 어떤 대체가격을 결정하느냐에 따라 회사 전체의 이익이 영향을 받는다.

③ A사업부에 유휴생산능력이 없으며, B사업부가 외부에 부품을 단위당 ₩8,500에 매입할 수 있더라도 회사 전체의 이익을 위해서 두 사업부는 거래를 해야 한다.

④ B사업부가 A사업부 이외에서 부품을 구입할 수 없다면 A사업부는 유휴생산능력이 없더라도 외부판매를 줄이고 B사업부에 부품을 공급하는 것이 회사 전체의 이익에 도움이 된다.

⑤ B사업부는 A사업부로부터 부품을 단위당 ₩12,000 이하로 매입하면 이익을 올릴 수 있으므로 대체가격을 ₩12,000 이하로 결정하면 된다.

정답 및 해설

1. ②

2. ④

하위부문의 공정한 성과평가를 위해서는 시장가격에 근거한 대체가격을 설정하는 것이 바람직하다.

3. ①

공급부서의 최소대체가격은 대체시 발생하는 단위당 지출원가+단위당 기회비용이다.

4. ④

	공급부문(甲)의 의사결정		생산부문(乙)의 의사결정	
	외부판매시 이익	내부대체시 이익	내부대체시 비용	외부구입시 비용
공헌이익	(45−30)×100,000	(P−30+8)×100,000	P×100,000	42×100,000
고정비	1,000,000	1,000,000		
이익	500,000	100,000P−3,200,000		
	100,000P − 3,200,000 ≥ 500,000일 경우 대체 P ≥ ₩37		100,000P ≤ 4,200,000일 경우 대체 P ≤ ₩42	

따라서, 37 ≤ P ≤ 42 가 된다.

5. ②

	대안 1	대안 2
관련손익	1,400×1,000	400P+1,600×600
	= 1,400,000	= 400P+960,000

따라서 400P+960,000 = 1,400,000이므로

P = 1,100이 된다.

6. ④

₩100 - ₩8 = ₩92

7. ④

8. ⑤

9. ③

전부원가로 내부대체하는 것보다는 시장가격으로 내부대체할 경우에 중간사업부의 이익이 더 크게 된다. 따라서 중간사업부의 경영자는 공정개선 및 기술혁신을 통한 원가절감의 유인(incentive)을 가지게 될 것이다.

10. ①

②: 원가기준 이전가격은 회사전체의 목표와 사업부의 목표를 일치시킬 수 없는 경우가 발생할 수도 있다.

③: 원가기준 이전가격은 공급부문에서 이익이 발생하지 않으므로 하위단위의 성과평가에 유용하지 못하다.

④: 협상기준 이전가격은 하위단위의 자율성을 보장해 준다.

⑤: 협상기준 이전가격은 협상에 있어서 시간이 많이 소요될 뿐만 아니라 각 부문의 이익이 대립하는 경우에 그 적용이 어렵다.

11. ②

(₩750 −₩820 − ₩10) × 2,000단위 = (₩160,000) 손실

12. ③

乙부문이 지급하고자 하는 최소대체가격은 외부구입가격인 ₩640이 된다.

13. ③

사업부 1은 외부판매시장이 없고, 다름 부품의 생산 기회가 없기 때문에 내부대체를 하기 위한 최소한의 가격은 변동원가를 회수할 수 있는 수준이 되어야 한다. 따라서 ₩40 + ₩28 + ₩12 = ₩80이 최소대체가격이다.

14. ②

공급부문의 최소대체가격: ₩50,000 − ₩6,500 = ₩43,500

회사전체 이익의 증가분: (₩48,000 − ₩43,500) × 400 = ₩1,800,000

공급부문의 의사결정(400단위)	
외부판매시	사내대체시
공헌이익 (50,000−36,000)×400=5,600,000	(P−36,000+6,500)×400=400P−11,800,000

사내대체를 하려면 400P − 11,800,000 ≥ 5,600,000가 되어야 하므로,

최소대체가격은 P ≥ ₩43,500

15. ⑤

사업부 A의 기회원가: 외부판매 공헌이익 = (₩30−₩20) × 2,000단위 = ₩20,000

최소대체가격: ₩20 + ₩10 + ₩8 = ₩38

16. ⑤

(1) 특별주문을 수락할 경우의 관련손익 분석(B사업부)

 − 공헌이익 증가: (₩100 − ₩39 −₩20) × 1,000 = ₩41,000

(2) 연간 생산가능량은 3,000개이고, 연간 시장 판매량은 2,000개이므로 1,000개의 특별주문으로 인한 외부시장 잠식의 기회비용은 없다.

17. ④

	A		B
	외부	내부	
가격	@	P	?
변동비	₩1,470+₩300	₩1,470+300−₩40	Min(P, ₩2,000) + ?
공헌이익	@−₩1,770	P−₩1,730	

유휴설비의 유무에 관계없이 기업 전체 입장에서 동일한 손실이 발생하기 때문에 최소대체가격이 유휴설비의 유무에 관계없이 동일해야 한다.

(1) 유휴설비가 없는 경우 최소대체가격

P = 변동비 + 기회비용 = (₩1,470+₩300−₩40) + (@−₩1,770) = @−₩40

(2) 유휴설비가 있는 경우 최소대체가격

P = 변동비 = ₩1,470 + ₩300 −₩40 = ₩1,730

(3) (1) = (2)이므로 @−₩40 = ₩1730

따라서 @(외부판매가격) = ₩1,770

18. ④

	A		B
	외부	내부	
가격	₩9,000	P	₩20,000
변동비	6,000	₩6,000	Min(P, ₩9,000) + ₩3,000
공헌이익	₩3,000	P−₩6,000	₩17,000 − P 또는 ₩8,000

① 최소대체가격은 유휴설비가 존재하는 경우 ₩6,000이고, 존재하지 않는 경우는 ₩9,000(₩6,000+₩3,000)이다.

② 대체가격 범위는 회사 전체의 이익 증감과는 아무 관련이 없다.

③ 최소대체가격 = ₩9,000, 최대대체가격 = ₩8,500이므로 대체시 대체수량 1단위당 ₩500의 손실이 발생하므로 대체하지 않는다.

⑤ 최대대체가격은 Min(₩20,000−₩3,000, 외부구입가격)이므로 ₩12,000이 최대대체가격이라고 확정지을 수는 없다.

Chapter 12

자본예산 및 종합예산

1. 예산편성방법

(1) 중앙집권적 예산편성

① 최고경영자가 예산을 편성하여 기업의 하부 조직으로 통보해 주는 방법

② 제품이나 생산방식이 표준화되어 있거나 시장이 안정적인 기업에 적합

③ 종업원에 대한 동기부여가 어렵고 목표가 과도하게 설정될 경우 최고경영자에 대한 불신이 초래될 가능성이 있으며 최고경영자가 하부 조직의 모든 부분을 파악하지 못하고 있는 경우에는 적합하지 않다.

(2) 참여적 예산편성

① 모든 계층의 관리자가 예산 편성에 참여하고 조직 구성원 전체가 상호 의사소통을 통해 예산을 편성하는 방식

② 회사의 전체 목표와 조직구성원의 목표를 일치시킬 수 있다.

③ 의견 조율에 많은 노력이 필요하며 절차가 복잡하다.
예산수립에 참여한 관리자가 악용할 소지가 있다.(예산슬랙 가능성)

(3) 기타의 예산편성

① **연속예산(갱신예산)**

일정기간에 대한 예산을 편성한 후 일부 기간이 경과하면 새로운 기간에 대한 예산을

추가로 편성하여 항상 일정기간의 예산이 유지되도록 하는 예산 방식으로서 예산 기간 말에 조직구성원이 근시안적으로 행동하는 것을 방지할 수 있는 장점이 있다.

② **영기준예산(zero-based budget)**

전년도 예산을 무시하고 마치 예산을 처음 편성하는 것처럼 원점에서 출발하여 예산을 새롭게 편성하는 방식이다. 과거 예산에 포함된 비능률을 고려하여 편성함으로써 과거의 비능률을 배제할 수 있는 장점이 있으나 예산 편성에 시간과 노력이 많이 투입되는 단점이 있다.

③ **증분예산**

전년도 예산에 각 항목별로 예측된 가격 변동분과 조업도의 변동분을 반영하여 예산을 편성하는 방식이다. 과거 예산에 포함된 비능률이 추가적인 조정 없이 그대로 미래의 예산에 포함된다는 문제점이 있다.

2. 자본예산

1년 이상의 장기의사결정방법으로서 현금흐름의 시점과 크기를 중요시하여 의사결정을 하는 방법이다. 장기의 의사결정이므로 일반적으로 화폐의 시간가치를 고려하게 된다.

(1) 현금흐름 추정 방법

① 세후현금흐름을 기준으로 추정

② 이자비용과 배당은 할인율에 반영되므로 현금흐름 추정시 고려해서는 안 된다.

③ 기회비용을 반영한 현금흐름을 도출해야 한다.

(2) 회수기간법

① 투자액을 회수하는 데 소요되는 시간으로 투자안을 평가하는 방법

② 정확한 수익의 예측이 중요하지 않거나 현금흐름의 불확실성이 매우 높은 상황에서 투자안을 평가하는 방법

③ 매년 현금흐름이 일정하고 투자안의 내용연수가 회수기간의 2배 이상인 경우에는 회수기간의 역수가 내부수익률에 근접하게 된다.

④ 의사결정: 투자안의 회수기간 ≦ 목표회수기간 → 투자안 채택

(3) 회계적 이익률법

① 회계적 이익률: $\dfrac{\text{연평균순이익}(=\text{연평균현금흐름}-\text{연평균감가상각비})}{\text{평균투자액 또는 최초투자액}}$

② 발생주의에 의한 회계적 이익을 사용한다.

③ 성과평가시 투자수익률과 같은 개념이므로 성과평가와 일관성을 유지할 수 있다.

④ 회계처리방법에 따라 이익률이 달라질 수 있으며 화폐의 시간가치를 고려하지 않는다.

⑤ 의사결정: 목표이익률 ≦ 투자안의 회계적 이익률인 경우 투자안 채택

(4) 순현재가치(NPV)법

① 순현재가치 = 현금유입액의 현재가치 - 현금유출액의 현재가치

② 할인율: 자본비용으로 할인함. 따라서 자본비용으로 재투자된다고 가정

③ 가치가산의 원리가 적용되며 모든 현금흐름을 고려하고 화폐의 시간가치도 고려한다.

④ 의사결정: 0 ≦ 투자안의 순현재가치인 경우 투자안 채택

(5) 내부수익률(IRR)법

① 내부수익률: '현금유입액의 현재가치 = 현금유출액의 현재가치'를 만들어주는 할인율

② 할인율: 따라서 순현재가치를 0으로 만들어주는 할인율로서 내부수익률로 재투자됨을 가정함

③ 단일투자안이나 독립적인 투자안을 평가할 경우 순현재가치법과 내부수익률법은 동일한 결과를 가져다주나 둘 이상의 독집적인 투자안의 투자순위를 결정하거나 상호배타적인 투자안을 평가할 경우에는 조건에 따라 상반된 결과를 가져올 수 있다.

- 투자안의 내용연수가 다른 경우
- 투자안의 투자규모가 현저히 차이나는 경우
- 투자안의 현금흐름의 양상이 현저히 차이 나는 경우

④ 의사결정: 자본비용 ≦ 투자안의 내부수익률 → 투자안 채택

(6) 인플레이션하의 자본예산

① 기본원칙

명목접근법: 명목현금흐름을 구한 후 명목할인율로 할인하는 방법

실질접근법: 실질현금흐름을 구한 후 실질할인율로 할인하는 방법

② 명목현금흐름과 실질현금흐름의 관계

: 명목현금흐름 = 실질현금흐름 × $(1+\text{인플레이션율})^t$

③ 명목할인율과 실질할인율의 관계

: (1+명목할인율) = (1+실질할인율) × (1+인플레이션율)

: 명목할인율 = (1+실질할인율) × (1+인플레이션율) − 1

기본문제

1. 다음 중 예산과 관련된 설명으로 옳지 않은 것은? **(CTA, 2009)**

   ① 운영예산(Operating Budgeting)은 다음 예산연도의 운영계획을 나타내며, 예산대차대조표(또는 예산재무상태표)에 총괄된다.

   ② 종합예산(Master Budget) 편성의 첫 단계는 판매량 예측이다.

   ③ 연속갱신예산(Rolling Budget)제도는 예산 기간 말에 근시안적으로 판단하는 것을 방지하는 효과가 있다.

   ④ 참여예산(Participative Budget)제도를 운영하는 경우에는 예산수립 참여자의 악용가능성에 대비하여야 한다.

   ⑤ 영기준예산(Zero-based Budget)제도를 운영하는 경우에는 예산편성을 위한 노력이 많이 든다.

2. 종업원이 예산편성 과정에 참여하는 참여예산(Participative Budget)에 관한 설명으로 옳지 않은 것은? **(CTA, 2010)**

   ① 종업원들의 다양한 관점과 판단을 예산에 반영할 수 있다.

   ② 종업원은 최고경영층에서 일방적으로 하달하는 예산목표보다 참여예산의 목표를 더 잘 달성하려는 유인이 있다.

   ③ 예산여유(Budgetary slack)를 발생시킬 위험이 있다.

   ④ 예산편성을 위한 소요기간이 길어질 수 있다.

   ⑤ 예산편성이 조직 전체의 목표는 고려할 필요가 없으며 각 부서의 목표와 방침에 따른다.

3. 경북회사는 제품단위당 4g의 재료를 사용한다. 재료 1g당 가격은 ₩0.8이며, 다음 분기 재료 목표사용량의 25%를 분기말 재고로 유지한다. 분기별 생산량은 다음과 같다. 1분기의 재료구입액은 얼마인가? **(CTA, 2005)**

	1분기	2분기
실제 생산량(목표 생산량)	24,000	35,000

① ₩84,500　② ₩85,600　③ ₩86,400　④ ₩87,200　⑤ ₩88,800

4. 2008년 1월부터 3월까지의 경북회사의 예상 상품매출액은 다음과 같다.

월별	예상매출액
1월	₩3,500,000
2월	₩4,100,000
3월	₩3,800,000

매월 기말재고액은 다음 달 예상매출원가의 25%이며, 상품의 매출총이익률은 30%이다. 2월의 예상 상품매입액은 얼마인가? **(CTA, 2008)**

① ₩2,467,500 ② ₩2,817,500 ③ ₩2,625,000 ④ ₩3,010,000 ⑤ ₩4,672,500

5. (주)경북의 2008년 1월 매출액은 ₩500,000이고, 2월과 3월의 매출은 직전월에 비해 각각 10%와 20%씩 증가할 것으로 예상된다. 매출은 현금매출 70%와 외상매출 30%로 구성되며, 외상매출은 판매된 달에 60%, 그 다음달에 40%가 회수된다. 이에 따라 회사의 현금예산표상 2008년 3월의 현금유입액을 계산하면 얼마인가? **(CPA, 2005)**

① ₩440,000 ② ₩484,000 ③ ₩544,000 ④ ₩480,800 ⑤ ₩646,800

6. 다음 중 자본예산기법에 대한 설명으로 적절하지 않는 것은? **(CTA, 2003)**

① 순현재가치법에서 순현재가치란 투자안으로부터 생기는 현금수입의 현재가치에서 현금 지출의 현재가치를 차감한 잔액이다.

② 내부수익률법에서 내부수익률이란 현금수입과 현금지출을 현재가치로 환산할 때 동일한 금액이 되게 하는 수익률을 의미한다.

③ 회수기간이란 투자안으로부터 유입되는 현금이 최초의 투자지출액을 회수하는 데 소요되는 시간을 의미하는데, 이 기법은 주로 위험이 적고 안정적인 평가안을 평가하는 데 사용되는 것이 바람직하다.

④ 회계이익률법에서 회계이익률이란 손익계산서에서 계산된 이익과 투자액의 비율이다.

⑤ 회수기간의 역수는 투자안의 연간 순현금유입액을 최초투자액으로 나눈 것으로, 투자안으로부터 연간 현금유입액이 일정하게 발생하고 투자안의 내용연수가 최소한 회수기간의 2배 이상인 상황에서 내부수익률의 근사한 추정치로 사용할 수 있다.

7. 다음 중 자본예산을 위해 사용하는 순현가법(NPV)과 내부수익률법(IRR)에 대한 설명으로 옳은 것은? **(CTA, 2005)**

① 내부수익률법은 복리계산을 하지 않으므로 순현가법보다 열등하다.

② 특정 투자안의 수락 타당성에 대해 두 방법은 일반적으로 다른 결론을 제공한다.

③ 내부수익률법은 현금이 할인율이 아닌 내부수익률에 의해 재투자된다고 가정한다.

④ 부수익률법은 순현가법과 달리 여러 가지 수준의 요구수익률을 사용하여 분석할 수 있으므로 더 우수하다.

⑤ 순현가법은 분석시점 초기 투자액이 없는 경우에는 사용할 수 없다.

8. 학생회에서 복사대로 외부에 장당 ₩20을 지급하고 있다. 복사비용 절감을 위해 가격이 ₩3,000,000인 복사기의 구입을 고려하고 있다. 이 복사기는 2년만 사용한 후 ₩550,000에 재판매할 수 있다. 종이가격은 장당 ₩5이며, 100장 복사에 10장이 낭비된다. 복사기 유지비는 연간 ₩110,000이며, 이 외에 복사기 관련 비용은 없다. 편의상 올해의 현금흐름은 할인하지 않고 내년도의 현금흐름은 10%로 할인한다. 매년 복사하여야 할 수량이 11만 장인 경우 복사기를 구입하는 것이 2년간의 복사비용을 올해 현가로 비교하면 얼마나 절감 또는 증가하는가?

① ₩219,000 절감 ② ₩440,000 절감 ③ ₩335,000 절감

④ ₩535,000 절감 ⑤ ₩165,000 증가

중급문제

9. (주)세영은 단일제품을 생산·판매한다. (주)세영은 표준원가를 이용하여 종합예산을 편성한다. 다음은 (주)세영의 2012년 2월 중 생산과 관련된 자료이다.

> 표준 및 예상조업도에 관한 자료
> - 직접재료원가: 제품 단위당 10kg, kg당 ₩50
> - 직접노무원가: 제품 단위당 3시간, 시간당 ₩250
> - 변동제조간접원가: 직접노무시간을 기준으로 배부하며,

배부율은 직접노무시간당 ₩120
- 고정제조간접원가 월 예산액: ₩132,600
- 예상조업도: 780직접노무시간

실제원가 및 실제조업도에 관한 자료
- 직접재료원가: 2,300kg 구입 및 전량 사용, kg당 ₩55
- 직접노무원가: 740시간, 시간당 ₩260
- 변동제조간접원가 발생액: ₩90,000
- 고정제조간접원가 발생액: ₩130,000
- 실제생산수량: 240단위

(주)세영이 2012년 2월초 작성한 종합예산의 총제조원가 금액과 2012년 2월말 작성한 변동예산의 총제조원가 금액은 얼마인가? **(CTA, 2011)**

	2월초 종합예산 총제조원가	2월말 변동예산 총제조원가
①	₩551,200	₩519,000
②	₩551,200	₩508,800
③	₩519,000	₩551,200
④	₩508,800	₩519,000
⑤	₩508,800	₩551,200

10. 경북회사는 주요 원재료 A를 가지고 제품 K를 생산, 판매하고 있다. 제품 K 한 단위를 생산하는 데는 원재료 A 3kg이 소요된다. 2008년도 이 회사의 분기별 예상판매량과 2007년 12월 31일 현재 재고자산 종류별 재고량은 다음과 같다.

2008년도 분기별 예상판매량		2007년 12월 31일 재고량	
분기	판매량	재고자산	재고량
1	8,000단위	원재료 A	5,000kg
2	9,000단위	재공품	없음
3	8,000단위	완제품 K	2,400단위
4	6,000단위		

이 회사의 재고정책에 의하여 각 분기말 완제품재고량은 다음 분기 예상판매량의 30%를 유지하고자 한다. 또한 각 분기말 원재료재고량은 일정하게 5,000kg씩 유지하

며, 재공품 재고는 없도록 하는 것을 원칙으로 하고 있다. 이 회사가 2008년도 두 번째 분기에 구입하여야 할 원재료 A의 물량은 얼마인가? **(CTA, 2007)**

① 24,900kg ② 26,100kg ③ 27,000kg ④ 29,900kg ⑤ 31,100kg

11. 경북(주)의 2/4분기 매출수량과 생산수량에 대한 예산자료가 다음과 같다.

	4월	5월	6월
매출수량	100,000단위	120,000단위	?
생산수량	104,000단위	128,000단위	156,000단위

회사의 4월 1일 현재 제품의 재고량은 20,000단위이다. 회사의 정책에 따르면 매월 말 제품의 재고로 다음 달 판매수량의 20%를 반드시 보유하여야 한다. 7월의 매출은 140,000단위가 될 것으로 예상하고 있다. 6월의 예상판매수량은 얼마인가? **(CTA, 2004)**

① 188,000단위 ② 160,000단위 ③ 128,000단위

④ 184,000단위 ⑤ 180,000단위

12. 금년 초에 설립된 경북물산은 상품구매원가의 120%로 상품가격을 책정하고 있다. 회사는 매월 구매상품의 40%는 현금구입하고 나머지 60%는 외상구입한다. 외상구입 대금은 구입한 달의 다음 달에 지급한다. 회사는 매월 기말재고로 그다음 달 예상 판매량의 30%를 보유하는 정책을 실시하고 있다. 1, 2, 3월의 예상 매출액은 다음과 같다. 단, 3개월 동안의 판매가격 및 구매단가는 불변이다.

	예상매출액
1월	₩9,600
2월	₩12,000
3월	₩15,600

구입대금 지급으로 인한 회사의 2월 중 예상 현금지출액은 얼마인가? **(CPA, 2003)**

① ₩8,760 ② ₩9,160 ③ ₩10,960 ④ ₩13,152 ⑤ ₩10,512

13. 단일상품을 구입하여 판매하고 있는 (주)세영은 2012년 초에 당해 연도 2분기 예산을

편성 중에 있다. 2012년 4월의 외상매출액은 ₩3,000,000, 5월의 외상매출액은 ₩3,200,000 그리고 6월의 외상매출액은 ₩3,600,000으로 예상된다. (주)세영의 매출은 60%가 현금매출이며, 40%가 외상매출이다. 외상매출액은 판매일로부터 1달 뒤에 모두 현금으로 회수한다. (주)세영은 상품을 모두 외상으로 매입하며, 외상매입액은 매입일로부터 1달 뒤에 모두 현금으로 지급한다. (주)세영은 다음 달 총판매량의 20%를 월말재고로 보유하며, 매출총이익률은 20%이다. (주)세영이 2012년 5월 중 상품 매입대금으로 지급할 현금은 얼마인가? (단, 월별 판매 및 구입단가는 변동이 없다고 가정한다.) **(CTA, 2011)**

① ₩6,000,000 ② ₩6,080,000 ③ ₩6,400,000 ④ ₩6,560,000 ⑤ ₩6,600,000

14. (주)세영은 월간예산을 수립하고 있다. 다음 자료를 이용하여 추정한 (주)세영의 2012년 2월말 현금잔액은 얼마인가? **(CTA, 2012)**

재무상태표(2012년 1월 1일 현재)

자산	현금	₩28,000
	매출채권(순액)	78,000
	상품	104,000
	유형자산(장부금액)	1,132,000
총자산		₩1,342,000
부채 및 자본	매입채무	₩200,000
	자본금	800,000
	이익잉여금	342,000
총부채 및 자본		₩1,342,000

- 상품의 2012년 1월 매출액은 ₩260,000, 2월 매출액은 ₩230,000, 그리고 3월 매출액은 ₩210,000으로 추정하고 있다. 모든 매출은 외상으로 이루어지며, 매출채권은 판매한 달에 55%, 다음 달에 40%가 현금으로 회수되고, 5%는 대손처리되어 판매한 당월의 비용으로 처리한다.
- 월별 매출총이익률은 20%이다.
- 상품의 월말재고액은 다음 달 예상매출원가의 50%로 유지한다.
- 모든 매입은 외상으로 이루어지며 매입채무는 매입한 다음 달에 전액 현금으로 상환한다.
- 기타 운영비 ₩21,700은 매월 현금으로 지급한다.
- 감가상각비는 연간 ₩17,000이다.
- 세금은 무시한다.

① ₩18,400 ② ₩27,300 ③ ₩28,100 ④ ₩40,100 ⑤ ₩40,800

15. (주)경북은 자동화설비를 ₩50,000에 구입하려고 한다. 이 회사의 원가담당자는 설비를 도입함으로써 다음과 같은 현금운영비가 절감할 것으로 예상하고 있다. 이때 내부수익률은 얼마인가? **(CTA, 2004)**

연도	금액
1차연도	₩20,000
2차연도	₩20,000
3차연도	₩20,000

연금의 현가표(n = 3)			
8%	9%	10%	11%
2.577	2.531	2.487	2.444

① 9.17% ② 9.5% ③ 9.7% ④ 10.17% ⑤ 10.83%

16. 중소기업인 경북주식회사의 2007년 회계연도의 결산을 1차로 마감한 결과 법인세 등 차감전순이익은 ₩21,000,000이다. 회사는 2007년 12월 31일에 차량운반구를 양도하였으며 당해 자산에 대하여 감가상각은 하였으나 양도에 따른 어떠한 회계처리도 하지 않은 상태이다. 당해 차량운반구는 2005년 1월 1일 ₩5,000,000에 취득한 것으로서 잔존가치는 ₩500,000, 내용연수는 5년, 상각방법은 정률법을 적용하고 있다. 당해 차량운반구의 양도가액이 ₩1,200,000이라고 하면 차량운반구 양도로 인한 실질현금유입액은 얼마인가?(편의상 2007년의 법인세 등의 세율은 30%, 내용연수 5년의 상각률은 40%로 가정한다.) **(감평, 2002)**

① ₩1,164,000 ② ₩1,185,600 ③ ₩1,200,000 ④ ₩1,214,400 ⑤ ₩1,236,000

17. (주)경북에서는 신제품 개발을 위한 기계를 구입하고자 하는데, 아래의 자료를 참고하여 매년의 순현금유입액을 구하시오. **(감평, 2001)**

신기계 구입원가	₩4,000,000
추정 내용연수	8년
추정 잔존가액	구입원가의 10%
매년 예상되는 증분수익	₩4,500,000
매년 예상되는 증분원가(감가상각비 제외)	₩2,650,000

* 감가상각방법은 정액법을 사용하고 법인세율은 40%이다.
* 감가상각비 이외의 모든 수익과 비용은 현금으로 거래된다.
* 할인율은 10%를 적용한다.

① ₩840,000　　② ₩450,000　　③ ₩1,850,000
④ ₩1,290,000　　⑤ ₩1,110,000

18. (주)경북은 향후 10년 동안 매년말 ₩500,000에 달하는 운영비 절감효과(즉, 법인세차감전 순현금유입액)를 가져오는 신기계를 ₩1,000,000에 구입할 것인가를 검토 중이다. 투자안 검토시 요구되는 실질수익률(real rate of return)은 10%이며, 신기계가 구입되면 내용연수를 10년, 잔존가액을 영(0)으로 하여 정액법에 따라 감가상각된다. (주)경북은 순현재가치(NPV)를 토대로 신기계 구입여부를 결정한다. 다음 보기 중 신기계의 NPV값의 크기를 옳게 배열한 것은 어떤 것인가?(세율은 40%, 인플레이션은 20%로 가정한다. 위에서 말한 운영비 절감효과는 불변가치(real value)로 추정된 것이다.) 편의상 세금과 인플레이션의 존재여부는 다음 기호를 이용하여 표현한다. **(CPA, 2003)**

A: 세금이 없고 인플레이션도 없는 경우
B: 세금은 있고 인플레이션은 없는 경우
C: 세금은 없고 인플레이션은 있는 경우
D: 세금이 있고 인플레이션도 있는 경우

① C ＞ A ＞ D ＞ B　　② A ＞ C ＞ B ＞ D　　③ A = C ＞ B = D
④ A = C ＞ B ＞ D　　⑤ A ＞ C ＞ B = D

19. (주)수연은 한 종류의 상품을 구입하여 판매한다. 2008년 1월의 매출액은 ₩100,000이고, 2월과 3월의 매출액이 각각 ₩150,000, ₩120,000이 될 것으로 예상하고 있다. 이 회사의 매출원가는 매출액의 60%이며, 상품은 현금으로 구매한다. 1월 31일의 재고자산은 ₩18,000이고, 매월말의 적정재고량은 다음 달 판매량의 20%이다. 이 회사의 매출액 중 30%는 판매한 달에 회수되고, 70%는 판매한 다음 달에 회수된다. 2008년 2월에 판매비와 관리비로 ₩8,500이 현금으로 지불된다면 2월 중 현금증가 예상액은 얼마인가?

① ₩97,500　② ₩37,500　③ ₩14,500　④ ₩20,100　⑤ ₩100,500

정답 및 해설

1. ①

2. ⑤

3. ②

1분기 원재료(수량)			
기초	24,000*	투입	96,000**
구입	107,000	기말	35,000***

* 24,000 × 25% × 4g = 24,000g

** 24,000 × 4g = 96,000g

*** 35,000 × 25% × 4g = 35,000g

따라서 재료구입액은 107,000g × ₩0.8 = ₩85,600이 된다.

4. ②

2월 상품					
기초	4,100,000×70%×25% = 717,500	매출	4,100,000×70%	= 2,870,000	
매입	2,817,500	기말	3,800,000×70%×25%	= 665,000	
	₩3,535,000			₩3,535,000	

5. ⑤

2008년 3월 현금유입액

- 2월 외상매출 회수: ₩500,000×110%×30%×40% = ₩66,000
- 3월 외상매출 회수: ₩500,000×110%×120%×30%×60% = ₩118,800
- 3월 현금매출 유입: ₩500,000×110%×120%×70% = ₩462,000

합 계 ₩646,800

6. ③

회수기간법은 현금흐름에 대한 화폐의 시간가치를 고려하지 않고, 회수기간 이후의 현금흐름을 무시하는 방법이다. 투자금액의 회수기간만이 고려대상이므로 유동성을 제고하고, 위험이 높거나 인플레이션, 진부화 우려가 큰 투자안의 평가에 유용하다.

7. ③

내부수익률법은 재투자수익률에 대해 내부수익률과 동일하다고 가정한다.

8. ③

외부지급비용 절감: ₩110,000 × 20 = ₩2,200,000

연간 종이구입 비용: 110,000장 ×1.1 × 5 = ₩605,000

복사기 유지비: ₩110,000

현금흐름 분석			
	0	1	2
종이구입비용		(605,000)	(605,000)
유지비		(110,000)	(110,000)
외부구입비용 절감		2,200,000	2,200,000
복사기 구입비용	(3,000,000)		
처분수익			550,000
	(3,000,000)	1,485,000	2,035,000

NPV: 1,485,000 + 2,035,000/1.1 − 3,000,000 = 335,000

9. ①

10. ②

1분기 K			
기초	2,400	판매	8,000
생산	8,300	기말 9,000×30% =	2,700

2분기 K			
기초	2,700	판매	9,000
생산	8,700	기말	2,400

2분기 원재료 구입량: 8,700 × 3kg = 26,100kg

11. ②

4월~5월 제품			
4월초	20,000	매출	100,000+120,000 =220,000
완성	104,000+128,000 =232,000	5월말	32,000

6월 제품			
기초	32,000	매출	160,000
완성	156,000	기말	140,000×20%=28,000

12. ③

상품(원가) 1월			
기초	0	매출	9600/1.2 = 8,000
구입	11,000	기말	12,000/120%×30% = 3,000

상품(원가) 2월			
기초	3,000	매출	12,000/1.2 = 10,000
구입	10,900	기말	15,600/1.2×30% = 3,900

2월중 예상 현금지출액

- 1월 외상구입분에 대한 지출: 11,000 × 60% = ₩6,600
- 2월 현금구입분에 대한 지출: 10,900 × 40% = ₩4,360

₩10,960

13. ②

14. ④

15. ③

내부수익률을 R이라고 하면,

20,000 × 연금현가계수(R, 3기간) = 50,000이므로

R은 9% ~ 10% 범위로 추정된다.

보간법을 적용하면

$$9\% + \frac{2{,}531 - 2.5}{2{,}531 - 2.487} = 9\% + 0.7\% = 9.7\%$$

16. ①

(1) 회사가 계상할 감가상각비

2005년: 5,000,000 × 40% = 2,000,000

2006년: (5,000,000 − 2,000,000) × 40% = 1,200,000

2007년: (5,000,000 − 3,200,000) × 40% = 720,000

(2) 회사가 계상할 절세효과

720,000 × 30% = 216,000

(3) 양도당시 장부가액

$5{,}000{,}000 \times (1 - 0.4)^3 = 1{,}080{,}000$

(4) 처분에 대한 세후 현금흐름

1,200,000 − (1,200,000−1,080,000) × 30% = 1,164,000

17. ④

$$\text{세후 현금흐름: } (4{,}500{,}000 - 2{,}650{,}000) \times (1 - 40\%) + \frac{(4{,}000{,}000 - 4{,}000{,}000 \times 10\%)}{8\text{년}} \times 40\%$$

18. ④

(1) 세금이 없는 경우가 세금이 있는 경우보다 NPV가 더 크다.

(2) 감가상각비는 명목현금흐름이고 따라서 감가상각비의 절세효과도 명목현금흐름에 해당한다.

(3) 감가상각비의 절세효과는 인플레이션이 존재하는 경우에는 현재가치에 미치는 효과가 크게 줄어든다.

(4) 인플레이션이 있는 경우에는 명목가치의 감가상각비 절세효과가 실질가치로 환산

될 때 인플레이션의 영향만큼 감소되므로 B가 D보다 크다.

(5) 명목가치 현금흐름에 대해 명목이자율로 할인한 값이나 실질가치 현금흐름에 대해 실질할인율로 할인한 값이나 그 크기는 동일하다. 따라서 A=C가 된다.

19. ④

매출원가	1월	2월	3월
	₩100,000×0.6= ₩60,000	₩150,000×0.6= ₩90,000	₩120,000×0.6= ₩72,000

재고자산(2월)			
기초	90,000×0.2 = ₩18,000	매출	₩90,000
구입	@	기말	72,000×0.2 = ₩14,400

따라서 @ = ₩86,400이 된다.

현금유입: ₩150,000×30% + ₩100,000×70% = ₩115,000

현금유출: ₩86,400 + ₩8,500 = (94,900)

₩20,100

Chapter 13

불확실성하의 의사결정

1. 불확실성하의 의사결정단계

- 1단계: 의사결정의 목표 설정(예: 기대이익극대화, 기대비용최소화 등)
- 2단계: 선택가능한 행동(action, 대안)을 파악
- 3단계: 미래의 발생가능한 상황(events, 사건)을 열거
- 4단계: 사건의 발생가능성에 대해 확률을 부여(사전확률 또는 사후확률)
- 5단계: 특정 행동(action)과 특정사건(events)의 결합에 의해 나타날 수 있는 성과(pay offs)를 계산하여 성과표를 작성한다.
- 6단계: 각 행동(action)별로 기대효용 또는 기대가치를 계산한다.
- 7단계: 각 행동(action) 중 의사결정의 목적에 가장 가까운 최적안을 선택한다. 최적대안의 선택기준에는 여러 가지가 있으나 일반적으로 기대가치기준이나 기대효용기준이 많이 쓰인다.

2. 완전정보의 기대가치(EVPI)

(1) 의미

완전정보의 기대가치란 미래의 불확실성을 완전히 제거한 완전한 정보를 이용함으로 인하여 증진되는 기대가치(완전정보를 가진 경우의 최적의사결정의 기대가치 - 현재 상태에서의 최적의사결정의 기대가치)를 말한다. 이는 곧 완전한 정보를 얻기 위하여

지불할 수 있는 최대가치로서 예측오차의 원가를 이용하여 계산할 수도 있으므로 최소 가중평균 예측오차의 원가라고도 한다.

(2) 계산방법

EVPI = 완전정보하의 기대가치 - 기존정보하의 기대가치
= 완전정보를 구입하기 위하여 지불할 수 있는 최대금액
= 최소 가중평균 예측오차의 원가
= 최소 기대기회손실

3. 불완전정보의 기대가치(EVSI)

(1) 의미

불완전한 정보(표본정보)로 인하여 증진되는 기대가치, 즉 표본정보를 얻기 위하여 지불할 수 있는 최대가치이다. 일반적으로 여러 가지 sample을 조사하여 추가적인 정보가 산출되므로 표본정보의 기대가치라고도 한다. 이는 불완전한 정보를 이용함으로써 기존정보하의 기대가치와의 차이를 발생시키는 기대가치이다.

(2) 계산방법

① **EVSI** = 불완전정보하의 기대가치 - 기존정보하의 기대가치
= 불완전정보를 구입하기 위하여 지불할 수 있는 최대금액
= 불완전한 정보로 인하여 증가되는 기대가치

② **계산순서**

- 1단계: 불완전한 정보가 제공될 확률 계산
- 2단계 : 사전확률을 사후확률로 수정
- 3단계: 각 보고서를 받았을 때 최적대안을 선택
- 4단계: 불완전한 정보하의 기대가치 계산
- 5단계: 불완전정보의 기대가치 계산

(3) EVPI와 EVSI의 본질적 의미

EVPI는 완전한 정보하에서의 대안 선택이 기존 대안과 다르기 때문에 나타나는 값이다. 마찬가지로 EVSI도 불완전한 정보하에서의 대안 선택이 기존 대안과 다르기 때문에 나타나는 값이다. 따라서 완전한 정보 또는 불완전한 정보하에서의 대안 선택이 기존 대안과 같게 나온다면 단지 기존의 의사결정을 강화시켜 줄 뿐이지 EVPI와 EVSI는 0의 값을 가지게 된다.

4. 예측오차의 원가

(1) 의미

의사결정에 중요한 영향을 미치는 매개변수를 잘못 예측함으로 인하여, 즉 예측오차로 발생하는 손실로서 조건부손실 또는 기회손실이라고도 한다. 즉 예측오차의 원가는 최적 행동의 결과와 실제로 선택된 행동으로 인한 결과의 차이를 의미한다.

(2) 계산방법

예측오차의 원가 = 최적행동의 결과 − 실제 선택된 행동의 결과
= 이상적 의사결정하의 결과 − 실제 의사결정하의 결과
= 사후적 최적의사결정의 결과 − 사전적 최적의사결정의 결과

기본문제

1. 다음은 (주)세영의 매출관련 예상 자료이다.

매출액	₩240,000
총변동비	₩135,000
총고정비	₩40,000
판매량	3,000단위

추가판촉행사에 ₩10,000을 투입한다면, 예상 판매량이 400단위 증가할 확률이 60%, 200단위 증가할 확률이 40%이다. 이 판촉행사를 실시하면 영업이익의 기대치가 어떻게 변하는가? **(CTA, 2009)**

① ₩1,000 감소　② ₩1,200 감소　③ ₩1,500 감소
④ ₩1,200 증가　⑤ ₩1,500 증가

2. 불완전정보의 기대가치에 영향을 주는 요인으로 가장 옳지 않은 것은? **(CPA, 2006)**

① 발생상황과 행동대안에 따른 성과
② 발생상황의 불확실성 정도
③ 각 행동대안의 기대성과
④ 불완전정보의 예측정확성
⑤ 각 행동대안의 실현가능성

3. 딸기작물은 서리에 노출되면 그렇지 않은 경우보다 가격이 대폭 하락한다. 딸기작물을 재배하는 어떤 농부가 딸기를 서리로부터 전문적으로 보호해주는 A회사에게 서리보호용역을 맡기고자 한다. 서리(보호)의 유무에 따라 딸기재배로 인한 이익이 다음과 같이 예상되는 상황에서, A회사는 최소한 ₩1,000,000을 서리보호대가로서 수취하고자 한다. 농부는 서리가 내릴 확률이 최소한 몇 % 이상일 때 A회사에게 용역을 맡길 가치가 있겠는가? **(CTA, 2001)**

	딸기 재배로 인한 이익의 예상액	
	서리가 있는 상황	서리가 없는 상황
서리보호가 있는 경우	₩9,000,000	₩6,000,000
서리보호가 없는 경우	₩4,000,000	₩6,000,000

① 16,7% ② 20.0% ③ 33.4% ④ 44.5% ⑤ 50.0%

※ 다음은 문제 4~5와 관련된 자료이다.

> (주)경북은 A제품을 생산하기 위해 두 가지 기계(M_1, M_2) 중 하나를 선택하려고 한다. 두 기계에 대한 예상이익의 성과표는 다음과 같다.
>
> | | 예상수요(발생확률) | |
> |---|---|---|
> | | 50,000개(0.4) | 100,000개(0.6) |
> | M_1기계 구입 | ₩100,000 | ₩300,000 |
> | M_2기계 구입 | ₩80,000 | ₩500,000 |

4. 기대가치 기준에 따를 경우 (주)경북은 어느 기계를 선택해야 하며 그때의 기대가치는 얼마인가?

① M_1, ₩288,000 ② M_2, ₩293,000 ③ M_1, ₩293,000
④ M_2, ₩332,000 ⑤ M_1, ₩332,000

5. (주)경북이 완전한 정보를 얻기 위해 지불가능한 최대 금액은 얼마인가?

① ₩0 ② ₩6,000 ③ ₩8,000 ④ ₩9,000 ⑤ ₩11,000

6. 경북회사는 방식 A 또는 방식 B를 이용하여 신제품을 개발하려고 한다. 신제품이 개발되면 소비자의 선호여부에 따라 판매량이 달라질 것이다. 각 상황별 기대이익은 다음과 같다.

방식	상황	
	선호함	선호하지 않음
방식 A	₩100,000	₩60,000
방식 B	₩150,000	₩40,000

신제품이 선호상품일 확률은 40%, 비선호상품이 될 확률은 60%로 예상되며, 위 자료를 이용하여 신제품개발의 완전정보의 기대가치를 구하시오. **(CTA, 2003)**

① ₩3,200 ② ₩4,200 ③ ₩6,000

④ ₩8,000 ⑤ ₩12,000

7. 복현회사는 제품 A를 현재의 생산라인에 추가하려고 한다. A제품의 판매가격은 ₩10으로 예측되며, 이 제품을 제조하는 데 연간 총고정제조비용 ₩900,000이 들고, 단위당 변동제조원가는 ₩7이 될 것으로 추정된다. 과거 경험을 기초로 제품 A에 대한 수요와 그 확률분포는 다음과 같이 예측된다.

수요(수량)	제품 A의 확률
100,000 이상 ~ 200,000 미만	0.1
200,000 이상 ~ 300,000 미만	0.2
300,000 이상 ~ 400,000 미만	0.4
400,000 이상 ~ 500,000 미만	0.2
500,000 이상	0.1

만일 이 회사가 제품 A를 추가하는 경우 제품 A로부터 손익분기점 이상의 매출을 달성할 확률은 얼마인가? **(CTA, 2002)**

① 0.1 ② 0.3 ③ 0.4 ④ 0.7 ⑤ 0.9

중급문제

8. 다음 중 불확실성하의 의사결정에 관한 설명으로 가장 타당하지 않은 것은 어느 것인가? **(CPA, 2011)**

   ① 미래의 발생 가능한 상황들은 모두 알려져 있지만 그중에서 어떤 특정상황이 실제로 발생할지는 모르는 상태에서 내리는 의사결정을 불확실성하의 의사결정이라 한다.

   ② 불확실성하의 의사결정은 확실성하의 의사결정과는 달리 미래의 발생 가능한 상황들과 각 상황이 발생할 확률을 추가적으로 고려할 필요가 있다.

   ③ 불확실성하의 의사결정에 사용되는 정보의 유용성은 사전확률을 사후확률로 변경시킨 결과에 따른 의사결정자의 기대가치 또는 기대효용의 증가분에 의하여 평가할 수 있다.

   ④ 불완전정보의 기대가치는 불완전정보에 의하여 수정된 사후확률을 이용하여 계산한 최적안의 기대가치와 불완전정보를 사용하기 전의 사전확률에 의한 최적안의 기대가치 차이로 계산할 수 있다.

   ⑤ 완전정보의 기대가치는 완전 정보에 의한 미래의 상황별 최적안의 선택에 따른 기대가치로서 위험중립형 의사결정자가 정보의 구입비용으로 지불할 수 있는 최대금액이 된다.

9. (주)경북은 게임용 소프트웨어를 개발하여 판매하고 있다. 제품의 단위당 변동원가는 ₩30,000이며, 단위당 판매가격은 ₩40,000이다. 이 회사는 곧 개최되는 컴퓨터박람회에 참가하려고 하는데, 박람회 주관기관에서 부스(booth)임차료와 관련하여 다음의 2가지 지급방안을 제안하였다.

방안 1: 고정임차료 ₩8,000,000 지급
방안 2: 고정임차료 ₩2,000,000과 매출액의 10% 지급

이 회사는 과거 경험자료에 기초하여 소프트웨어 1,000단위와 2,000단위를 판매할 확률을 각각 40%와 60%로 평가하였다. 기대영업이익을 극대화하려면 어느 방안을

선택하여야 하며, 선택된 방안의 기대영업이익은 얼마인가? **(CTA, 2006)**

① 방안 1, ₩14,000,000

② 방안 2, ₩14,000,000

③ 방안 1, ₩8,000,000

④ 방안 2, ₩7,600,000

⑤ 방안 1, ₩7,600,000

10. (주)경북은 새로운 생산설비를 도입하면서 자본집약적인 경우와 노동집약적인 경우의 두 가지 대안을 생각하고 있다. 각 대안의 원가구조는 다음과 같다.

원가	자본집약적 설비	노동집약적 설비
고정 원가	₩1,000,000	₩200,000
단위당 변동원가	₩4,000	₩7,000

설비를 도입한 후 월 예상생산량과 그 확률이 다음과 같다고 할 때 원가최소화를 목표로 하는 (주)경북이 월 예상판매량에 대한 불확실한 정보 때문에 입게 될 경제적 손실은 얼마인가? **(CPA, 2005)**

생산량(단위)	100	200	300	400
확률(%)	40	30	20	10

① ₩60,000　② ₩260,000　③ ₩1,540,000

④ ₩1,600,000　⑤ ₩1,800,000

11. (주)세영은 갑회사로부터 유휴설비를 1년간 임대해 달라는 요청을 받았다. (주)세영은 설비 임대료와 관련하여 다음과 같이 두 가지 대안을 제시받았다.

> 대안 1: 갑회사의 연간 제품판매량 × ₩40 + ₩50,000
> 대안 2: 갑회사의 연간 제품판매량 × ₩70

갑회사의 1년간 판매량이 1,000단위일 확률은 40%이며, 2,000단위일 확률은 60%라고 한다. (주)세영의 입장에서 기대이익을 극대화하려면 어느 대안을 선택하여야 하며,

그 기대임대료는 얼마인가?

① 대안 2, ₩104,000　② 대안 2, ₩130,000　③ 대안 2, ₩90,000
④ 대안 1, ₩112,000　⑤ 대안 1, ₩114,000

12. 경북산업은 MP3을 생산하여 판매하는 유망 중소기업이다. MP3의 판매가격은 단위당 ₩100이며 회사의 현재 설비의 최대생산능력은 150,000단위이다. 100,000개를 생산하는 경우 MP3의 단위당 원가구조는 다음과 같다.

직접재료원가	₩ 20
직접노무원가	₩ 30
변동 제조간접원가	₩ 10
고정 제조간접원가	₩ 15

경북산업은 위의 원가구조가 미래에도 동일할 것으로 보며 올해의 판매량도 100,000개일 것으로 예측하고 있다. 최근에 미국의 한 기업이 MP3을 개당 ₩70에 구입할 수 있는지를 문의해왔다. 경북산업의 예측에 따르면 미국회사가 50,000개를 구입할 확률은 20%이고 40,000개를 구입할 확률이 40%이고 30,000개를 구입할 확률은 40%이다. 미국에 대한 수출은 신규판매로서 기존의 국내시장에는 영향이 없을 것으로 기대된다. 만일 경북산업이 미국회사의 제의를 거절하면 유휴설비를 이용하여 ₩350,000의 이익을 올릴 수 있다. 경북산업이 미국회사의 제의를 받아들이는 경우 기대이익의 증감은 얼마인가? **(CTA, 2002)**

① ₩30,000 증가　② ₩50,000 감소　③ ₩300,000 증가
④ ₩500,000 감소　⑤ 증감 없음

13. 똘배회사는 자사가 생산하는 제품의 정확한 원가를 모른다. 회계부서에 의하면 고정원가는 ₩100,000으로 확정지을 수 있으나 단위당 변동제조원가는 불확실하며, 단위당 변동제조원가의 분포 및 확률은 다음과 같다.

단위당 변동제조원가	6원	9원	12원	15원
확률	1/6	1/3	1/6	1/3

똘배회사의 판매부서는 고객으로부터 단위당 10원에 100개의 제품을 구매하겠다는 특별주문을 받았다. 이 회사가 특별주문을 처리할 충분한 유휴생산설비를 가지고 있으며, 위험중립적이라고 가정할 때 특별주문과 관련하여 단위당 변동제조원가에 대한 완전정보의 기대가치는 얼마인가? **(감평, 2006)**

① ₩0 ② ₩100 ③ ₩200 ④ ₩300 ⑤ ₩400

14. 김밥을 말아서 판매하는 수연이는 한국시리즈가 진행되는 야구장에서 김밥을 판매하려고 한다. 김밥의 단위당 제조원가는 ₩400이며, 판매가격은 ₩1,000이다. 야구는 야간경기이기 때문에 야구장에서 팔고 남은 김밥은 쉬게 되어 폐기처분하여야 하며, 미리 만들어 간 김밥이 다 팔린 후에는 추가로 김밥을 만들어 팔 수 없다. 김밥의 예측판매량은 다음과 같다.

판매량	2,500개	3,000개	3,500개
확률	0.4	0.3	0.3

김밥의 판매량에 관하여 완전한 예측을 해주는 완전정보시스템이 있다면 그러한 완전정보의 기대가치는 얼마인가? **(CTA, 2005)**

① ₩0 ② ₩90,000 ③ ₩170,000 ④ ₩220,000 ⑤ ₩270,000

15. (주)수연은 기념품을 생산한다. 1억 원의 고정원가로 100만 개를 생산 및 판매하고, 판매가는 단위당 ₩100에서 ₩500 사이로 결정될 것이고, 단위당 변동원가는 ₩100에서 ₩200 사이에서 결정될 것인데 불확실하다. 단위당 판매가와 변동원가는 균일분포(uniform distribution)를 가지는데 서로 독립적으로 결정된다. 이익이 발생할 확률은 얼마인가? **(CPA, 2000)**

① 60% ② 87.5% ③ 75% ④ 66.6% ⑤ 62.5%

16. (주)중하식품은 김밥 도시락을 단위당 판매가격 ₩1,000에 판매하려 한다. 단위당 변동원가는 ₩500이며, 월간 고정원가는 ₩750,000이다. 도시락의 수요량은 불확실하지만 정규분포를 이룰 것으로 보이며, 월간 기대판매량은 2,100개, 표준편차는 400개로 예상한다. 도시락 판매로 인해 이익이 발생할 확률은? 단 아래의 표준정규분포표를 이용하여 계산하시오. **(CTA, 2006)**

Z	p(Z<)	Z	p(Z<)	Z	p(Z<)
0.5	0.69	1.0	0.84	1.5	0.93
2.0	0.98	2.5	0.994	3	0.999

① 7% ② 69% ③ 84% ④ 93% ⑤ 98%

17. (주)경북은 전문경영인을 채용하기 위해 전문경영인의 보수 w를 결정하고자 한다. 전문경영인의 노력 e와 외부 경영환경 s에 따른 회사의 이익(전문경영인의 보수 차감 전)x는 다음과 같다.

전문경영인의 노력	외부 경영환경		
	s_1	s_2	s_3
e = 6	x=₩60,000	x=₩60,000	x=₩30,000
e = 4	x=₩30,000	x=₩60,000	x=₩30,000

외부 경영환경(s_1, s_2, s_3) 각각의 발생확률은 1/3로 모두 동일하다. 회사 이익 x는 객관적으로 관찰 가능하지만, 전문경영인의 노력 e 는 관찰 불가능하다. (주)경북의 주주집단의 효용함수 B는 다음과 같이 이익 x와 전문경영인의 보수 w로 이루어진다.

$$B(x, w) = x - w$$

전문경영인의 효용함수 U는 다음과 같다.

$$U(x, e) = \sqrt{w} - e2$$

전문경영인은 자신의 효용이 114 이상일 경우에만 고용계약을 수락할 것이다. 단

모든 세금 효과는 무시한다.

이상의 내용과 관련하여 다음 설명 중 적절하지 않는 것은? **(CPA, 2007)**

① 전문경영인의 보수를 고정급으로 지급할 때 회사의 이익이 극대화된다.

② 만약 전문경영인의 노력이 관찰 가능하다면, 회사의 이익보다 전문경영인의 노력을 기초로 성과급을 지급하는 것이 주주집단의 효용을 더 높인다.

③ 만약 전문경영인이 노력 e = 6을 기울인다면, 회사의 기대이익은 ₩50,000이 된다.

④ 주어진 전문경영인의 효용함수에 의하면 전문경영인은 보수 w에 대해 위험회피적이다.

⑤ 만약 전문경영인이 노력 e = 6을 기울이고, 보수 w = ₩22,500을 받는다면 전문경영인의 효용(U)은 114가 된다.

18. 경북자동차의 조립공정에서 최근 불량률 통계를 조사한 결과 아래와 같은 결과를 도출하였다.

공정이 정상일 때		공정이 비정상일 때	
불량률	확률	불량률	확률
0.06	0.1	0.08	0.1
0.05	0.2	0.07	0.2
0.04	0.3	0.06	0.3
0.03	0.2	0.05	0.2
0.02	0.2	0.04	0.2

조립공정이 정상적으로 가동될 사전적 확률은 90%이다. 경북자동차의 경영진은 조립공정이 정상적으로 가동될 확률이 50% 이하라면 조립공정을 조사하기로 결정하였다. 실제 조립공정의 불량률을 조사한 결과 불량률이 0.06으로 파악되었다면 조립공정이 정상일 확률은 얼마인가?

① 50% ② 60% ③ 67.5% ④ 75% ⑤ 80%

19. 대박영화사는 올해 연말 개봉을 목표로 한 영화 〈어느날〉에서 주연으로 활약할 배우로 전지현과 전도연 중에서 한 배우를 캐스팅하려고 한다. 만약 이 배우들 중 한 배우를

캐스팅할 경우 관객이 100,000명 증가할 확률이 0.4이고, 700,000명 증가할 확률이 0.6이다. 관객 1인당 입장료는 ₩8,000이다.

그런데 전지현은 출연료 ₩200,000,000에 관객 1인당 ₩300의 러닝개런티를 요구하고 있으며, 전도연은 출연료 ₩150,000,000에 관객 1인당 ₩500의 러닝개런티를 요구하고 있다. 이 문제에 대해서 대박영화사는 다년간 영화시장분석에 종사해 온 (주)시네마서비스에게 상담을 요청하였다. (주)시네마서비스의 예측이 맞을 확률은 80%이다. 이때 대박영화사가 (주)시네마서비스에게 지불할 수 있는 최대금액은 얼마인가?

① ₩0 ② ₩100,000 ③ ₩200,000 ④ ₩300,000 ⑤ ₩500,000

정답 및 해설

1. ④

관련수익: (400×0.6 + 200×0.4) × 35 = 11,200

관련비용: 10,000

관련이익: 11,200 − 10,000 = 1,200 증가

2. ⑤

3. ②

서리가 내릴 확률을 P라고 하면,

- 서리보호 용역을 맡길 경우 기대가치

  9,000,000 × P + 6,000,000 × (1−P) −1,000,000 = 3,000,000P + 5,000,000

- 서리보호 용역을 맡기지 않을 경우 기대가치

  4,000,000 × P + 6,000,000 × (1−P) = 6,000,000 − 2,000,000P

두 대안이 무차별해지는 P를 계산하면

  3,000,000P + 5,000,000 = 6,000,000 − 2,000,000P

  P = 20%

4. ④

$E(M_1)$: ₩100,000 × 0.4 + ₩300,000 × 0.6 = ₩220,000

$E(M_2)$: ₩80,000 × 0.4 + ₩500,000 × 0.6 = ₩332,000

따라서 M_2 기계를 선택하며, 기대가치는 ₩332,000이 된다.

5. ③

완전정보하의 기대가치: ₩100,000 × 0.4 + ₩500,000 × 0.6 =	₩340,000
기존정보하의 기대가치:	₩332,000
완전정보의 기대가치:	₩8,000

6. ⑤

– 기대이익(방식 A): ₩100,000 × 40% + ₩60,000 × 60% = ₩76,000

– 기대이익(방식 B): ₩150,000 × 40% + ₩40,000 × 60% = ₩84,000

완전한 정보가 없다면 방식 B를 채택할 것이다.

완전정보하의 기대이익: ₩150,000 × 40% + ₩60,000 × 60% = ₩96,000

완전정보의 기대가치: ₩96,000 – ₩84,000 = ₩12,000

7. ④

손익분기점: 900,000/(₩10 – ₩7) = 300,000

손익분기점 이상일 확률: 0.4 + 0.2 + 0.1 = 0.7

8. ⑤

9. ③

방안 1의 기대가치: ₩10,000×1,000단위×40% + ₩10,000×2,000×60% – ₩8,000,000 = ₩8,000,000

방안 2의 기대가치: {40,000×(1–10%)–30,000}×1,000×40% + {40,000×(1–10%) –30,000}×2,000×60% – 2,000,000 = ₩7,600,000

따라서 방안 1을 선택한다.

10. ①

(1) 4,000Q + 1,000,000 = 7,000Q + 200,000 　　Q = 267

생산량이 100, 200단위일 때는 노동집약적 설비가, 300, 400단위일 때는 자본집약적 설비가 유리하다.

(2) 기대생산량을 계산하면 100×40% + 200×30% + 300×20% + 400×10% = 200

따라서 회사는 원가최소화 측면에서 노동집약적 설비를 선택한다.

(3) 불확실한 정보로 인한 경제적 손실

{300×(7,000–4,000)–80,000}×20% + {400×(7,000–4,000)–800,000}×10%

= 20,000 + 40,000 = ₩60,000

11. ⑤

12. ①

미국회사에 대한 기대판매량: 50,000×20% + 40,000×40% + 30,000×40% = 38,000개

미국회사의 제의를 수락할 경우 관련손익 분석

- 미국회사 판매분에 대한 공헌이익 증가: (₩70 - ₩60)×38,000 = ₩380,000
- 유휴설비에 대한 기회비용: (₩350,000)

관련손익 30,000 이익

13. ②

특별주문에 대한 기대이익: {4×1/6 + 1×1/3 + (−2)×1/6 + (−5)×1/3} × 100 = −100

따라서 특별주문을 거절하므로 기대이익은 0이 된다.

완전정보하의 기대이익: (4×1/6 + 1×1/3) × 100 = 100

완전정보의 기대가치: ₩100 - 0 = ₩100

14. ③

	수요 2,500개(40%)	수요 3,000개(30%)	수요 3,500개(30%)	기대이익
2,500개	1,500,000	1,500,000	1,500,000	1,500,000
3,000개	1,300,000	1,800,000	1,800,000	1,600,000
3,500개	1,100,000	1,600,000	2,100,000	1,550,000

따라서 3,000개를 준비한다.

완전정보하의 기대이익: 1,500,000×40% + 1,800,000×30% + 2,100,000×30% = ₩1,770,000

따라서 완전정보하의 기대가치: ₩1,770,000 - ₩1,600,000 = ₩170,000

15. ⑤

손익분기점이 되기 위한 단위당 공헌이익: 1억 원/100만 개 = ₩100

판매가격의 범위: ₩100 ~ ₩500

단위당 변동비의 범위: ₩100 ~ ₩200

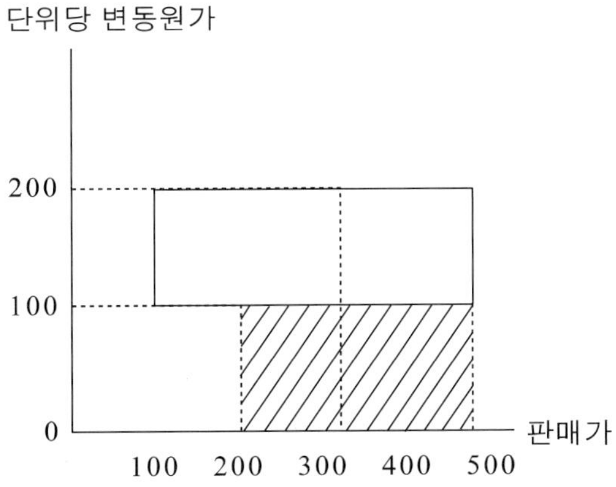

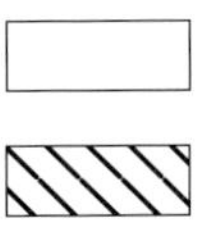

따라서 이익이 발생할 확률은

$$\frac{(500-300)\times(200-100)+(300-200)\times(200-100)\times 0.5}{(500-100)\times(200-100)}=\frac{25,000}{40,000}$$

= 62.5%

16. ④

손익분기점 판매량: ₩750,000/₩500 = 1,500개

$$Z = \frac{1,500-2,100}{400} = -1.5$$

P(Q ≥ 1,500) = P(Z ≥ −1.5) = 0.93

17. ①

전문경영인의 효용함수를 보면 효용을 114 이상 유지하기 위해서는 e = 6의 경우에는

보수가 ₩22,500이상, e = 4인 경우에는 보수가 ₩16,900 이상이 되어야 한다. 전문경영인의 노력의 크기는 보수에 따라 달라지므로 회사의 이익을 극대화하려면 고정급에 의한 보수보다는 변동급에 의해 지급해야 한다.

18. ④

	정상(90%)	비정상(10%)	결합확률
불량률(0.06)	0.1×0.9=0.09	0.3×0.1=0.03	0.12

따라서 불량률이 0.06이면서 제조공정이 정상일 확률은 0.09/0.12 = 75%가 된다.

19. ①

(1) 자료분석

	전지현	전도연
관람료수익	8,000	8,000
러닝개런티	300	500
공헌 이익	₩7,700	₩7,500
고정출연료	2억	1.5억

(2) 대인별 기대수익

	100,000명(40%)	700,000명(60%)	기대수익
전지현	7,700×100,000−2억=5.7억	7,700×700,000−2억=51.9억	33.42억(캐스팅)
전도연	7,500×100,000−1.5억=6억	7,500×700,000−1,5억=51억	33억

(3) 결합확률 계산

	결합확률	
(주) 시네마서비스 예측	S_1 = 0.4(사전확률)	S_2 = 0.6(사전확률)
A_1: 100,000명 예측	0.4 × 0.8 = 0.32	0.6 × 0.2 = 0.12
A_2: 700,000명 예측	0.4 × 0.2 = 0.08	0.6 × 0.8 = 0.48

(4) ① (주)시네마서비스로부터 100,000명 예측보고서 수령

$E(A_1)$: 0.32 × 5.7억 + 0.12 × 51.9억 = ₩805,200,000 (O)

$E(A_2)$: 0.32 × 6억 + 0.12 × 51억 = ₩804,000,000 (X)

② (주)시네마서비스로부터 700,000명 예측보고서 수령

$E(A_1)$: 0.08 × 5.7억 + 0.48 × 51.9억 = ₩2,536,800,000 (O)

$E(A_2)$: 0.08 × 6억 + 0.48 × 51억 = ₩2,496,000,000 (X)

(5) 불완전정보하의 기대값 ₩805,200,000 + ₩2,536,800,000 = 33.42억원

기존정보하의 기대값 33.42억원

불완전정보의 기대가치 ₩0

Chapter 14

책임회계제도 및 성과평가

1. 공헌이익에 대한 차이분석

	실제성과	변동예산	고정예산
판매량	실제판매량	실제판매량	목표(예산)판매량
공헌이익	$\Sigma(ACM_i \times AQ_i)$	$\Sigma(BCM_i \times AQ_i)$	$\Sigma(BCM_i \times BQ_i)$

공헌이익에 대한 변동예산차이 $= \Sigma(ACM_i - BCM_i) \times AQ_i$

공헌이익에 대한 매출조업도차이 $= \Sigma BCM_i \times (AQ_i - BQ_i)$

제품별 단위당 실제판매가격 − 예산판매가격 : 매출가격차이

실제변동판매비 − 예산변동판매비 : 변동판매비 차이

실제변동제조원가 − 예산변동제조원가 : 변동제조원가 차이

- ACM_i : 제품별 단위당 실제공헌이익
- BCM_i : 제품별 단위당 예산공헌이익
- AQ_i : 제품별 실제판매량
- BQ_i : 제품별 목표판매량

(1) 공헌이익에 대한 변동예산차이

공헌이익에 대한 변동예산차이는 제품별 단위당 실제공헌이익과 제품별 단위당 예산공헌

이익의 차이 때문에 발생한다.

'단위당 공헌이익 = 단위당 판매가격 − 단위당 변동판매비 − 단위당 변동제조원가'이므로 공헌이익에 대한 변동예산차이에 대한 책임을 세분화하면 다음과 같다.

① **판매부문의 책임**

매출가격차이: Σ(제품별 단위당 실제판매가격 − 예산판매가격)×제품별 실제판매량

변동판매비차이: Σ(제품별 단위당 실제변동판매비 − 예산변동판매비)×제품별 실제판매량

② **제조부문의 책임**

변동제조원가차이(변동제조원가에 대한 변동예산차이)

: Σ(제품별 단위당 실제변동제조원가 − 예산변동제조원가)×제품별 실제판매량

이러한 제조부문의 책임은 가격차이와 능률차이 때문에 발생하는 것으로 표준원가에 대한 차이분석(Chapter 7)에서 살펴보았다.

(2) 공헌이익에 대한 매출조업도차이

공헌이익에 대한 매출조업도차이는 실제판매량과 목표판매량의 차이 때문에 발생하므로 매출조업도차이는 판매부문의 책임이다. 매출조업도차이를 세분화하면 다음과 같이 분해할 수 있다.

변동예산	예산배합	고정예산
공헌이익 $\Sigma(BCM_i \times AQ_i)$	$\Sigma(BCM_i \times AQ_i \times BM_i)$	$\Sigma(BCM_i \times BQ_i)$

매출배합차이　　　　매출수량차이

- BCM_i : 제품별 단위당 예산공헌이익
- AQ_i : 제품별 실제판매량
- BM_i : 제품별 예산매출배합비율
- BQ_i : 제품별 목표판매량

매출수량차이는 다시 시장점유율차이와 시장규모차이로 분해된다.

2. 판매부문의 성과평가

(1) 단일제품의 매출차이분석

① **매출차이** = 실제공헌이익 - 예산(목표)공헌이익 = 매출가격차이 ± 매출조업도차이

② **차이의 구성요소**

매출가격차이 = 실제매출액 - 변동예산매출액

= {(실제판매가격-예산변동비) - (예산판매가격-예산변동비)} × 실제판매량

※ 판매부문의 성과평가를 위해서는 제조부문에 귀속되는 능률/비능률을 제외하기 위해 예산변동비를 차감한 공헌이익으로 분석해야 한다.

매출조업도차이 = 변동예산공헌이익 - 고정(종합)예산공헌이익

= 제품단위당 예산공헌이익 × (실제판매량 - 예산판매량)

(2) 복수제품의 매출차이분석

① **매출차이** = Σ실제공헌이익 - Σ예산(목표)공헌이익

= 제품별 매출가격차이 ± 제품별 매출조업도차이

② **차이의 구성요소**

매출가격차이 = Σ(제품별 실제매출액 - 제품별 변동예산매출액)

= Σ{(실제판매가격-예산변동비) - (예산판매가격-예산변동비)} ×실제판매량

매출조업도차이 = Σ변동예산공헌이익 - Σ고정(종합)예산공헌이익

= Σ{제품단위당 예산공헌이익 × (실제판매량 - 예산판매량)}

매출조업도차이의 분해

- 매출배합차이와 매출수량차이

	변동예산	예산배합	고정예산
공헌이익	$\Sigma(BCM_i \times AQ_i)$	$\Sigma(BCM_i \times AQ_i \times BM_i)$	$\Sigma(BCM_i \times BQ_i)$

매출배합차이 매출수량차이

- BCM_i : 제품별 단위당 예산공헌이익
- AQ_i : 제품별 실제판매량
- BM_i : 제품별 예산매출배합비율
- BQ_i : 제품별 목표판매량

매출수량차이는 다시 시장점유율차이와 시장규모차이로 분해된다.

- 시장점유율차이 = (실제시장점유율-예산시장점유율) × 실제전체시장규모
  × 제품단위당 평균 예산공헌이익

- 시장규모차이 = 예산시장점유율 × (실제전체시장규모 - 예산전체시장규모)
  × 제품단위당 평균 예산공헌이익

※ 제품단위당 평균 예산공헌이익=Σ(제품별 단위당 예산공헌이익×예산매출배합비율)

3. 투자중심점의 성과평가

(1) 경제적 부가가치(EVA)

① 계산식

EVA = 영업이익 × (1-법인세율) - 투하자본 × 가중평균자본비용

= 세후영업이익 - 세후영업이익을 얻기 위해 투하된 자본

= 투하자본 - (투하자본수익률 - 가중평균자본비용)

② 의미

영업활동에 필요한 자금(투하자본)을 조달한 후 그 자금이 기회비용 이상의 세후수익을 창출하였는가를 현금흐름 분석에 기초하여 판단하게 된다.

- 투하자본 = 이자발생부채 + 자기자본

  = 총자산 - 유동부채

$$= \text{순운전자본} + \text{비유동자산}$$

$$- \text{투하자본수익률} = \frac{\text{세후영업이익}}{\text{투하자본}}$$

$$- \text{가중평균자본비용} = Kd \times (1 - t) \times \frac{B}{S+B} + Ke \times \frac{S}{S+B}$$

(2) 투자수익률(ROI: Return On Investment)

① **계산식**

$$ROI = \frac{\text{영업이익}}{\text{투자중심점의 투자자산(=투자액)}}$$

$$= \frac{\text{영업이익}}{\text{매출액}} \times \frac{\text{매출액}}{\text{투자중심점의 투자자산}}$$

$$= \text{매출액이익률} \times \text{투자자본회전율(또는 총자산회전율)}$$

② **의미**

투자수익률로 성과평가를 할 경우 투자안의 수익률이 투자 전의 수익률보다 클 경우 투자안을 채택하게 된다. 그러나 이 방식에 의할 경우 조직 전체의 입장에서 준최적화 현상을 초래할 수도 있으므로 유의해야 한다.

(3) 잔여이익(RI: Residual Income)

① **계산식**

RI = 투자중심점의 영업이익 − 투자중심점의 투자자산에 대한 부가이자

= 투자중심점의 영업이익 − 투자중심점의 투자자산 × 최저필수수익률

= 투자액 × (투자수익률 − 최저필수수익률)

② **의미**

절대적 이익 금액에 의해 표시되는 수익성 지표로서 영업이익에서 투자자본에 대한 부가이자를 차감한 잔액으로 자본예산의 순현재가치법과 유사한 방법이다. 그러나 현금흐름을 이용하지 않고 회계적 이익을 바탕으로 하고 있으며 투자규모가 다른 사업부간의 성과 비교에는 어려움이 있다.

기본문제

1. 경북회사는 A와 B의 두 제품을 생산·판매하고 있다. 예산에 의하면 제품 A의 단위당 공헌이익은 ₩20이고, 제품 B의 공헌이익은 ₩4이다. 2008년의 예산매출수량은 제품 A가 800단위, 제품 B는 1,200단위로 총 2,000단위였다. 그러나 실제매출수량은 제품 A가 500단위, 제품 B가 2,000단위로 총 2,500단위였다. 경북회사의 2008년 매출배합차이와 매출수량차이를 계산하면 각각 얼마인가? **(CTA, 2008)**

	매출배합차이	매출수량차이
①	₩8,000 유리	₩5,200 불리
②	₩8,000 유리	₩5,200 유리
③	₩5,200 불리	₩8,000 불리
④	₩5,200 유리	₩8,000 불리
⑤	₩8,000 불리	₩5,200 유리

2. 수연회사는 재료 A와 B의 배합을 7 : 3으로 예상하였으나, 실제로는 5 : 5로 이루어졌다. 재료 A의 단위당 원가가 ₩130, B의 단위당 원가가 ₩100이면, 재료배합의 차이로 재료원가가 예상보다 얼마나 변하였는가? **(CPA, 2005)**

① 약 5% 감소 ② 약 2% 감소 ③ 변화 없음 ④ 약 2% 증가 ⑤ 약 5% 증가

3. (주)경북은 재료 A, B, C를 배합하여 단일제품을 생산하고 있으며, 표준원가계산을 채택하고 있다. 다음 자료를 이용하여 재료 수량차이를 배합차이와 수율차이로 구분하면 각각 얼마인가? **(CTA, 2003)**

(1) 제품 1단위를 생산하기 위한 원가표준

	가격표준	물량표준(표준소비량)
재료 A	₩200/재료 1단위	25단위/제품 1개
재료 B	₩100/재료 1단위	15단위/제품 1개
재료 C	₩300/재료 1단위	10단위/제품 1개

(2) 당기제품생산량: 100개(기초와 기말의 재공품은 없다고 가정)

(3) 당기 재료 실제 소비량(구입량과 실제 소비량이 동일하다고 가정)과 실제 구입가격

구분	실제소비량	실제구입가격	실제구입액(소비액)
재료 A	2,800단위	₩220/단위	₩616,000
재료 B	1,600단위	₩90/단위	₩144,000
재료 C	900단위	₩330/단위	₩297,000
합계	5,300단위	–	₩1,057,000

	배합차이	수율차이
①	₩17,000(U)	₩18,000(U)
②	₩17,000(F)	₩57,000(U)
③	₩40,000(U)	₩17,000(F)
④	₩57,000(U)	₩17,000(F)
⑤	₩17,000(F)	₩57,000(F)

4. (주)경북의 3월 예산 대비 실적자료는 다음과 같다. 동 자료를 토대로 당초 예상보다 영업이익이 ₩200만큼 줄어든 원인을 (ㄱ) 판매가격차이, (ㄴ) 변동원가차이, (ㄷ) 고정원가차이 이외의 중요한 차이항목인 매출 조업도차이(net scales volume variance : 일명 순판매 수량차이)를 추가하여 경영진에게 의미 있게 요약·보고하고자 한다. 매출 조업도차이의 금액은 얼마인가?(유리한 차이는 (F)로, 불리한 차이는 (U)로 표시한다.) **(CPA, 2003)**

	3월 실적(actual)	3월 예산(budget)
판매 수량	400개	300개
매출액	₩7,200	₩6,000
변동 원가	₩4,800	₩3,000
고정 원가	₩1,400	₩1,800
영업 이익	₩1,000	₩1,200

① ₩1,800(F) ② ₩600(F) ③ ₩1,000(U) ④ ₩1,800(U) ⑤ ₩1,000(F)

5. 복현전자의 제1사업부는 에어컨을 생산·판매하고 있다. 복현전자의 제1사업부는 투자중심점으로 운영되며, 사업부장의 성과는 투자수익률(ROI)에 근거하여 평가한다. 제1사업부의 목표 투자수익률은 15%이다. 1년 동안 복현전자의 제1사업부와 에어컨

의 생산·판매에 관한 예상자료는 다음과 같다.

- 제1사업부 연간총고정비	₩2,000,000,000
- 에어컨 단위당 변동비	₩300,000
- 에어컨 연간 판매대수	5,000대
- 제1사업부 평균 총자산	₩3,000,000,000

제1사업부의 사업부장이 목표 투자수익률을 달성하기 위한 에어컨의 단위당 최소판매가격은 얼마인가? **(CTA, 2007)**

① ₩700,000 ② ₩720,000 ③ ₩750,000 ④ ₩790,000 ⑤ ₩820,000

6. 책임중심점(responsibility center)의 설계 및 성과평가방법에 대한 다음 설명 중 가장 옳은 것은? **(CPA, 2007)**

① 서비스 지원부서와 같은 비용중심점(expense center)에서는 서비스를 소비하는 부서로부터 그 사용 대가를 징수하지 않는 것이 서비스의 과소비를 줄이는 데 효과적이다.

② 어떤 부서의 원가함수에 관한 지식을 본부가 알 수 없을 때에는 그 부서를 원가중심점으로 설정하는 것이 그 부서를 통제하는 데 효과적이다.

③ 투자수익률과 같은 비율척도로 투자중심점의 성과를 평가할 경우 회사 전체의 이익극대화와 상충될 수 있다.

④ 책임중심점의 성과를 평가할 때 원칙적으로 통제가능 여부에 관계없이 관련된 모든 업무에 대해 책임을 물어야 한다.

⑤ 투자중심점의 성과평가 척도의 하나로 사용되는 경제적 부가가치는 세후영업이익에서 부채에 대한 이자비용을 차감한 금액이다.

7. (주)경북의 A부분의 2008년도 회계자료는 다음과 같다.

매출	₩1,000,000
변동비	600,000
고정비(추적가능원가)	100,000
평 균 투 자 자 본	200,000
부가이익률(최저필수수익률)	6%

위의 자료에 따라 잔여이익을 구하면 얼마인가? **(CTA, 2001)**

① ₩168,00 ② ₩202,000 ③ ₩288,000 ④ ₩312,000 ⑤ ₩420,000

8. (주)세영은 다음과 같은 3개의 사업부(A, B, C)를 갖고 있다. 다음 자료를 이용하여 각 사업부를 잔여이익으로 평가했을 때 성과가 높은 사업부 순서대로 옳게 배열한 것은?

구분	A	B	C
투자액	1,300,000	₩1,200,000	₩1,500,000
영업이익	300,000	330,000	350,000
최저필수수익률	15%	19%	16%

① C > A > B ② C > B > A ③ B > A > C
④ A > C > B ⑤ A > B > C

9. 투자중심점(investment center)의 투자성과 평가지표에 관한 다음의 설명 중 가장 타당하지 않은 것은? **(CPA, 2009)**

① 투자수익률(ROI)은 투하자본에 대한 투자이익의 비율을 나타내는 수익성 지표이며, 매출이익률에 자산회전율을 곱하여 계산할 수 있다.

② 투자수익률은 기업의 여러 투자중심점의 성과를 비교하는 데 유용할 수 있지만, 투자수익률의 수준이 투자중심점 경영자의 성과평가기준으로 사용될 경우에는 목표불일치 문제를 야기할 수 있다.

③ 잔여이익에 의한 투자중심점 성과평가는 투자수익률에 의한 준최적화 문제를 해결할 수 있으며, 각기 다른 투자규모의 투자중심점들의 성과를 잔여이익에 의하여 직접적으로 비교평가할 수 있는 장점이 있다.

④ 경제적 부가가치(EVA)는 세후영업이익에서 투하자본에 대한 자본비용을 차감하여 계산할 수 있다.

⑤ 경제적 부가가치의 관점에서는 영업이익이 당기순이익보다 기업의 경영성과를 평가하는 데 유용한 지표라고 본다.

중급문제

10. 전지현씨는 한 제품의 생산과 판매 업무를 함께 수행하는 사업부의 책임자다. 2008년 사업부의 연간 이익예산은 다음과 같은 예상 매출액, 예상 제조원가 및 예상 판매비에 기초해 수립되었다.

> 예상매출액 = ₩50 × Qs
> 예상제조원가 = ₩300,000 + ₩14 × Qm
> 예상판매비 = ₩200,000 + ₩6 × Qs
> (Qm: 생산량, Qs: 판매량)

예산 생산량과 판매량은 모두 25,000개로 동일하게 수립되었다. 그런데 2008년 한 해 동안의 실제 생산량은 27,000개였고 그중 24,000개를 판매하였다. 제조원가는 ₩695,000, 판매비는 ₩339,000이 소요되었으며, 제품단위당 판매가격은 평균 ₩52이었다. 본사 관리부는 전지현씨의 성과를 평가하기 위해서 사업부의 실제이익과 예산이익의 차이를 그 원인에 따라 가능한 한 많은 요소로 분해하고자 한다. 다음 중 앞에서 주어진 자료를 가지고 파악할 수 없는 이익차이 요소는? **(CPA, 2007)**

① 실제이익과 예산이익의 차이 중 제조간접원가 차이로 인한 금액
② 실제이익과 예산이익의 차이 중 판매가격 차이로 인한 금액
③ 실제이익과 예산이익의 차이 중 판매수량 차이로 인한 금액
④ 실제이익과 예산이익의 차이 중 판매비 차이로 인한 금액
⑤ 실제이익과 예산이익의 차이 중 제조원가 차이로 인한 금액

11. 매직벤처기업은 인터넷서비스업을 제공함에 있어서 전문가와 비전문 주부사원을 함께 채용하고 있다. 이들에 대한 1분당 표준임금과 그에 따른 서비스 1회의 표준원가는 다음과 같다.

표준임금	표준원가	표준임률	표준원가
전문가	3분	1분당 ₩300	₩900
비전문가	7분	1분당 ₩100	₩700
서비스 단위당 표준원가			₩1,600

이 회사는 지난 1주일간 500회의 서비스를 제공하였으며, 이에 따라 실제로 발생된 임금은 다음과 같았다.

실제임금	실제시간	실제임률	실제원가
전문가	1,200분	1분당 ₩400	₩480,000
비전문가	4,000분	1분당 ₩130	₩520,000
실제원가 총액			₩1,000,000

매직벤처기업이 설정한 표준원가를 기초로 변동예산과 실제원가의 차이를 임률차이와 능률차이로 분해하고, 능률차이를 다시 배합차이와 수율차이로 분해할 때, 정확한 수율차이(yield variance)는 얼마인가? **(CPA, 2002)**

① ₩32,000 불리 ② ₩72,000 불리 ③ ₩32,000 유리
④ ₩40,000 유리 ⑤ ₩72,000 유리

12. 경북가구사는 두 종류(A, B)의 목재의자를 판매하고 있다. 6월 두 제품에 대한 관련 자료가 다음과 같다고 할 때 B제품의 매출배합차이는 얼마인가? **(감평, 2006)**

예산상 단위당 공헌이익	A: ₩30,000
	B: ₩40,000
두 제품의 예산상 총판매량	200개
두 제품의 고정예산상 총공헌이익	₩7,300,000
A의자의 실제 매출배합비율	30%
두 제품의 총매출수량차이	₩730,000 불리한 차이

① ₩270,000 유리 ② ₩270,000 불리 ③ ₩360,000 유리
④ ₩360,000 불리 ⑤ ₩90,000 불리

13. (주)지은의 당기 초 생산활동과 관련된 예산자료는 다음과 같다.

구분	예산
생산량(기준조업도)	1,000단위
고정제조간접원가 총액	₩200,000
단위당 변동제조간접원가	₩125

당기의 실제생산량은 1,100단위이었고, 실제제조간접원가 총액은 ₩355,000이었다.

제조간접원가 총차이를 통제가능차이와 조업도차이로 나누어 분석할 때 다음 중 옳은 것은? **(CPA, 2010)**

	통제가능차이	조업도차이
①	₩0	₩1,500(유리)
②	₩2,500(유리)	₩0
③	₩17,500(불리)	₩20,000(유리)
④	₩24,500(유리)	₩22,500(불리)
⑤	₩30,000(불리)	₩30,000(불리)

14. (주)세영은 사무용과 가정용 복사기를 판매한다. (주)세영은 2012년 복사기 시장 규모가 800,000대일 것으로 예측했으나, 실제 시장규모는 700,000대로 집계되었다. 2011년 예산과 실제 결과에 대한 자료가 다음과 같을 때, (주)세영의 시장점유율 차이는 얼마인가? **(CTA, 2011)**

2012년도 예산

제품종류	판매단가	단위당 변동원가	판매수량 및 비율	
			수량	비율
사무용	₩1,200	₩700	20,000대	25%
가정용	₩900	₩500	60,000대	75%
합계			80,000대	100%

2012년도 실제 결과

제품종류	판매단가	단위당 변동원가	판매수량 및 비율	
			수량	비율
사무용	₩1,100	₩625	25,200대	30%
가정용	₩820	₩400	58,800대	70%
합계			84,000대	100%

① ₩3,840,000 불리 ② ₩4,960,000 불리 ③ ₩5,270,,000 불리
④ ₩4,750,000 유리 ⑤ ₩5,950,000 유리

15. (주)경북은 보통과 고급의 두 가지 우산을 판매한다. 회사의 2012년 2월의 매출에

대한 자료는 다음과 같다. 두 가지 우산의 매출 수량차이는 얼마인가? **(CPA, 2004)**

고정예산 총공헌이익	₩2,800,000
2월에 판매될 예산 우산수량	2,000단위
보통우산의 단위당 예산공헌이익	₩1,000
고급우산의 단위당 예산공헌이익	₩3,000
총매출 수량차이	₩700,000(U)
보통우산의 실제 매출배합비율	60%

모든 차이는 공헌이익을 기준으로 한다.

	보통우산	고급우산
①	₩400,000(U)	₩300,000(U)
②	300,000(U)	400,000(U)
③	100,000(F)	800,000(U)
④	800,000(U)	100,000(F)
⑤	500,000(U)	200,000(U)

16. 지은컨설팅의 모든 컨설팅용역은 책임연구원 1명과 보조연구원 2명이 수행하고 있다. 지은컨설팅의 컨설팅용역 수행에 관한 2012년 1월과 2월의 예산과 실제 자료는 다음과 같다.

구분	책임연구원 1명당	보조연구원 1명당
시간당 예산공헌이익	₩100,000	₩50,000
매월 예산투입시간	140시간	180시간
1월 실제투입시간	?	171시간
2월 실제투입시간	?	153시간

지은컨설팅의 모든 연구원이 컨설팅용역을 수행하는 데 실제 투입한 총시간은 2012년 1월과 2월에 각각 450시간씩인 것으로 파악되었다. 컨설팅용역 수행에 투입된 시간에 의할 경우, 공헌이익을 기준으로 계산한 책임연구원과 보조연구원의 1월과 2월 매출배합차이는 각각 얼마인가? **(CPA, 2011)**

	2012년 1월		2012년 2월	
	책임연구원	보조연구원	책임연구원	보조연구원
①	₩1,800,000 불리	₩900,000 유리	₩1,800,000 유리	₩900,000 불리
②	₩900,000 불리	₩1,800,000 유리	₩900,000 불리	₩1,800,000 유리
③	₩1,800,000 유리	₩900,000 불리	₩1,800,000 불리	₩900,000 유리
④	₩ 900,000 유리	₩1,800,000 불리	₩900,000 유리	₩1,800,000 불리
⑤	₩1,800,000 유리	₩900,000 유리	₩1,800,000 불리	₩900,000 불리

17. 투자수익률(ROI), 잔여이익(RI) 및 경제적 부가가치(EVA)에 대한 설명으로 옳지 않은 것은? **(CTA, 2007)**

① ROI를 전문경영자의 보상평가기준으로 사용한다면 대리인비용이 절감되고 투자안의 경제성 평가기준으로 사용할 수 있다.

② EVA는 타인자본비용뿐만 아니라 자기자본비용도 고려하여 산출한다.

③ EVA는 주주의 입장에서 바라보는 이익개념으로 기업고유의 영업활동에서 창출된 순가치의 증가분을 의미한다.

④ ROI는 회사 전체적으로 채택하는 것이 유리한 투자안을 부당하게 기각할 가능성이 있지만, RI와 EVA는 그럴 가능성이 없다.

⑤ RI는 ROI의 단점인 준최적화 현상을 보완하기 위하여 개발되었다.

18. (주)복현에는 A와 B 두 개의 사업부가 있는데, 다음은 두 사업부의 성과평가와 관련된 자료이다.

구분	A사업부	B사업부
투자액	2,000억원	4,000억원
순이익	400억원	720억원

(주)복현의 자본비용은 10%이다. (주)복현이 사업부의 평가를 투자수익률과 잔여이익으로 평가하는 경우 어떠한 평가가 이루어지겠는가? **(CTA, 2007)**

① 투자수익률로 평가하는 경우에는 A부문, 잔여이익으로 평가하는 경우에는 B부문이 각각 더 우수하다는 결과가 나온다.

② 투자수익률로 평가하는 경우에는 B부문, 잔여이익으로 평가하는 경우에는 A부문이 각각 더 우수하다는 결과가 나온다.

③ A부문이 투자수익률이나 잔여이익 모두 더 우수하다는 결과가 나온다.

④ B부문이 투자수익률이나 잔여이익 모두 더 우수하다는 결과가 나온다.

⑤ A부문과 B부문 모두 성과가 차이가 없다.

19. (주)한계령은 전국에 10개의 체인점을 운영하고 있다. 이 회사의 10개 체인점은 각각 독립적으로 운영되고 있다. 각 체인점의 성과는 매출액의 5%를 목표이익으로 하는 잔여이익에 의해 측정된다. 서울 강남의 A체인점의 연간 매출이 ₩300,000이고 매출원가는 ₩120,000이며 영업비용이 ₩155,000일 때, 그 체인점의 잔여이익은 얼마인가? **(감평, 2000)**

① ₩8,000　② ₩10,000　③ ₩16,000　④ ₩19,000　⑤ ₩12,000

20. (주)세영은 당기 초부터 고객에 대한 신용매출 기간을 3개월에서 6개월로 연장하는 판매촉진정책을 실시하였다. 그 결과 당기에는 전기에 비해 매출액과 세후이익이 모두 증가하였고, 재고자산과 매출채권은 각각 ₩4,000과 ₩3,500만큼 증가하였다. 회사가 제시한 비교손익계산서와 법인세율 및 자본비용은 다음과 같다.

항목	당기	전기	증감
매출액	₩275,000	₩250,000	10% 증가
차감			
매출원가	₩192,500	₩175,000	
판매관리비	55,000	50,000	
이자비용	1,400	1,400	
세전이익	₩26,100	₩23,600	
법인세비용	9,135	8,260	
세후이익	₩16,965	₩15,340	10.6% 증가
법인세율	35%	35%	
자본비용	15%	15%	

새로운 판매촉진정책의 실시로 인하여 당기의 경제적 부가가치(EVA)는 전기에 비해 얼마만큼 증가(혹은 감소) 하였는가?(단, 세후영업이익에 대한 추가적인 조정은 없으

며 재고자산과 매출채권 이외에 투하자본의 변동은 없다고 가정한다.) **(CPA, 2010)**

① ₩825 감소　　② ₩1,400 감소　　③ ₩500 증가

④ ₩1,125 증가　　⑤ ₩1,625 증가

21. 당신은 경북상사의 투자중심점의 최고경영자로 일하고 있으며, 현재 투자중심점의 총투자액은 ₩1,000,000이다. 회계이익은 연간 ₩150,000이다. 당신은 다음 투자안을 고려하고 있다.

투자안	투자요구액	투자로부터 연간이익
A	₩200,000	₩40,000
B	₩300,000	₩42,000
C	₩400,000	₩50,000

회사의 요구수익률은 13%이며, 투자에 필요한 자금은 본사에서 조달해 준다. 당신의 경영성과가 투자수익률에 따라 결정되는 경우 회사에 유리한 투자안과 당신에게 유리한 투자안을 옳게 설명한 것은? **(감평, 2006)**

	회사에 유리한 투자안	당신에게 유리한 투자안
①	모든 투자안(A, B, C)	투자안 A
②	투자안 A와 B	투자안 A와 B
③	투자안 A	투자안 A
④	투자안 A와 B	투자안 A
⑤	투자안 A	투자안 A와 B

22. 성과평가와 관련된 다음 설명 중 옳지 않은 것은? **(CPA, 2012)**

① 경제적 부가가치(EVA)를 계산할 때 연구개발비 자산화는 경제적 부가가치를 감소시킬 수 있다.

② 균형성과표(BSC)는 내부관점(내부프로세스 관점, 학습과 성장 관점)과 외부관점(재무적 관점, 고객 관점) 간의 균형을 추구한다.

③ 균형성과표(BSC)에서 내부프로세스 관점의 성과지표는 학습과 성장 관점의 성과

지표에 대해 선행지표인 것이 일반적이다.

④ 총자산회전율이 커져도 매출총이익률이 작아지면 총자산회전율은 작아질 수 있다.

⑤ 원가중심점(원가책임단위), 수익중심점(수익책임단위) 등의 분류는 통제가능성의 원칙이 적용된 것이다.

23. (주)세영은 분권화된 세 개의 사업부(X, Y, Z)를 운영하고 있다. 이들은 모두 투자중심점으로 설계되어 있으며, (주)세영의 최저필수수익률은 20%이다. 각 사업부와 관련된 정보는 다음과 같다.

	X	Y	Z
자산회전율	4회	6회	5회
영업이익	₩400,000	₩200,000	₩210,000
매출액	₩4,000,000	₩2,000,000	₩3,000,000

투자이익률(ROI)이 높은 사업부 순서대로 옳게 배열한 것은?

① X > Y > Z ② X > Z > Y ③ Y > X > Z

④ Y > Z > X ⑤ Z > Y > X

24. 다음 자료에 의해 계산된 복현(주)의 경제적 부가가치(EVA)는 얼마인가? **(감평, 2005)**

세전 영업이익	₩1,500,000
법인세율	35%
가중평균자본비용	12%
총자산(비영업자산제외)	₩6,600,000
유동부채(이자발생부채는 없음)	₩600,000
최소요구투자수익률	15%

① ₩255,000 ② ₩510,000 ③ ₩183,000

④ ₩708,000 ⑤ ₩75,000

25. 다음은 (주)경북의 남부사업부와 중부사업부의 대차대조표와 손익계산서 자료의 일부이다.

	남부사업부	중부사업부
총자산	₩2,000,000	₩10,000,000
유동 부채	500,000	3,000,000
세전영업이익	250,000	2,000,000

(주)경북의 가중평균자본비용 계산에 관련된 자료는 다음과 같다.

- 장기부채: 시장가치 ₩7,000,000 이자율: 10%
- 자기자본: 시장가치 ₩7,000,000 자본비용: 14%

법입세율은 40%이다. 남부사업부와 중부사업부의 경제적 부가가치(EVA)는 얼마인가? 단, 각 사업부에는 동일한 가중평균자본비용을 적용한다. **(CTA, 2006)**

	남부사업부	중부사업부
①	₩100,000	₩130,000
②	50,000	130,000
③	0	500,000
④	50,000	200,000
⑤	100,000	200,000

정답 및 해설

1. ⑤

	실제(2,500단위)	실제(2,500단위)	예산(2,000단위)
A	500×20=10,000	2,500×800/2,000×20=20,000	800×20=16,000
B	2,000×4=8,000	2,500×1,200/2,000×4=6,000	1,200×4=4,800
	18,000	26,000	20,800

배합차이 8,000(U)	수율차이 5,200(F)

2. ①

Q를 실제생산량에 투입된 총재료의 수량이라고 한다면

	실제	실제
A	Q×50%×130	Q×70%×130
B	Q×50%×100	Q×30%×100
	115Q	121Q

배합차이 8,000(U)

115Q/121Q = 95.04%　　　따라서 약 5% 감소

3. ②

	SP×실제배합비율×AQ	SP×표준배합비율×AQ	SP×표준배합비율×SQ
A	200×2,800	200×25/50×5,300	200×25/50×100×50
B	100×1,600	100×15/50×5,300	100×15/50×100×50
C	300 × 900	300×10/50×5,300	300×10/50×100×50
	990,000	1,007,000	950,000

배합차이 17,000(F)	수율차이 57,000(U)

4. ⑤

(1) 예산상의 단위당 공헌이익: $\frac{₩6,000 = ₩3,000}{300개}$ = ₩10

(2)

변동예산	고정예산
400개×10 = 4,000	300개×10 = 3,000

매출조업도차이 1,000(F)

5. ④

$$\frac{(P - ₩300,000) \times 5,000대 - ₩2,000,000,000}{₩3,000,000,000} \geq 15\%$$

따라서 P ≥ ₩790,000

6. ③

기업의 이익은 절대금액으로 나타나기 때문에 비율척도인 투자수익률을 이용해 투자중심점을 평가할 경우 이익극대화목표와 상충될 수도 있다.

7. ③

RI = (₩1,000,000 − ₩600,000 −₩100,000) − ₩2,000,000 × 6%

 = ₩288,000

8. ①

RI(A) = ₩300,000 − ₩1,300,000 × 15% = ₩105,000

RI(B) = ₩330,000 − ₩1,200,000 × 19% = ₩102,000

RI(C) = ₩350,000 − ₩1,500,000 × 16% = ₩110,000

9. ③

10. ①

변동제조간접원가는 단위당 변동원가인 ₩14에 포함되어 있어서 개별적으로 구분할 수 없다. 또한 실제제조원가인 ₩695,000에는 변동제조간접원가와 고정제조간접원가가 구분없이 포함되어 있다. 따라서, 제조간접원가 차이로 인한 금액은 파악할 수 없다.

11. ①

변동예산	변동예산	변동예산
5,200×1,200/5,200×300 = 360,000	5,200×3/10×300 = 468,000	5,000×3/10×300 = 450,000
5,200×4,000/5,200×100 = 400,000	5,200×7/10×300 = 364,000	5,000×7/10×300 = 350,000
760,000	832,000	800,000

배합차이 72,000(F) | 수율차이 32,000(U)

12. ③

A제품의 예산상 매출배합비율을 a, B제품의 예산상 매출배합비율을 b라고 하면

	실제	실제	예산(200개)
A		Q×35%×30,000	200×a×30,000=2,100,000
B	180×(1−30%)×40,000 = 5,040,000	Q×65%×40,000 = 4,680,000	200×b×40,000 = 5,200,000
		6,570,000	7,300,000

매출수량차이 730,000(U)

a + b = 1 ----- ①

30,000×200a + 40,000×200b = 7,300,000 ----- ②

by ①, ②

a = 35% b = 65%가 되고,

30,000×35%×Q + 40,000×65%×Q = 6,570,000에서 Q = 180이 된다.

13. ③

14. ⑤

84,000대×425원 = 35,700,000원	700,000대×10%×425원 = 29,750,000원	80,000대×425원 = 34,000,000원

시장점유율차이	시장규모차이
5,950,000원(유리)	4,250,000원(불리)

15. ①

보통우산에 대한 예산매출배합비율을 x, 고급우산에 대한 매출배합비율을 y라고 하면

$x + y = 1$ ----- ①

$2,000 \times x \times 1,000 + 2,000 \times y \times 3,000 = 2,800,000$ ----- ②

by ①, ②

$x = 80\%$ $y = 20\%$가 도출된다.

	변동예산	고정예산
보통우산	Q×80%×1,000 = 1,200,000	2,000×80%×1,000 = 1,600,000
	400,000(U)	
고급우산	Q×20%×3,000 = 900,000	2,000×20%×3,000 = 1,200,000
	300,000(U)	
	2,100,000	2,800,000
	매출수량차이 700,000(U)	

(Q: 실제 우산 총 판매수량)

$800Q + 600Q = 2,100,000$ $\therefore Q = 1,500$개가 된다.

16. ①

	실제투입시간×시간당예산공헌이익	예산배합비율
책임연구원	108 ×100,000=10,800,000	450×28%×100,000=12,600,000
	매출배합차이 1,800,000(F)	
보조연구원	2×171×500,000 = 17,100,000	450×72%×50,000 = 16,200,000
	900,000(U)	
	27,900,000	28,800,000
	매출배합차이 900,000(F)	
계	450	450

※ 책임연구원 예산배합비율: 140÷(140+2×280)=0.28

보조연구원 예산배합비율: 2×280÷(140+2×280)=0.72

17. ①

ROI는 투자중심점의 성과와 회사전체의 이익극대화 목표 간에 상충관계가 발생할 수도 있기 때문에 보상평가기준으로는 적절하지 못하다.

18. ①

	A	B	결과
ROI	400억/2,000억 = 20%	720억/4,000억 = 18%	A 유리
RI	400억 - 2,000억×10% = 200억	720억 - 4,000억×10% = 320억	B 유리

19. ②

RI = (₩300,000 - ₩120,000 - ₩155,000) - ₩300,000 × 5% = ₩10,000

20. ③

영업이익　당기: ₩275,000 - 192,500 - 55,000 = ₩27,500

　　　　　전기: ₩250,000 - 175,000 - 50,000 = ₩25,000

EVA　　　당기: 27,500(1 - 35%) - (전기투하자본 + 7,500) × 15%

전기: 25,000(1 − 35%) − (전기투하자본) × 15%

EVA 증가(감소) = 2,500×(1 − 35%) − 7,500×15% = 500원

21. ④

현재 투자중심점의 투자수익률: ₩150,000/₩1,000,000 = 15%

회사의 요구수익률: 13%

	ROI	나에게 유리한 투자안(15%이상)	회사에 유리한 투자안(13%이상)
A	40%	40% > 15% : 선택	40% > 13% : 선택
B	14%	14% > 15% : 기각	14% > 13% : 선택
C	8%	8% < 15% : 기각	8% < 13% : 기각

22. ③

23. ③

ROI(X) = 400,000/4,000,000 × 4 = 0.4

ROI(Y) = 200,000/2,000,000 × 6 = 0.6

ROI(Z) = 210,000/3,000,000 × 4 = 0.21

24. ①

1,500,000 × (1−35%) − (6,600,000 − 600,000) × 12%(가중평균자본비용)

= ₩255,000

25. ③

(1) 가중편균자본비용(WACC)계산: Ke × S/V + Kd × (1−Tc) × B/V

= 0.14×7,000,000/14,000,000 + 0.1×(1−0.4)×7,000,000/14,000,000 = 10%

(2) 남부사업부 EVA: 250,000×(1−40%) − (2,000,000 − 500,000)×10% = ₩0

(3) 중부사업부 EVA: 2,000,000×(1−40%) − (10,000,000 − 3,000,000)×10%

= ₩500,000

Chapter 15

원가관리회계의 최신이론

1. 균형성과표(BSC: Balanced Scorecard)

기업의 전략목표를 달성하기 위하여 전통적인 성과평가 방식인 재무적 관점에서의 재무적 측정치뿐만 아니라 고객관점, 내부프로세스 관점 및 학습과 성장 등의 비재무적 측정치들을 균형 있게 반영하여 종합적으로 성과를 측정하고 관리하는 시스템이다.

(1) 균형성과표의 구성요소

• 재무적 관점: 네 가지 관점 중 가장 중요한 요소로서, 전략 실행의 결과 재무적 성과가 얼마나 목표를 달성했는가를 평가

성과지표~경제적 부가가치, 잔여이익, 투자수익률, 현금흐름 등

• 고객 관점: 기업의 재무적 성과는 고객으로부터 창출되므로 고객을 중심으로 한 측정치를 설정하고 평가

성과지표~시장점유율, 신규고객수, 고객당 수익성, 고객만족도 등

• 내부프로세스 관점: 기업의 경쟁우위를 가져올 수 있는 내부프로세스를 판단하고 이 프로세스의 성과를 평가

성과지표~신제품 개발기간, 불량품 교체시간, 불량률 등

• 학습과 성장 관점: 핵심적인 내부프로세스는 종업원과 조직시스템이 필요하므로 이에 대한 목표를 설정하고 평가

성과지표~종업원 1인당 매출액, 종업원제안채택률, 이직률 등

(2) 바람직한 균형성과표의 필요조건

- 부분의 성과를 최대화시키는 것이 아니라 기업전체 성과를 극대화시킬 수 있도록 설계
- 4가지 구성요소 간에 서로 유기적인 인과관계를 가질 수 있도록 설계: 전략지도 이용
- 비재무적 측정치는 결과적으로 재무적 성과를 가져올 수 있도록 설정
- 많은 측정치를 설정하는 것보다는 적절하고 핵심적인 측정치를 설정해야 함
- 목표 달성 이후에 적절한 보상을 가져올 수 있도록 보상 플랜도 함께 설계

2. 적시생산시스템(JIT: Just-In-Time system)

적시에 정량생산을 통해 불필요한 재고를 보유하지 않고, 적절한 품질관리를 통해 불량률을 낮춤으로써 고품질의 제품을 낮은 원가로 신속하게 생산하여 고객만족을 높이려는 생산시스템이다.

(1) 역류원가계산

적시생산시스템에서는 재고가 없음을 전제로 하므로 일정기간 동안의 제조원가는 대부분이 매출원가가 된다.

① **표준원가의 사용**: 회계처리의 단순화를 위해 표준원가를 사용한다.

② **가공원가계정의 사용**: 일정기간 동안의 가공원가는 기말재고를 구성하지 않고 대부분 매출원가가 되므로 직접노무비와 제조간접원가를 구분하는 실익이 없다. 따라서 이들 원가를 합쳐서 가공원가계정을 사용한다.

3. 품질원가

전체적인 품질원가를 파악하지 못하는 전통적인 원가관리시스템의 한계를 극복하고 총품질원가를 최소화할 수 있는 적절한 수준의 불량률을 통제하기 위한 별도의 시스템으로서 품질원가의 관리를 통하여 품질을 개선하고 기업의 수익성을 제고하고자 하는 관리시스템이다.

(1) 품질원가의 분류

① **통제원가**: 제품의 품질에 결함이 발생하지 않도록 예방(예방원가)하거나 제품에 불량이 있는지를 검사(평가원가)하는 과정에서 발생하는 원가로서, 사전적 품질관리활동에서 발생하는 원가이다.

② **실패원가**: 사전적 품질관리활동에도 불구하고 품질에 결함이 발생되어 부담하게 되는 원가로서, 불량 제품이 고객에게 인도되기 전에 발생하는 원가(내부실패원가)와 제품이 고객에게 인도된 이후에 발생하는 원가(외부실패원가)로 구성된다.

4. 기타의 원가관리시스템

- 가치사슬과 관리회계시스템: 가치사슬분석을 통하여 고객에 대한 가치증가와 원가절감의 기회를 확인하고, 공급자와 소비자 등 산업 내의 다른 조직과의 관계를 이해할 수 있는 전략적 분석의 틀을 제공한다.
- 목표원가계산: 소비자와 기업의 목표를 동시에 달성하기 위한 시스템
- 제품수명주기원가계산: 장기적인 관점에서의 원가로 접근하는 시스템
- 활동기준원가계산
- 카이젠원가계산

기본문제

1. 균형잡힌 성과기록표(Balanced Scorecard)에 대한 설명 중 옳지 않은 것은? **(CPA, 2000)**

   ① 재무적 관점, 고객의 관점, 내부프로세스 관점, 학습과 성장의 관점에서 성과를 측정한다.

   ② Kaplan과 Norton에 의해 개발된 개념이다.

   ③ 조직의 전략과 성과평가시스템을 연계하는 점이 강조된다.

   ④ 재무적 관점은 경제적 부가가치(EVA), 고객 관점은 시장점유율, 내부프로세스 관점은 수율(yield rate)로 측정할 수 있다.

   ⑤ 균형잡힌 성과기록표의 장점은 계량화된 객관적인 측정치만을 사용하는 것이다.

2. 균형성과표(Balanced Scorecard)를 통해 알 수 없는 항목은? **(CTA, 2001)**

   ① 고객들의 눈에 비친 회사의 모습

   ② 주주들의 눈에 비친 회사의 모습

   ③ 내부프로세스 중 가치유발요인

   ④ 혁신, 변화/개선의 지속성 여부

   ⑤ 명료한 성과측정치와 낮은 실행비용

3. 다음 중 균형성과표(BSC)에 대한 설명으로 옳지 않은 것은? **(CTA, 2005)**

   ① 비영리단체에서도 재무적 관점, 고객 관점, 내부프로세스 관점, 학습과 성장 관점을 사용할 수 있다.

   ② 전략과 연계된 주요평가지표(KPI)를 사용한다.

   ③ 관점 사이의 인과관계를 전략체계도(strategy map)로 나타낸다.

   ④ 미국에서 시작된 기법이다.

   ⑤ 균형성과표는 전략의 구체화와 의사소통보다 성과보상에 초점이 맞추어진 제도이다.

4. 균형성과표(제도)에 관련된 설명으로 가장 옳지 않은 것은? **(CPA, 2006)**

① 균형성과표는 기업의 가치를 향상시키기 위해 전통적인 재무적 지표 이외에 다양한 관점의 성과지표가 측정되어야 한다는 것을 강조하고 있다.

② 고객의 관점은 고객만족에 대한 성과를 측정하는데 고객만족도 조사, 고객확보율, 고객유지율, 반복구매 정도 등의 지표가 사용된다.

③ 내부프로세스의 관점은 원가를 낮은 수준에서 유지하여 제품을 저렴한 가격으로 고객에게 제공할 수 있도록 기업 내부의 업무가 효율적으로 수행되는 정도를 의미하는데 불량률, 작업폐물, 재작업률, 수율, 납기, 생산처리시간 등의 지표가 사용된다.

④ 학습과 성장의 관점은 기존의 프로세스와 제품에 만족하지 않고 기술 및 제품의 혁신적인 발전을 추구하는 정도를 의미하는데 종업원 만족도, 전략적 직무충족도 등의 지표가 사용된다.

⑤ 재무적 성과는 수익을 제공하는 고객으로부터 달성될 수 있으므로 고객관점 지표가 재무적 지표의 동인이 될 수 있으나, 내부프로세스의 효율성 향상과 재무적 성과에 따라 학습과 성장의 지표가 될 수 있으므로 결국 학습과 성장의 지표가 최종적인 결과물이 된다.

5. 균형성과표(BSC)에 관한 설명으로 옳지 않은 것은? **(CTA, 2011)**

① 조직구성원들이 조직의 전략을 이해하여 달성하도록 만들기 위해, 균형성과표에서는 전략과 정렬된 핵심성과지표(Key Performance Indicators)를 설정한다.

② 전략 달성에 초점을 맞춘 조직을 구성하여, 조직구성원들이 전략을 달성하는 데 동참할 수 있도록 유도한다.

③ 조직의 사명과 비전에 근거하여 다양한 관점에서 전략을 도출한 후, 도출된 전략의 인과관계를 도식화한다.

④ 균형성과표에서 전략에 근거하여 도출한 재무적 성과측정치는 비재무적 성과측정치의 선행지표가 된다.

⑤ 조직구성원들은 전략 달성을 위한 의사소통 수단으로 핵심성과지표를 이용한다.

6. 품질원가에 관한 설명으로 옳지 않은 것은? **(CTA, 2012)**

① 일반적으로 원재료 검사비용은 예방원가로 분류한다.

② 일반적으로 보증기간 내 수리와 교환은 외부실패원가로 분류한다.

③ 품질원가는 제품의 품질에 문제가 발생한 경우 이를 해결하기 위하여 발생하는 원가를 포함한다.

④ 허용품질수준관점(acceptable quality level view)에서는 통제원가와 실패원가 사이에 부(-)의 관계가 있는 것으로 본다.

⑤ 무결점수준관점(zero defects view)에서는 불량률이 0(zero)이 될 때 품질원가가 최소가 되므로, 불량률이 0이 되도록 품질원가를 관리해야 한다고 본다.

7. 제약이론(theory of constraints)에 대한 다음의 설명 중 가장 타당하지 않은 것은? **(CPA, 2009)**

① 제약이론에서는 기업의 생산활동과 관련된 내부적 제약요인을 집중적으로 관리하고 개선하여 생산활동을 최적화하고자 한다.

② 제약이론의 생산최적화 과정은 제약요인을 찾아 개선한 후에 또 다른 제약요인을 찾아 지속적으로 개선하는 과정을 밟는다.

③ 제약이론을 원가관리에 적용한 재료처리량공헌이익(throughput contribution)은 매출액에서 직접재료비와 직접노무비를 차감하여 계산한다.

④ 제약이론은 재료처리량공헌이익을 증가시키고, 투자 및 운영원가를 감소시키는 것을 목적으로 한다.

⑤ 제약이론에서는 운영원가를 단기적으로 변화시킬 수 없는 고정비로 본다.

8. 목표가격(target price)에 대한 설명 중 가장 적절한 것은? **(CPA, 2001)**

① 생산요소의 시장가격의 목표이익률을 고려하여 결정되는 가격이다.

② 변동원가의 회수에 초점을 둔 기업의 생존을 도모하기 위한 가격이다.

③ 목표원가에 목표영업이익을 가산하여 책정되는 가격이다.

④ 제품디자인에서부터 공급자가격, 제조공정 등에 이르는 모든 단계에서 원가절감요인을 도출해 최소의 원가를 달성하여 목표가격을 설정한다.

⑤ 설정된 목표가격을 달성할 수 있는 원가를 가치공학 등의 수행을 통해 달성하는 것이 중요한 절차이다.

중급문제

9. 균형성과표(Balanced Scorecard: BSC)에 관한 다음의 설명 중 가장 타당하지 않은 것은? **(CPA, 2009)**

① 균형성과표는 재무적인 성과지표를 중심으로 하는 전통적인 성과측정제도의 문제점을 보완할 수 있는 성과측정시스템으로 인식되고 있다.

② 균형성과표는 조직의 비전과 전략을 성과지표로 구체화함으로써 조직의 전략수행을 지원한다.

③ 균형성과표의 다양한 성과지표간의 인과관계를 통하여 조직의 전략목표 달성과정을 제시하는 성과지표의 체계를 전략지도(strategy map)라고 한다.

④ 균형성과표는 일반적으로 재무관점, 고객관점, 내부프로세스관점, 학습과 성장관점의 다양한 성과지표에 의하여 조직의 성과를 측정하고자 한다.

⑤ 균형성과표는 조직의 수익성을 최종적인 목표로 설정하기 때문에 4가지 관점의 성과지표 중에서 학습과 성장관점의 성과지표를 가장 중시한다.

10. 목표원가계산(target costing)에 대한 설명으로 옳지 않은 것은? **(CTA, 2007)**

① 목표원가는 기업이 내부적으로 기술진이나 생산담당자들의 분석평가에 의하여 설정하는 부가가치 표준과는 상이할 수 있다.

② 목표원가는 외부시장환경과 경쟁업체의 대응 정도 등을 고려하여 기업이 목표로 설정한 시장점유율의 유지 또는 목표로 하는 이익을 달성하기 위하여 전략적인 차원에서 책정하는 원가이다.

③ 목표원가는 목표가격에서 목표이익을 차감하여 결정한다.

④ 목표원가계산기법은 원가우위(cost leadership)전략과 연계하여 실시할 수 있다.

⑤ 목표원가계산은 표준원가계산과 마찬가지로 제조단계에서의 원가절감을 강조한다.

11. 복현전자는 소형 TV를 생산·판매하고 있으며, 대당 판매가격은 ₩180,000이고 제조원가는 ₩150,000이다. 이 회사의 경영자는 향후 소형TV시장에서 경쟁력을 가지기 위해서는 판매가격을 ₩150,000으로 인하해야 한다고 보고 있다. 마케팅부서의 조사에 따르면 판매가격을 ₩150,000으로 인하할 경우 새로운 경쟁업체가 있다 하더라도 판매량은 20%가 증가할 것으로 내다보고 있다. 복현전자의 현재 판매량은 100,000대이다. 마케팅부서의 조사가 맞다고 할 때 현재와 동일한 매출총이익을 얻기 위해서 달성해야 하는 목표원가는 얼마인가? **(감평, 2006)**

① ₩110,000　② ₩120,000　③ ₩125,000
④ ₩135,000　⑤ ₩140,000

12. (주)수연은 품질원가의 측정을 위해 품질 관련 활동원가를 계산하고 있다. 다음 나열된 품질 관련 활동원가 중 예방원가(prevention cost of quality)에 포함되어야 할 금액은 얼마인가? **(CPA, 2001)**

활동	활동원가(또는 비용)
품질방침기획 및 선포활동	₩10
선적 전에 발견된 부적합품 재작업활동	20
반품 재작업활동	30
예방적 설비보수 및 유지활동	40
미래 판매기회 상실에 따른 기회비용	50
제품 품질검사 및 시험활동	60
원자재 공급시 평가활동	70
반품 재검사활동	80
품질교육 및 훈련활동	90

① ₩50　② ₩80　③ ₩140　④ ₩160　⑤ ₩210

13. 품질원가에 대한 설명으로 옳지 않은 것은? **(CTA, 2007)**

① 품질원가의 바람직한 분포는 일반적으로 '예방원가 > 평가원가 > 내부실패원가 > 외부실패원가'이다.
② 예방원가와 평가원가를 포함하는 통제원가는 불량품의 발생률과 역의 관계를 갖는다.
③ 제조물책임법에 의한 소송비용, 제품보증수리비용, 불량품으로 인한 회사 이미지

실추에 따른 판매기회 상실로 인한 기회비용 등은 외부실패원가에 해당한다.

④ 불량품으로 인한 기계가동중단손실, 재작업원가 등은 내부실패원가에 해당한다.

⑤ 품질관리계획수립원가, 품질관리기술개발원가, 품질개선을 위한 토의원가 등은 평가원가에 해당한다.

· 반품재작업	₩100억	· 설계개선작업	₩200억
· 사후수리(A/S)	₩150억	· 완성품검사	₩50억
· 불량재공품재작업	₩100억	· 고객 불량품 피해 손해배상	₩150억
· 품질교육	₩100억		

14. (주)경북은 2012년 품질과 관련된 원가를 분류한 결과 다음과 같은 항목을 파악하였다. (주)경북의 원가담당자는 위의 항목들을 예방원가, 평가원가, 내부실패원가, 외부실패원가로 재분류한 후 구체적으로 분석한 결과, 현재 예방원가에 사용된 자원의 50%만큼을 추가로 투입하는 경우 내부실패원가를 50%, 외부실패원가를 40%씩 절감할 수 있다고 주장하였다. 원가담당자의 주장을 수용하는 경우 이익은 얼마나 증가하는가? **(CTA, 2010)**

① 30억 ② 40억 ③ 50억 ④ 60억 ⑤ 70억

15. (주)국세는 김치냉장고를 생산하여 판매한다. (주)국세의 원가관리담당자는 2012년에 생산한 김치냉장고 2,000대의 품질원가를 분석하여, 다음과 같은 품질원가보고서를 작성하였다.

구분		품질원가
내부실패원가	반품재작업	₩40,000
	불량품재작업	20,000
예방원가	보증수리원가	100,000
	설계엔지니어링	20,000
평가원가	예방설비점검	20,000
	재공품검사	20,000
외부실패원가	제품검사	30,000
	클레임 제기로 인한 추정 손해배상액	200,000
계		₩450,000

그런데 원가관리담당자가 작성한 품질원가보고서를 검토하던 (주)국세의 경영자는 보고서에 품질원가 구분상 오류가 있음을 발견하였다. (주)국세의 경영자는 원가관리담당자에게 보고서의 오류를 수정하도록 지시하였다. 오류가 수정된 품질원가보고서에 근거한 다음 설명 중 옳지 않은 것은? **(CTA, 2011)**

① 내부실패원가는 ₩60,000이다.

② 예방원가는 ₩40,000이다.

③ 외부실패원가는 ₩340,000이다.

④ 평가원가는 ₩50,000이다.

⑤ 실패원가 대비 통제원가(예방 및 평가원가) 비율은 25%이다.

16. (주)경북의 신제품 개발팀은 신제품을 위한 다양한 제품 사양을 개발하였다. (주)경북은 개발한 제품 사양이 모두 포함된 신제품 A를 제조할 것인지 아니면 제품 사양들 중 일부가 제외된 신제품 B를 제조할 것인지를 결정하고자 한다. 어느 신제품을 생산하여 출시하더라도 생산 및 판매와 관련된 예상고정원가 총액은 ₩2,000,000이며, 신제품의 목표이익률은 판매가격의 30%이다.

신제품 A와 신제품 B의 생산 및 판매와 관련된 추가 자료는 다음과 같다.

	신제품 A	신제품 B
단위당 예상판매가격	₩5,000	₩4,000
단위당 예상변동원가	₩2,500	₩1,900
예상 생산 및 판매량	?	2,500단위

다음 설명 중 옳지 않은 것은? **(CPA, 2012)**

① 신제품 A의 단위당 목표원가는 ₩3,500이다.

② (주)경북은 신제품 A의 단위당 목표원가를 달성하기 위해 최소한 2,000단위 이상을 생산 및 판매하여야 한다.

③ 신제품 B의 단위당 목표원가는 ₩2,800이다.

④ 신제품 B를 생산, 판매하면 목표이익률을 달성할 수 있다.

⑤ 만약 신제품 A의 예상 생산 및 판매량이 2,000단위 이상이면, (주)경북은 신제품 B 대신 신제품 A를 생산, 판매하는 것이 유리하다.

17. 다음은 적시재고시스템(Just-In-Time inventory system)에 관한 설명들이다. 다음 설명 중 가장 부적절한 것은? **(감평, 2001)**

① JIT는 재고유지비용을 가급적 최소화하기 위해 재고수준이 거의 없도록 노력하는 재고관리기법의 일종이다.

② JIT는 납품을 하는 공급업자의 수 및 원재료의 품질검사비용 등을 상당히 줄일 수 있다.

③ JIT는 공장 내에 재고가 거의 없기 때문에 원재료계정을 별도로 철저하게 유지 및 관리해야 할 것이다.

④ JIT는 kanban이라고도 하는 것으로서 제품품절이나 납품업자의 사고 등의 위험이 있을 경우 생산에 곧바로 차질을 초래할 수 있다.

⑤ JIT는 일본에서 유래된 재고관리기법으로 팀웍에 의한 자율적 품질관리를 통해 불량률을 최소화시키려고 한다.

18. 제품이 생산되어 고객에게 발송되기 이전까지의 과정은 다음과 같이 시간의 개념으로 표현될 수 있다.

- 공정시간(processing time): 제품의 가공에 소요되는 시간
- 저장시간(storage time): 원재료 또는 제품의 재고로서 저장되어 있는 시간
- 대기시간(queue time): 다음 작업으로 이동하기 전에 대기하는 시간
- 이동시간(moving time): 다음 작업장으로 이동하는 시간
- 검사시간(inspection time): 검사에 소요되는 시간

적시재고관리(Just-In-Time)시스템에서 제거 또는 최소화하고자 의도하는 것의 조합은? **(CPA, 2001)**

① 공정, 저장, 대기시간 ② 저장, 대기, 이동시간 ③ 공정, 대기, 이동시간
④ 공정, 저장, 검사시간 ⑤ 공정, 저장, 이동시간

19. 제2차 세계대전 이후 반세기에 걸쳐서 변화되어 온 세계경제의 시대적 배경과 기업환경에 따라서 여러 가지 원가관리기법들이 개발되어 왔다. 각각의 원가관리기법들에

대한 다음의 설명 중 가장 타당하지 않은 것은? **(CPA, 2002)**

① 표준원가계산은 자원이 부족하던 시기에 기업들이 조직 내부적 효율성을 증대시키기 위한 것으로서, 간접원가보다 상대적으로 비중이 큰 직접원가의 관리에 초점을 맞추고 있다.

② 변동원가계산은 세계경제의 구매력 향상에 따른 대량생산 체제하에서 조업도의 확대를 통한 규모의 경제를 달성하기 위한 원가분석방법으로서, 고정제조간접비를 제품원가에 포함시키지 않는 방법이다.

③ 현금창출회계(throughput accounting)는 제약자원이론(theory of constraints)과 관련하여 대두된 것으로서, 재료비를 제외한 운영비용의 절감에 일차적 초점을 두며 재고관리를 강조하고 있다.

④ 활동기준원가계산은 다품종소량생산체제, 설비투자로 인한 간접원가의 증가 등과 같은 기업환경하에서 직접원가보다는 간접원가의 정확한 배분에 일차적 초점을 두고 있다.

⑤ 목표원가계산은 컴퓨터, 자동차 등 조립형 산업에서 주로 활용되는 것으로서, 시장중심의 목표원가와 생산중심의 표준원가와의 차이를 줄이려는 노력을 원가절감의 일차적 대상으로 삼고 기술개발과 디자인 등에 주력한다.

20. 다음은 전략적 관리회계 토픽들과 관련된 문장들이다.

ⓐ 균형성과표(balanced scorecard: BSC)는 일반적으로 기업들이 수립된 전략의 커뮤니케이션과 실행보다는 전략의 질에 문제가 있음을 강조한다.

ⓑ BSC의 균형(balance)이란 용어는 단기와 장기, 내부와 외부, 재무와 비재무적 관점, 그리고 선행 및 후행지표를 동시에 활용할 것을 강조하는 개념이다.

ⓒ 활동기준원가계산(ABC)에서는 전통적인 고정원가, 변동원가의 2분류 체계에 비해 단위 기준, 뱃치기준, 제품기준, 시설기준 4원가 분류체계를 이용하는 것이 일반적이다.

ⓓ 타깃코스팅(target costing)은 제조(양산)단계에서의 지속적이고 증분적인 소규모 개선활동을 의미한다.

ⓔ 병목자원의 관리를 중요시하는 TOC(제약이론)는 효율성보다는 효과성을 강조한다.

위의 문장들 중 올바르거나 타당한 문장들로만 모은 것은? **(CPA, 2003)**

① ⓐ, ⓑ, ⓒ ② ⓐ, ⓑ, ⓒ, ⓔ ③ ⓑ, ⓔ ④ ⓑ, ⓒ, ⓔ ⑤ ⓒ, ⓓ, ⓔ

21. 다음의 전략적 원가관리기법에 관한 설명 중 타당한 것은? **(CPA, 2008)**

① 적시생산시스템(JIT)은 짧아진 제품수명 및 제품의 다양성에 따라 증가하는 재고관리 비용 등을 감소시키는 방안으로 유용하며, 초변동원가계산기법을 사용하여 제품원가를 계산하여야 한다.

② 전사적 품질관리(TQM)의 도입 후 내부실패원가와 외부실패원가의 상충관계(trade-off)에 입각하여 품질원가를 분석하고, 적정한 불량률은 허용해야 하는 것으로 인식이 변화하였다.

③ 제약이론(theory of constraints)은 병목공정에 의하여 전체 공정의 처리량이 제한되는 현상에 주목한 이론으로, 비효율적 재고 및 대기시간의 절감을 위하여 모든 공정을 병목공정의 처리량에 맞추어 진행할 것을 장기적인 개선책으로 제안한다.

④ 제품수명주기원가(product life-cycle cost)는 제품의 기획 및 개발·설계에서 고객서비스와 제품폐기까지의 모든 단계에서 발생하는 원가를 의미하며, 제품수명주기원가의 상당부분은 제품의 기획에서 설계까지 이르는 과정에서 확정된다.

⑤ 목표원가(target cost)는 시장상황의 검토를 통하여 예상되는 제품의 목표가격을 확인한 후 기업이 필요로 하는 목표이익을 차감하여 결정되며, 기존 생산공정을 유지하며 발생하는 제조원가를 고려하여 생산개시 후 결정된다.

22. 전략적 원가관리 기법에 관한 설명으로 옳은 것을 모두 고른 것은? **(CTA, 2011)**

ㄱ. 제약이론(Theory of Constraints)에 의하면 병목공정의 처리능력을 확장시키기 위해서는, 재료처리량 공헌이익(throughput contribution)이 병목공정 처리능력 확장에 소요되는 원가보다 커야 한다.

ㄴ. 목표원가계산(Target Costing)을 생산단계에 적용하는 경우 효과가 가장 크게 나타난다.

ㄷ. 카이젠원가계산(Kaizen Costing)에서는 프로세스를 개선시키는 데 가장 크게 공헌할 수 있는 조직구성원은 경영자와 공학자라고 주장한다.

ㄹ. 품질원가계산(Quality Costing)은 통제원가(예방 및 평가원가)와 실패원가를 포함한 품질관련원가를 최소화시키면서 품질수준을 최대화시키는 데 목적이 있다.

ㅁ. 수명주기원가계산(Life Cycle Costing)과 품질원가계산을 환경문제에 적용하면, 탄소배출량을 줄이면서 환경관련원가도 절감할 수 있다.

① ㄱ, ㄴ, ㄹ ② ㄱ, ㄷ, ㅁ ③ ㄱ, ㄹ, ㅁ ④ ㄴ, ㄷ, ㄹ ⑤ ㄴ, ㄷ, ㅁ

23. 원가관리 기법과 관련한 새로운 접근방법들에 대한 설명으로서 옳은 것은? **(CTA, 2008)**

① 카이젠원가계산은 제품제조 이전단계에서의 지속적인 원가절감에 초점을 둔다.

② 목표원가계산 기법은 기존의 표준원가계산과 마찬가지로 제품 제조단계에서의 원가절감을 강조한다.

③ 제품수명주기원가계산은 제품제조단계에서의 원가절감을 강조한다.

④ 가치사슬원가계산에 있어서는 제품생산 이전에 발생된 활동과 관련된 원가는 물론 제품생산 이후에 발생된 활동과 관련된 원가도 분석한다.

⑤ 품질원가분석에 있어서 제품보증수리비용은 내부 실패원가에 해당한다.

24. 2012년 1월 1일에 개업한 (주)세영은 두 종류의 제품(X, Y)을 생산하고 있다. (주)세영은 각 제품의 생산묶음(batch)마다 생산준비활동을 1회씩 수행하는데, 생산준비활동에 대한 원가동인(배부기준)은 생산준비횟수이다. 2012년 한 해 동안 제품 X와 제품 Y의 생산량 및 생산묶음당 제품수량은 각각 다음과 같다.

구분	제품 X	제품 Y
생산량	1,250개	800개
생산묶음당 제품수량	23개	10개

한편, (주)세영은 생산준비활동 미사용능력(unused capacity)에 대한 원가(미사용 생산준비활동원가)를 계산하여 동 원가는 각 제품에 배부되지 않도록 하는 것이 관리목적상 유용할 것으로 판단하고 있다. 미사용 생산준비활동원가를 제외할 때, 제품 X와 제품 Y에 배부되는 생산준비활동원가의 합계액은 ₩1,690,000이다. 또한 미사용 생산준비활동원가를 제외할 때, 제품 X에 배부되는 생산준비활동원가는 ₩100,000만큼 줄어든다는 사실도 확인하였다.

현재의 인원과 설비로 수행할 수 있는 연간 최대 생산준비횟수는 얼마인가?(단, 생산준비활동원가는 전액 고정원가이다.) **(CPA, 2011)**

① 130회 ② 140회 ③ 150회 ④ 160회 ⑤ 165회

25. 경북익스프레스는 이사전문업체로서 이사서비스의 품질을 (1) 이삿짐 운송시간, (2)

정시운송(약속한 시간까지 이사완료), (3) 분실 또는 파손된 이삿짐 수로 측정한다. 경북익스프레스는 연간 ₩160,000,000이 소요되는 통합물류시스템을 도입하여 성과를 개선하려고 한다. 새로운 시스템의 도입으로 이사서비스품질이 향상된다면 이에 비례하여 매출수익도 증가될 것으로 예상된다. 경북익스프레스의 공헌이익률이 40%라면, 최소한 얼마 이상의 매출수익 증가가 실현되어야 새로운 통합물류시스템의 도입을 정당화할 수 있는가? **(CPA, 2006)**

연간 성과의 비교	현재의 성과	새로운 시스템 도입시 예상성과
정시운송효과	95%	85%
분실 또는 파손 이삿짐* 수	3,000개	1,000개

* 분실 또는 파손된 이삿짐 1개당 실패원가(배상해주어야 할 비용)는 ₩60,000이다.

① ₩80,000,000 ② ₩95,000,000 ③ ₩10,000,000

④ ₩85,000,000 ⑤ ₩100,000,000

정답 및 해설

1. ⑤

BSC의 장점은 객관적인 측정치와 함께 비재무적인 측정치도 함께 사용하는 데 있다.

2. ⑤

BSC에서의 성과측정은 재무적·비재무적 측정치의 균형, 단기적 목표와 장기적 목표의 연계, 조직 내부적 시각과 외부적 시각의 균형 등이 고려된다.

3. ⑤

BSC에서는 의사소통과 정보의 공유를 통해 전략을 구체화하고, 성과평가뿐만 아니라 전략의 실행에도 관심을 두고 있다.

4. ⑤

BSC에서의 최종적인 결과물은 재무적 관점이다.

5. ④

비재무적 성과측정치가 선행지표이다.

6. ①

일반적으로 원재료 검사비용은 평가원가로 분류된다.

7. ③

재료처리량공헌이익 = 매출액 - 직접재료원가

8. ⑤

목표원가계산에서 목표가격은 시장의 상황을 고려하여 먼저 설정된다. 따라서 '목표가격 - 목표이익 = 목표원가'를 통해 사전적으로 목표원가가 결정되고 가치공학 등의 수행을 통해 연구개발 및 설계단계에서부터 목표원가를 달성하도록 노력하게 된다.

9. ⑤

재무적 관점의 성과지표를 가장 중요시한다.

10. ⑤

목표원가계산은 가치공학을 통해 제조이전 단계인 연구개발과 설계단계에서의 원가 절감을 강조한다.

11. ③

(1) 현재의 매출총이익: 100,000대×(₩180,000−₩150,000) = 30억원

(2) 가격인하시 매출총이익: (₩150,000 − P)×100,000×1.2 = 18억 − 120,000P

(3) (1) = (2)가 되기 위한 P의 값 P = 125,000

12. ⑤

예방원가:	품질방침기획 및 선포활동	10	
	예방적 설비보수 및 유지활동	40	
	원부자재 공급시 평가활동	70	
	품질교육 및 훈련활동	90	합계 ₩210

13. ⑤

평가원가가 아니라 예방원가에 해당한다.

14. ④

예방원가:	현재	100+200 = 300	조정 후	+150
평가원가:		50		
내부실패원가:		100		−50
외부실패원가:		150+100+150 = 400		−160
			이익증가분	60

15. ①

예방원가: 20,000(설계엔지니어링) + 20,000(예방설비점검)

평가원가: 20,000(재공품검사) + 30,000(제품검사)

내부실패원가: 20,000(불량품재작업)

외부실패원가: 40,000(반품재작업) + 100,000(보증수리원가) + 200,000(손해배상)

실패원가대비 통제원가비율: $\frac{90,000}{360,000}$ = 25%

16. ⑤

신제품 A의 공헌이익: Q × (5,000 − 2,500) = 2,500Q

신제품 B의 공헌이익: 2,500 × (4,000 − 1,900) = 5,250,000

두 제품의 공헌이익이 동일한 수준 2,500Q = 5,250,000

A의 생산량이 2,100단위일 때 이익이 동일하다.

17. ③

공장 내에 재고가 거의 없으므로 원재료 계정이 없거나 별도로 관리할 필요가 없을 만큼 중요하지 않다.

18. ②

JIT시스템에서는 공정시간 외의 나머지 시간은 비부가가치활동으로 파악하고 제거하거나 최소화하려고 노력한다.

19. ③

20. ④

ⓐ: BSC에서는 의사소통과 정보의 공유를 통한 전략의 실행에 중점을 둔다.

ⓓ: 목표원가계산은 본격적인 양산단계 이전에 가치공학 등의 수행을 통해 연구개발과 설계단계에서부터 원가절감을 위해 노력을 하게 된다.

21. ④

①: 역류원가계산을 사용하게 된다.

②: TQM은 불량률을 최대한 낮추는 것을 목표로 한다.

③: 제약이론에서는 장기적으로 병목공정을 개선하고자 한다.

⑤: 목표원가계산에서는 생산 이전 단계에서 목표원가가 결정된다.

22. ③

ㄴ. 목표원가계산은 개발 및 설계단계에 적용하는 경우 효과가 가장 크다.

ㄷ. 카이젠원가계산에서는 프로세스를 개선시키는 데 가장 크게 공헌할 수 있는 조직구성원은 제품 생산 라인의 작업자라고 주장한다.

23. ④

①: 카이젠원가계산은 제조과정에서 지속적인 원가절감을 이루고자 한다.

②: 목표원가계산에서는 연구개발 및 설계과정에서의 원가절감을 강조한다.

③: 제품수명주기원가계산은 제조 이전 단계와 제조 이후 단계에서의 원가절감도 중요시한다.

⑤: 제품보증수리비용은 외부실패원가이다.

24. ③

(1) 실제 생산준비횟수　제품 X: $\frac{1,250\text{개}}{25\text{개}}$ = 50회　제품 Y: $\frac{800\text{개}}{10\text{개}}$ = 80회

(2) 배부율: ₩1,690,000 ÷ 130회 = ₩13,000

(3) 미사용 생산준비활동원가를 제품에 배부할 경우

① 배부율: (₩650,000 + ₩100,000) ÷ 50회 = ₩15,000

② 생산준비활동원가: 제품 X: 50회 × ₩15,000 = ₩750,000

제품 Y: 80회 × ₩15,000 = ₩1,200,000

합계 ₩1,950,000

(4) ₩1,950,000 ÷ ₩13,000 = 150회

25. ⑤

매출증가분을 X라 하면,

관련손익은

공헌이익 증가	X × 40%	X × 40%
시스템도입비용		(₩160,000,000)
배상비용 감소	(3,000개-1,000개)×60,000	₩120,000,000
		X × 40% - 40,000,000

따라서, 관련손익이 0보다 크기 위한 최소한의 X는 100,000,000이 된다.